课题名称："工匠精神"引领下提升高职学生就业能力的路径研究；课题编号：LZJ2022B015

高职学生职业生涯规划与就业创业指导研究

李　婵　吴靖芸　景凌凌 ◎ 著

天津出版传媒集团
天津科学技术出版社

图书在版编目(CIP)数据

高职学生职业生涯规划与就业创业指导研究 / 李婵,吴靖芸,景凌凌著. -- 天津:天津科学技术出版社,2023.4

ISBN 978-7-5742-1152-0

Ⅰ.①高… Ⅱ.①李… ②吴… ③景… Ⅲ.①高等职业教育 – 职业选择 – 研究 Ⅳ.①G717.38

中国国家版本馆CIP数据核字(2023)第082938号

高职学生职业生涯规划与就业创业指导研究
GAOZHI XUESHENG ZHIYE SHENGYA GUIHUA YU JIUYE CHUANGYE ZHIDAO YANJIU

责任编辑：曹　阳
责任印制：兰　毅

出　　版：天津出版传媒集团
　　　　　天津科学技术出版社
地　　址：天津市西康路35号
邮　　编：300051
电　　话：（022）23332377
网　　址：www.tjkjcbs.com.cn
发　　行：新华书店经销
印　　刷：河北万卷印刷有限公司

开本 710×1000　1/16　印张 15.75　字数 290 000
2023年4月第1版第1次印刷
定价：88.00元

前　言

随着时代的进步、经济的发展，许多传统教育方式已无法满足当下的市场和大学生的成长需求。为此，非常有幸能为国家的高等教育人才培养改革做出一点贡献，编写了《高职学生职业生涯规划与就业创业指导研究》一书，以顺应时代潮流，培养满足社会需求的全面人才。无论是联合国教科文组织，还是我国国务院及教育部，都在注重学生的"全面发展，终身学习"的理念和目标。本书的最大创新点，不是希望教育出一个只会刻板地学习知识的人，而是希望培养出更多可以自我选择适合自身发展道路的全面型人才。让每一名大学生在学习完本书内容之后都可以清晰地设计与管理自我的职业发展，成为祖国需要的全面型人才。

我国高职院校的学生作为社会发展必不可少的应用型人才，面临着严峻的就业形势和求职压力，如何有效提高高职院校学生的市场竞争能力和就业率、如何在实现个人价值的同时实现社会价值等问题已成为高职院校教育工作者研究的重点。本书正是这样一部关于高职学生职业生涯规划与就业创业指导方面的书籍。本书根据高职院校学生职业生涯规划的特点、方法、步骤，研究其职业生涯教育存在的问题，从而为高职院校职业与规划教学提供借鉴和建议，促进职业生涯教育专业化、素质化，全面提升高职院校学生的就业能力。本书既可以作为高职院校就业必修课的教材，也可以作为其他专业以及就业指导者的参考用书。

目 录

第一章　职业与职业生涯的基础认知

第一节　职业与职业理想

一、职业与职业的分类

（一）职业的概念

对于大众而言，职业并不陌生，一个人生活在社会中既要服务社会，又要从劳动中获取维系生活的相应价值，即人们为维持生活而在社会中承担某一分工角色，为实现社会价值与自我价值所从事的某些发挥才能的持续性活动方式。它是一种综合性的体现，包括人们的生活方式、文化水平、经济状况、思想情操等，当然它也是一个人的社会地位、权利、义务和职责的一般性表征。一般而言，职业具有以下几个特征。

1. 经济性

所谓职业的经济性是指大众应该在社会劳动中获取相应的且能维系生计的经济收入。一般情况下，职业的经济性需要通过货币反映出来。货币既是价值的体现，又可以让人们实现对高品质生活的追求。

2. 社会性

职业的社会性是职业本身属性之一。职业是社会发展所需的一种存在形式，也是一种社会生产劳动形式，需要通过某一特定的社会角色来实现。社会要想发展需要职业的存在，但是在早期的原始社会，职业的必要性还没有体现出来。

3. 连续性

职业的连续性主要是指劳动者能够长期坚持从事某一领域的工作，或是从事该项工作相对较为稳定，在一定时期内可以长期坚持从事，并且劳动者通过这项工作能维持现有生活所需。这种社会实践活动我们将其称为职业。但是一些具有公益性质的社会活动不能称为职业。

4. 发挥个性

职业活动能够使人最大限度地发挥个人的才能与个性，并且通过促进个人成长，使人获取心理上的满足，进而促成个人社会角色的充分发挥。

只有具备以上四大特性的活动方式，我们才能称之为职业。①

身为高职学生应该对职业的特性有一定的了解。当今社会发展瞬息万变，人们所从事的职业也不会一成不变，在劳动市场上人才的流动也是较为普遍的现象。一名职场人士一生只从事一种工作性质的职业，或者只充当一种社会角色的可能性少之又少。因此，身为高职学生，只有充分理解职业的特性，树立正确的世界观、人生观与价值观，才能正确对待职业问题，从而顺利实现就业。

（二）职业的分类

随着时代的不断发展，社会生产力水平也在不断提高，职业在人类长期的社会生产劳动中逐渐产生。社会进步使得职业的种类和性质不断丰富，人们开始运用各种科学方法和手段，对社会劳动者所从事的各类职业活动按照其性质、内容、对象、形式等进行分析与种类划分，这就是所谓的职业分类。可以说，职业分类是人类从事一切社会活动的基础，科学的职业分类不仅有利于国家对各个领域的经济活动进行管理与监督，还有利于国家教育培训事业的目标与方向的确定。

中华人民共和国成立以来，国家有关部门为满足国民经济发展、社会人口普查以及劳动人事规划指导等方面的需求，根据我国国情开展了大量职业分类调查研究工作，并制定了有关职业分类的标准与政策，在职业分类领域进行了成功的尝试和有益的探索。其中，《中华人民共和国职业分类大典》全面反映了我国现代职业分类的实践发展进程。

---

① 张同胜，何嘉，杨洪林 . 职业生涯与发展规划 [M]. 长春：吉林人民出版社，2019：59-60.

二、职业与人生

职业的特性决定着人类必须通过从事某项职业活动来维系生计，在各种具体的社会实践活动中承担社会角色所赋予的职责与使命。在此类社会生产活动中，人们不仅可以取得某些荣誉及社会地位，还享有一定的权利和义务，并且可以通过个人才能的发挥，赢得他人的认可与尊重，最终在实现个人价值与人生梦想的同时，也为社会发展贡献了个人应有的力量。因此，职业的匹配度以及职业成就感对于个体而言显得尤为重要。

（一）职业是人们赖以生存和维持家庭生活的主要手段

人在社会中生活，衣、食、住、行等欲望的满足需要一定的物质条件，而社会的生存和发展也是建立在物质产品不断丰富和扩大的基础上。这些物质条件的创造和获取要由人们通过进行某种方式的社会劳动，从事某种职业来实现。因此，物质利益、物质报酬动机是各种社会形态下人们从事各种职业活动的基本动机之一。

在社会主义条件下，所有公民都必须按照按劳分配的原则，通过一定的职业来从事社会劳动从而获取物质报酬，维持自身及家庭物质生活的需要。职业是个人获得经济收入的来源，是个人赖以生存和维持家庭生活的必要手段。要获取物质报酬，也必须根据按劳分配的原则，依照在职业劳动中付出劳动量的多少，在社会做了各种扣除之后得到自己应得的一份。人们的职业劳动在这里不但是谋生的手段，而且是实现人们物质追求的最正当、最合理、最有效的途径。

人的物质需求与社交需求、心理需求、自我实现需求等精神性需求相比属于低层次的需求，但它是人们须臾不可离的最基本的需要。在正常的社会生活中，没有这一低层次需求的相对满足，要实现高层次的需求是很困难的。在社会经济发展水平不高、物质需求满足程度相对较低的状况下，人们对职业的物质报酬动机往往是很强烈的。

（二）职业是人们从事社会实践的主要手段

人的一生一般需经过少年、青年时期的学习阶段，再走向社会生活。职业是人们成长后走向社会，从事社会实践活动的主要手段。人们在社会中生活，就要以从事某种社会职业的方式参与社会实践。人的一生实际是以职业为依托参与社会实践的一生。①

个体在社会中进行的实践活动的形式多种多样，大致可以分为两类。第一类是以个体为对象，即个体为维持生命所进行的各种具体的实践活动，如吃饭、睡觉、休闲娱乐等，我们可以将其归纳为个体生活实践活动。它不具有经济性，仅仅是个体为维持生命所采取的自我服务行动。第二类反映着人类具体实践活动的社会性，指人们为了促进自身和社会发展，在社会活动中形成某种社会关系，并在具体的实践活动中发生的维持或进行某种调整的具体实践活动，如大型政治选举活动、大规模密集型的生产劳动、科学实验活动以及各种教育社会实践服务活动等。此类社会性实践活动具有一定的经济性，即个体可以通过具体的社会实践活动获取经济回报，用以维系个体生计的社会活动，人们通过某种类型的职业活动，既满足个人物质与精神需求，又可以为社会和他人服务并创造相应的社会价值。在这两类活动中，具有经济性的社会实践活动才是人们社会实践活动的主要构成部分。

可以说，社会生产力水平的高低、科技发达程度以及社会生产方式决定着个体从事社会实践活动的深度与广度。封建社会时期，社会生产力水平整体较低，这就使得个体的职业选择范围受到了一定程度的局限。同时职业的生产环境与条件也使人类的智力发展受到某种程度的制约。之后随着社会生产力的不断发展、科学技术水平的不断提高，社会分工也越来越细化，不同类型的职业岗位也如雨后春笋般涌现出来，为社会个体创造出更多的就业岗位与发挥才华的舞台。但是，在资本主义社会，由于其制度的阶级性和历史局限性，资本家在社会生产劳动中尽最大可能榨取剩余价值，这就使得劳动个体在市场中常常处于较为被动的地位，并且不得不在激烈的市场竞争中争取每一个就业机会。

与资本主义社会不同的是，社会主义社会的性质决定了其是为广大劳动人民谋取利益的，其发展目标就是在各种情况下最大限度地发展生产力，以满足人民日益增长的物质文化生活需要，并使人们都能得到更为充分和更为全面的发展。从其阶级属性以及发展目标不难看出，社会主义社会更利于社会个体在劳动市场中拥有更加广阔的就业前景，使他们更好地投入到社会发展的建设中去，并在不同的工作岗位中发挥自己的聪明才智，从而促进社会健康快速地发展。人们在创造社会价值的同时，也在劳动中享有一定的物质层面与精神层面的权利。对于广大青年来说，应将职业看作人生中重要的社会实践活动与生存

---

① 郭素森. 职业伦理与人文关怀：决胜职场的 48 颗"心"[M]. 北京：首都师范大学出版社，2019：23－25.

手段，应该树立豁达的就业观念，从更具广度与深度的角度去理解职业的真正内涵，为今后投入社会实践活动做好准备。

（三）职业使大学生走上独立的生活道路

青年学的理论认为，青年成长过程中的一个显著变化就是出现强烈要求独立的意识，而真正的独立是从经济独立开始的。青年在学生时代，因无独立的经济来源而只能依赖家长的供养；就业以后，劳动使他们有了属于自己的经济收入，走上了自食其力的道路，展示了自身的力量。一些有志青年认为，享受父辈的财富对当代青年来说并非一种乐事，也并非一件光彩的事情。青年人应该自立，而不能向父母伸手，坐享其成，依靠赐予生活不是青年人应有的态度。[①]经济上的独立能够使青年在生活上开始全面的独立，他们开始自行选择适合自己发展的生活方式和社会交往方式，在成长道路上脱离了家长的主宰。同时，自主的经济为青年的恋爱、婚姻和建立家庭提供了可靠的物质基础，使其走上独立的生活道路成为可能。

（四）职业有利于大学生走向成熟

劳动就业能够使大学生告别单纯的消费型生活而走向职业型生活。消费型生活主要是指接受性和反射性生活的行为，尤其是在校学习阶段。与此相反，职业型生活是指以外向生活行为为主的经历，它是在家庭或工作岗位上从事工作时实现的。这就是说，后者比前者更能加速大学生的社会性成熟。在复杂的社会职业生活中，大学生首先要学会角色认同，掌握职业岗位所要求的角色行为、处理各种问题的方法和技能，以及学会遵循各种社会行为规范。在人际交往中，他们要摸索和适应各种复杂的人际关系，学会控制自己的情绪和言行，确立自身在各个社会群体中的位置。曲折的现实生活不断地改变着青年身上原有的理想主义色彩，使他们由以前只看到生活中的花团锦簇而变为懂得社会生活中的风风雨雨，由以前的低耐受性逐步锻炼成具有一定的抗挫性，从而重新认识人生，冷静地考察周围世界并理解社会的本质。这些都使大学生由稚嫩逐步走向成熟。

（五）职业有利于人们聪明才智的增长与发挥

人一生的主要精力要花在职业劳动上，人的聪明才智也主要用于职业劳动

---

① 张同胜，何嘉，杨洪林.职业生涯与发展规划 [M].长春：吉林人民出版社，2019：74-75.

上，而人的聪明才智的增长也主要是通过职业劳动取得的。各种不同的职业、不同的劳动方式有着各自的特点和规律，对人的素质有着不同的要求。当歌手起码要有好嗓子；做运动员必须具备某一方面的运动特长；搞文艺创作应有对生活深刻的体察力和娴熟的艺术表现力；而做一名企业家，除了必然具备个人应有的思想道德素质外，还必须谙熟各种管理业务，擅长协调人际关系，有指挥、决断能力。人的各种聪明才智主要是在适应社会各种职业劳动要求的过程中发展起来的。劳动创造了人，同时也增长了人的智慧，并为人们聪明才智的发挥提供了场所。

（六）职业是实现人生理想的阶梯

理想作为人类所特有的精神现象，能够表达人们对未来美好生活的向往和追求。不管理想目标的大小远近、内容如何，都毫无例外地需要人们通过职业的方式，踏着职业的阶梯去实现。之所以如此，是因为职业活动占据了人们一生的主要时间和精力，是人生的主要内容和体现人生社会价值之所在。因此，人们在职业活动上寄予了对人生的许多向往、愿望和理想。每一个愿望、理想在人们通过职业做出努力而实现后，都会给人带来精神上的满足。

三、职业理想

所谓职业理想是指建立在具体的社会实践活动基础上，人们逐渐形成的对个人职业未来发展的规划与美好愿景。它不同于职业幻想，幻想一般来说是指人类凭空想象出来的虚无缥缈的事物，可以说基本属于毫无现实依据的想象。理想相较于幻想更加具有现实意义。因此，作为一名社会劳动者，需要清晰地分辨出个体的理想与幻想的差别，从而在第一次进行职业选择时就明确自己的职业理想，以及所希望从事的职业类别，并针对职业特性以及自身情况做出较为理性的判断与选择。可以说，职业理想的形成需要经过一个不断变化、完善与补充的过程，这个过程其实是一个动态的目标系统，不仅是个体实现价值与物质满足的过程，还要时刻注意将个人利益与集体利益、国家利益相结合，使其整个过程成为一个有机整体。大学毕业生如果拥有了正确且崇高的职业理想，就会不自觉地将其命运与整个社会的发展需要联系在一起。

根据数据调查结果显示，当今大学生普遍希望自己一是能够成为建设国家的栋梁之材，二是能够从事既感兴趣又能实现自己价值的职业。这项调查所得到的结果从本质上来看是没有任何区别的，它清晰地反映出了当代大学生的职业理想。从他们阅读书籍的种类选择上也可以看出他们的职业理想与职业选择方向。目前，大学生的阅读兴趣点主要集中在计算机类、外语类、兴趣与实用类。从这我们不难看出，当代大学生进行职业选择时更加侧重于实际，但是这里需要提醒的是，在做个人职业规划时不可太过功利，不要让自己沉迷于物质世界而忽略精神生活，否则不仅会降低自己的生活品质，还会降低自己的人生价值。

在如今的职场中，有些人仅为个人得失着想，而不顾及单位和他人的利益，这在职场中是极不可取的。无论是在社会活动中还是个人生活中都应具有高度的责任感。同时，在职场中，一些合理的职业理想以及合理的个人需求应该得到应有的理解与支持，但是还有几种情况是我们需要注意的：第一，个体的利益受到现实情况的制约，在求职时应考虑到一些要求的合理性；第二，个体提出的要求应该掌握一定的分寸，在满足个人需求的同时不应损害社会与他人的合法权益；第三，职场中个人要求满足后，还应尽自己最大的努力为企业做出应有的贡献。与此同时，个体应从长远角度考虑，不应只顾眼前利益，要为自己做好职业生涯规划。

既然有了既定的职业设想，就要进一步明确实现这些职业设想的途径。只有有了奋斗目标才会有奋斗动力，才会积极主动且有针对性地行动起来。我们也可以理解为职业生涯规划是个人在职场中指导与纠正自身行为的隐性原则，它为个人通向成功搭建了重要桥梁。只有先设计好个人的职业生涯规划，才能让理想照进现实，才不会让理想落空。

"自主择业，双向选择"是当今我国针对大学生就业所采取的国家政策。每位即将进入社会的大学生都应该有着清醒的认识，即想要实现个人理想，不能设定一个不切实际、遥不可及的目标，而应该立足于现实，脚踏实地、一步一步地实现自己的职业理想。要实现自己的理想，需要注意将目标进行逐步分解，提升自己的专业技能与水平，让自己所掌握的知识足以支撑起自己的远大理想。只有做到以上几点才能保证自己在职业生涯的发展道路上少走弯路，最终实现自己的职业理想。

第二节　职业生涯规划

一、职业生涯与职业生涯规划

（一）职业生涯概述

一个人在进入社会职场后所从事的所有与工作有关的行为与活动，以及在长期工作中形成价值观与态度等的过程就称为职业生涯。它包括以下四个方面[①]。

一是职业生涯是一个中性词汇，它仅仅客观反映一个人一生中的职业发展历程，其概念本身并不带有任何感情色彩。

二是职业行为与职业价值共同组成职业生涯的主要内容。我们也可以从主观与客观两个角度进行诠释：①个人在职场中的行为活动可以理解为客观表现，即行为个体在职场中长期的具有连续性的各种行为举止以及表现形式；②主观来说是个人在职场中的主观表现，它涵盖个体的态度、价值观念、气质、动机等。

三是职业生涯是对个体整个职场生涯发展的总体反映，其反映的是各个阶段的综合表现，而非某一阶段的具体表现。

四是如今的社会现实让我们认识到人的职业发展会受到许多因素的影响，如家庭成员因素、社会环境的变化、单位组织人事调动等，这些都会影响到个人的职业生涯规划。因此，职业生涯发展是否顺利所取决的因素较为复杂，是众多因素相互作用的结果。

具体来说，我们将职业生涯划分为以下两种类型。一种是稳定性较强的职业生涯，也是比较传统的职业类型。比如医生、律师和教师这类职业，职场人可以先从最基础的岗位做起，然后通过一步步地不断提高职业技能与水平，使其职场与社会地位也水涨船高。另一种是稳定性较差的职业生涯。例如，某大学毕业生一开始从事的职业是会计，又跳槽到其他单位从事文职工作，然后又跳槽到保险公司销售保险，他的职业生涯发展就不具有连贯性，因此就无法有

---

① 　迟云平. 职业生涯规划 [M]. 广州：华南理工大学出版社，2019：102-103.

一个稳定的提升。

职业生涯是人一生中几个不同阶段工作活动的总历程，一般情况下，我们将职业生涯的发展分为以下五个阶段。

第一个阶段是成长阶段，是人接受中等教育的阶段。此时的社会个体还没有建立起正确的价值观、人生观与世界观，对社会与现实没有切身的体会与认知，仅仅处在知识储备阶段，这时就像是盖楼房打地基，地基打得越牢固，楼房就可以盖得更高，所以这个阶段对于个体而言至关重要，能够为今后的学习与就业打下坚实的基础。

第二个阶段是探索阶段，是人接受大学教育的阶段，也是个体步入社会前的过渡阶段。大学校园的教育也是帮助大学生尽快适应社会发展需求，让他们对社会印象由模糊到清晰、由幻想到现实的一个过程。这一阶段是在专业知识和专业技能等方面做好充足准备，以确保实现理想职业的阶段。

第三个阶段是职业生涯的早期阶段，它主要集中在大学毕业后的三年内。它是刚从校园毕业的大学生对职场逐步熟悉的过程，也是对职业特性与职业习惯以及素质要求等方面初步认识的阶段，更是培养自己的职业风格的阶段，以及允许职业选择试错的阶段。

第四个阶段属于职业生涯的中期阶段，一般集中在毕业后的 20 年内。这个阶段的大学生基本已经对职场规则了如指掌，并且能够对自身的能力与水平有一个客观的了解与认识，开始设定更加切合实际的奋斗目标与职业方向。这个阶段的就业群体中有的人已经身居高位，有的人仍然漂泊于各个职场之间。一般而言，大学毕业 10 年后，许多人在职场中已经趋于稳定，职业已经具有一定的成熟度与极强的个人工作风格，在更新知识方面趋缓。个体在职场中的发展原动力由知识推动转为经验推动，并且该年龄阶段的人群已经逐渐步入中年阶段，上有老下有小，需要考虑的因素也比较多，对职业变动一般采取较为谨慎的态度，这是个人职业生涯的最主要阶段。

第五个阶段是职业的末期阶段，一般是指退休前的三到五年内。由于长期处于较为忙碌的工作状态下，个人在职场中的斗志已经逐渐消磨，并且收入与地位基本已经处于职场的最高点，这时的人们逐渐丧失了以往的工作激情与热情，思维方式与知识储备也基本不再适用于时下社会的发展需要，面临着被淘汰和结束职业生涯的局面。

（二）职业生涯规划概述

个人的职业生涯规划和组织的职业生涯规划与管理是职业生涯规划的两个

方面。这里主要针对个人职业生涯规划展开论述，它是个体对职业生涯计划的制订、对职业生涯发展的规划与对目标的时间及步骤等的合理安排，它在满足个体需求的同时，还应该对个体自身的职业发展具有益处。

可以说，成功的职业生涯规划至少需要具备以下四个方面的因素。

其一是可操作性因素。职业生涯规划以客观事实为主要依据，职业目标的确定需要建立在对主客观因素进行分析的基础之上，选择需考虑实际，不可幻想与空想，尽量避免出现错失职业生涯发展良机的情况。

其二是时效性因素。由于职业生涯规划具有一定的时效性和可预见性，对已经确定的未来目标，要设计具有可操作性的计划并按时完成，并检验其实施效果。

其三是适应性因素。职业生涯具有一定的灵活性与可变性，如社会大环境的变化、国家政策的出台、产业结构的调整等。对于个人而言，规划职业生涯需要时刻关注国家发展变化，并结合自身实际情况，选择适合自身发展的职业道路。

其四是持续性因素。职业生涯规划具有连贯性，会经历不同的发展阶段，且具备一定的持续性。

从职业生涯规划的时间角度来看，分为短期规划、中期规划、长期规划以及人生规划四类。

短期规划一般时间会集中于进入职场的前两年时间内，设计初入职场的小目标以及任务。比如，通过两年的时间了解并熟练掌握职场中的各类职业技能与沟通技巧，并处理好与同事、领导的关系，为自己下一步的职场之路做好铺垫。

中期规划一般时间会集中于进入职场的二到五年的时间内，在这段时间设定的目标是自己在所就职单位中所能达到的第一个高度，如三年内让自己升为部门经理等，并且在这期间做出一定的成绩、实现某种目标，并参加必要的教育与培训等。

长期规划是入职后五到十年的职业规划，这里所设计的目标并非能够一蹴而就的目标。比如，计划自己的社会地位与身份得到一定的提升；设定一个开公司、自己做老板的目标。然后针对这个目标采取相应的具体措施，朝着这个目标努力奋斗。

人生规划是职场个体从进入职场到在职场站稳脚跟再到在职场拥有较高职位等的一系列的职场规划。其时长一般设为40年左右，是人在职场中达成目标的一个长期过程。

结合以上对于职业规划的剖析可以看出，如果将职业生涯规划设定的时间过长，整个规划的可操作性就会降低；但是如果将职业生涯规划设定的时间过短，整个规划也有可能因职场以及环境的变化而变得具有不确定性。因此，我们建议将个人职业生涯规划控制在二至五年，这样能够更加切合实际情况，更加合理，且更有利于职场人结合实际情况随时调整与修正个人的职业生涯规划。

二、职业生涯规划与未来生活的关系

我们生活在一个变革的时期，社会在变革，每个人也都在不断进行自我变革。对于个人来说，自我变革的重要手段就是职业生涯规划。只有善于对自己的职业生涯进行规划的人，才能有正确的前进方向和有效的行动措施，才能充分发挥自我管理的主动性、开发自身的潜能，保证在事业上取得更大的成功。①

第一，职业发展目标的确定需要以职业生涯规划为重要依据。想制定职业生涯规划，就要先对自己有一个清醒且合理的分析与定位，在分析的过程中，发现自己的长处以及短处，了解自己的性格特点以及兴趣点，从而结合自身的实际情况为自己找准定位，最终制定出一个切实可行的职业生涯规划。并且这个规划要有助于自己发挥才华，使自己在职场中如鱼得水。第二，职业生涯规划能够成为自己在职场中不断奋斗的动力，并且也能够保证自己在职场中不迷失方向，并在工作中不断总结归纳，使自己的思维方式与工作能力不断得到提升。第三，职业生涯规划帮助我们认清事物的发展，在面对工作时分清主次以及轻重缓急，不让自己陷入与既定职业目标无关的琐事当中。第四，职业生涯规划可以使自己的潜力被无限挖掘出来。没有职业规划的人就像一只无头苍蝇，到处乱闯，结果一事无成。有了职业生涯规划就有了人生努力的方向，并能够在这条道路上不断发现新的自己，创造出不可想象的价值。第五，制定职业生涯规划也是为了每过一段时间就对自己的工作表现与工作成绩做一个小的总结，并且结合这个结果进行分析，并结合分析的结果，对下一步的行动采取一定的修正措施。这样做的好处是可以通过分析、总结、归纳预测接下来可能取得的成绩。

高职学生的职业生涯规划是对自己人生的一个设计，对自己前途的一种把控。关键的是要设定一个适合自身实际情况的职业生涯规划，使其更具有可行性及合理性，尤其是在当今这个竞争如此激烈的社会，人才辈出，要使自己在职场中脱颖而出，赢得最终的胜利，就需要前期对自己的职场有一个预期，这个预定目标应是自己能够达到的实际目标，而非空中楼阁。只有这样，当机会

① 　周相有.职业生涯规划 [M].成都：电子科技大学出版社，2017：89-90.

来临时，才不会与之失之交臂。因此，当代大学生在为自己设计职业规划时一定要具有前瞻性，尽量避免走弯路，浪费时间。

对于在校的高职学生来说，职业生涯规划对未来生活有着十分重要的意义。

第一，鼓励高职学生向着更高的生活层次去追寻，形成具有高度主观能动性的人生观。

职业生涯规划对于高职学生的人生发展来说是至关重要的，也是他们自身发展的内在需求。新时代的高职学生应该学会运用科学的方法，客观合理地评价自己，正确认识自我，认清社会对于人才的需求与标准，让自己朝着这个目标不断精进，通过自己的实际行动，逐步实现自己的人生目标与理想。

对自己的人生需求有了清醒的认识之后，就能够为自己设定正确的人生奋斗目标，并将这些目标逐项分解，使其更加具体化，确立积极向上的人生态度。人的社会属性决定了人们在生活中不仅有着物质层次的需求，这有爱、归属以及尊重与自我实现的需要。然而，这种高层次的生活需要是有一定条件的。比如，在中国国情下的自我实现被理解为"事业有成""功成名就"，而这种"事业有成"需要以正确的职业选择为前提。因此，高职学生应该以职业发展为导向，树立积极向上的人生观，通过个人的努力与奋斗实现事业的成功并逐步走向人生的巅峰。

第二，高校帮助高职学生制定切实可行的职业生涯发展目标，激发学生学习的主观能动性。

职业生涯规划是激励高职学生不断朝着自己设定的职业生涯目标前进的内在驱动力，也是对于未来幸福生活的一种期许。高职学生要达到这个奋斗目标，就会自觉地为自己设计校园内的学习与生活计划，确定在这期间必须掌握的文化知识以及各项能力的培养，并且结合自己的兴趣爱好，通过校园社团活动等实际行动，不断地向自己的目标靠近。最终，结合计划的实施情况以及目标的完成情况，进行适度的修正与调整。

高职学生明确了自己的人生目标之后，便会像海绵一样不断地吸收各类知识养分，不断地充实与丰富自己，既让自己的校园生活过得丰富多彩，又为自己今后的职业道路做好铺垫，不断提升自己的专业技能与文化素养。比如，毕业后致力于从事教师工作的大学生应该在大学期间积极主动地到学校图书馆借阅各类教育心理学等与教师职业相关的书籍进行阅读与学习，并利用学校活动丰富自身的实战经验，为今后走向职场做足准备；又如，想要从事法律工作的大学生应该在求学期间就开始准备，通过参加司法考试，为自己顺利进入职场打好硬件基础，再利用课余时间到律师事务所实习，积累一些律师行业的实战经验，并在每一个具体实践中训练自己的表达能力、书写能力以及逻辑思维能力等；再如，毕业后想要自己创业的大学生在校期间就应该进行具体项目的选择，并且对市场行情要有一定的分析，最关键的一点就是要有一定的应对风险的能力，以及克服困难的勇气与毅力，也要有脚踏实地、勇于开拓的精神，不断发挥自身才华，激发自己的内在潜能。

第三，提高高职学生在职场中的核心竞争力。

好工作对于刚毕业的高职学生而言可遇而不可求，需要一定的运气，更需要具备相当的实力，除此之外，还有一些其他因素的综合影响。这些因素主要有学校的教学培养质量、专业与社会需求、来自学生个体的变量以及学校职业指导工作等。在这些因素中，最主要的也是最可控的因素包括个人素质、技巧与就业能力。

第四，为未来职业发展打好坚实的基础。

可以说，一份有效的职业生涯规划对于高职学生而言尤为重要，其可以引导高职学生正确认识自我，了解自身的资源优势与个性特质，从而为自己做出准确的价值定位，促使自己采取切实可行的措施与手段，不断提高自身的职业竞争力，逐步实现短期既定目标，缩短理想与现实的距离，最终实现职业目标与理想。

人生有了目标才能有奋斗的动力，但是在设定自己的人生目标时，切忌太过急功近利或者随波逐流，否则就会在人生的发展道路上逐渐迷失方向。当今的大学生迫于就业压力，出现一种普遍现象，即什么挣钱做什么，这种单纯追求物质以及短期效应的心态很容易让自己陷入极其尴尬的境地。可以说，成功的道路上没有捷径，只有结合自身实际情况，制定出科学合理的职业生涯规划，才能真正地为自己的人生道路指明发展方向。

三、影响职业生涯规划的因素

影响高职学生职业生涯决策的因素很多，既有学生个人素质、心理素质等主观因素，又有社会环境、机遇等客观方面的因素。例如，对于某些学生来说，他们所喜欢的职业或许正好需要一些他们并不具备的能力；一些学生则可能是所学的专业并非自己的兴趣爱好所在；还有的学生则被自身的健康状况束缚了职业选择；等等。高职学生进行职业生涯规划设计时，要仔细考虑影响自己职业生涯的每一个因素。[①]

---

① 张文瑛. 职业生涯规划 [M]. 北京：中国铁道出版社，2017：115-116.

（一）主观因素

1. 兴趣

兴趣是人们力求认识、掌握某种事物，并经常参与此活动的心理倾向。例如，对某种职业感兴趣，就会对该职业表现出肯定的态度，并具有积极去了解、思考、探索和追求的动力。

个体兴趣的产生与发展并非一蹴而就，它是一个心理发展的过程。即从有趣到乐趣再到志趣的发展过程。兴趣的第一个阶段是有趣，有趣发生的过程可以用稍纵即逝来形容，不具有稳定性。这个阶段的兴趣常常与个体的好奇心理有关，随着这种好奇心理的逐渐消失，兴趣也会随之逝去。兴趣的第二个阶段是乐趣，它是在有趣的基础上发展而来的，这一阶段个体的兴趣相较于之前更加深入与专一。志趣是兴趣发展过程中的第三个阶段，乐趣与责任、担当等价值观念相结合时就会产生志趣。志趣本身具有方向性、自觉性与社会性，它是取得成功的必备条件与内在驱动力。

2. 性格

性格的好坏对于一个人的职场前途而言至关重要。我们常听一句话，即"性格决定命运"，从中国历朝历代的名人身上也不难发现这个规律。在国外亦是如此，近些年，外国公司在选拔人才时相较于往年也更加看重个人性格，而非仅仅考察其能力的高低。能力差，可以通过长期的培养与锻炼得到提升，而一个人的性格不合群或者孤僻、不善于沟通，都是职场上比较忌讳的。因此，招聘时通常会将性格测试作为初试时的主要测试项目。

3. 能力水平

研究调查发现，接受大学教育的学生的智力差异并不大，只是各自具有不同的特点与特长。比如，语言能力较强的人更善于表达自己，这类人的思想与观点也更容易被其他人所接受；一些人的数理能力较强，对于数字较为敏感，善于快速地运算与推理，解决一些实际应用问题。所以，在选择职业时，还应该关注职业类型与个人能力水平是否相互匹配。在这里应该注意的一点是，要清醒地认识到兴趣所在与能力水平并非一回事，以防自己进入并不擅长的领域，而造成不必要的损失。

个人能力主要由九个部分组成，即表达能力、写作能力、创造力、社交能力、数理能力、观察力、空间判断能力、组织能力以及运动能力。根据已有理论分析来看，每个个体都不同，每个个体都有其闪光点，这就需要发现与挖掘，所以每个人在进行职业生涯决策时的表现也会有所差异，对于当代大学生来说，在进行职业选择时，对自身的评价要客观理性，分析自身的优缺点，要懂得扬长避短，找到真正适合自己的发展道路才是上策。

4.受教育程度

教育程度的高低对大学生择业起着至关重要的作用，教育程度较高的择业者可以拥有更多的选择权，因此作为大学生在校期间应该努力学习文化知识，培养自己的文化修养，塑造健全的人格，让自己各方面都得到锻炼与发展，如果有可能的话，尽量让自己接受更多的教育，只有这样，在未来的职场竞争中才能立于不败之地。除此之外，求学阶段的学科与专业选择对职业生涯规划也起着决定性的作用，应让自己在校期间的所学能够有用武之地，这才是教育的本质与出发点。因此，我们说受教育程度是决定事业成功与否的关键因素。

（二）客观因素

1.社会环境

社会环境涵盖的内容极为广泛，它涉及整个社会经济文化体系。广义来说，社会环境包括政治环境、文化环境、经济环境以及心理环境等。社会环境的好坏直接影响着人们的就业环境，即职业岗位的结构、层次以及数量等，也决定了大学生面对不同职业岗位的态度、进入职场的方式以及由此产生的职业生涯的改变。比如，中国处于计划经济时期时，大学生毕业就业都是由国家来统一分配的，毕业生与用人单位双方都没有自主选择权；然而在市场经济条件下，大学生毕业拥有了自主择业权，同时用人单位也可以判断面试者能否胜任本公司的岗位需求从而决定是否录用。

2.家庭负担

现实生活中，我们经常会看到有些人明明很适合某个工作，但是基于家庭因素等多方面考量，不得不放弃原本喜爱与热爱的职业，只能等到时机成熟之时，再拾起往日热衷的职业。

3.机遇

我们常说机遇可遇而不可求。机遇在每个人的职业生涯中都具有偶然性，有时也起着决定性的作用。机遇总是稍纵即逝的，出现的方式也大有不同，有的岗位的随机程度也不同。要让自己时刻准备好，当机会到来时能紧紧抓住它，即使没有机会也要为自己创造机会迎难而上。

四、高职学生职业生涯规划的原则

（一）连续性原则

高职学生职业生涯规划不仅是指在校期间目标的设定，还包括毕业、从业之后若干年乃至贯穿一生的职业生涯规划，因此它具有一定的连续性。人在求学期间就应该设定人生目标，这样才不会迷失方向。有的学生上大学之前就已经给自己设定了目标，既然目标已经设定，就只可做略微调整，不能太过频繁地根据实际情况不停地修正，这样做的目的是使目标具有连贯性，这种目标对大学生在校期间的学习有着强大的激励作用，且在校期间的目标应与进入社会之后的目标相一致，即在校期间要有优异的学习成绩，走向社会后在单位要做出突出的贡献。如果求学期间与就业期间的目标不相一致，那么只能说是浪费时间，使学习变为无用功。

（二）量化原则

一般而言，如果大学生在求学阶段就已经为自己设定了人生目标或者确定了职业理想，就要尽量将目标进行量化分解，考虑职业知识、职业素养以及职业能力等方面的需求，然后按照相关要求分解成若干个子目标，并根据目标制定出切实可行的实施办法，要尽可能地将目标进度细化到每学期、每个月、每周乃至每天。并且每过一段时间就要对自己的学习成果进行检验，再根据检验结果对目标设定进行细微的调整与修改，只有这样，生活才会充实且有意义起来，才会与自己的奋斗目标越来越近。比如，毕业之后想要从事外贸工作的人在校期间就会想尽办法苦练自己的英语口语，以及与人交往的能力；一些求职技巧与工作能力也应该在实习阶段得到锻炼与提高，让自己在走入工作岗位之后能够尽快地适应工作环境与工作节奏。

（三）实际性原则

大学生在给自己制定职业生涯规划时要秉承客观理性的原则，充分考虑内部因素与外部因素，内部因素是指自身的兴趣爱好、特长、能力、性格、气质等方面的因素；外部因素是指社会环境，包括政治环境、经济环境、文化环境等诸多方面的影响。最主要的是要根据自身情况设定目标，要尽量让目标切合实际，要使目标能够落地执行与实现，这就需要大学生对自己有清醒的自我认知，不可盲目自信，也不可太过自卑，对自己要有准确的定位，只有有了正确的自我评估，才能做出有利于自身发展的职业生涯规划，并且在职场竞争中脱颖而出。

（四）激励性原则

人生要有目标，生活要有方向。大学生也是如此，适合自己发展的职业生涯规划对于个体而言具有强烈的激励作用，它可以促使学生朝着这个目标和方向去努力拼搏与奋斗，让自己的生活充满激情与梦想。在一个个小目标实现的过程中逐步认可自己、肯定自己，让自己有更大的勇气与力量继续走下去，向着规划目标不断前进，最终实现自己的职业理想。

五、高职学生职业生涯规划的方法

职业生涯规划的形式多种多样，现在我们介绍几种较为适合高职学生，并且利于他们掌握的规划方法，主要包括以下几个方面。

（一）SWOT 法

SWOT 法始于 20 世纪 80 年代的美国，其自形成以来主要应用于战略研究与竞争分析，通过 SWOT 法可以分析出一个事物内部的优势与劣势，以及外部因素带来的影响，当然只是单独地对一个事物进行分析。SWOT 法主要采用较为系统的思想将这些相互之间没有任何联系的因素通过配对逐一进行分析再进行整体分析，这样做的好处是使某些规划做得更加科学与全面。

SWOT 法是一种功能强大的分析工具，是检查个人技能、能力、职业、喜好和职业机会的有用工具。通过它，当事人能够很容易地了解自己的优点和弱点在哪里，并且能够仔细地评估出自己所感兴趣的不同职业道路的机会和威胁所在。其中，S 代表 strength（优势），W 代表 weakness（弱势），O 代表 opportunity（机会），T 代表 threat（威胁）。同时，S、W 是内部因素，O、T 是外部因素。[①]

一般来说，对自身的职业发展问题运用 SWOT 法进行分析时，应遵循以下五个步骤。

1.评估自己的长处和短处

大学生应该对自己有一个客观理性的认知，采用科学的方法对自身的天赋、特长与能力水平进行一定的了解。当然，在如今这个竞争激烈且分工逐步细化的时代，每个人都需要有自己所擅长的某一技能，而非每样技能都精通。每个

---

① 张建忠，薛枫，杨占良．职业生涯规划 [M]．北京：中国传媒大学出版社，2015：44－45.

人都有自己擅长和不擅长的地方，没有必要一直将自己与他人做比较，而要善于发现自己身上的闪光点，学会扬长避短，使自己越来越自信，将自己能力范围内能够做好的事情尽量做到极致，只有这样才利于自身的长期发展。比如，对于一个性格外向的人来说，让他每天都坐在办公室里进行伏案工作无疑是一种折磨；而内向的人恰恰相反，如果让他们从事销售工作，将是对他们的社交能力以及语言表达能力的极大挑战，这也会使他们无法将工作做出成效。作为大学生，要想制定职业生涯规划，先要对自身的优缺点有一个清晰的认识，可以通过列表，写出哪些事物是自己喜欢的、擅长的，哪些事物是自己不擅长的以及不感兴趣的。列出表格之后，再逐项进行分析，哪些缺点是可以通过努力改正过来的，哪些技能是可以通过实践得到提高的。这样的有针对性的分析可以帮助大学生迅速地对自身有一个客观理性的初期评估。

2. 分析职业机会和威胁

我们在进行职业生涯规划时，不仅要分析自身内部因素，还要对整体社会环境与行业环境进行分析，然后再结合自身实际情况，制定一套切实可行的职业规划，这对于大学生求职而言至关重要。因为不同的行业或者专业都会面临不同的机遇与威胁，所以在择业时看清社会发展趋势以及行业前景更有利于做出较为正确的判断。比如，一家公司的业务发展经常会受到一些不确定因素的影响，这样能给员工提供的各种机会以及升迁渠道相对而言就比较少；相反，一家公司或者一个行业很少受到外部因素的影响，并且能够平稳地运行，内部管理井井有条，这样的环境就是利于大学生在职场中不断学习与成长的。因此，在做职业生涯规划时，大学生应该积极且认真地对专业与行业的外部机会与威胁进行分析，这对自身职业发展将大有裨益。

3. 列出今后 3～5 年的职业目标

通过 SWOT 法进行分析评估，列出自己在未来 3～5 年的职业发展目标与规划。目标可以具体到从事的职业类型、职场达到的高度以及所能拿到的薪资水平。这个职业目标一定要切合自身情况，确保在工作岗位上能够充分发挥出自己的才华。

4. 列出一份今后 3～5 年的职业行动计划

先设定好 3～5 年的职业目标，然后根据目标细化每个计划，具体到每个计划的具体实施方案；详细地说明每一项计划应该如何去执行、执行中需要借助哪些外部力量，将其逐一列出。比如，在运用 SWOT 法进行个人分析时，发现需要再进修某些课程，那么在这份职业计划书中就应当写明计划学习的课程名称、接受课程的层级以及应该如何完成课程学习内容等。这些计划的拟定全部完成之后，制作一个计划表格，从目标结果向下分解学习目标，具体到每个季度、每个月或者每周的学习进度表，然后最重要的就是根据这个学习进度表坚持不懈地执行下去，即使中间有些学习环节进行了局部调整，作为执行者也要坚持下去，只有这样才有希望到达成功的彼岸。

5.寻求专业帮助

大学生通过科学分析法找出职场不良习惯等问题后，需要采用一种适合自己的方法来解决问题，这是具有一定难度的。这时我们可以向一些有经验的前辈、身边的同学朋友以及专家寻求帮助。这样可以让自己在职场道路上少走弯路，并且使问题纠正的效果更佳。

作为大学生，要想做一份详尽的 SWOT 分析，不光需要投入一些精力与财力，想将分析做好也非易事，需要通过不同渠道来完成它，但是当 SWOT 分析完美地呈现在眼前时就会觉得一切都值得，因为它会为你制定一套完整且详尽的职场发展策略，帮助你实现你的职业理想和人生梦想，所以如果想要自己在职场中立于不败之地，进行 SWOT 分析利大于弊。

（二）"五 What"法

虽然说职业生涯规划这个名词在当今大学生群体中已经不太陌生，但是真正做职业生涯规划的在校生却少之又少。究竟什么是职业生涯规划，它对大学生的帮助有多大，很多人对其仍然处在一个初级认知阶段。其实，它并不是很难，只要对自己有一个较为清晰与准确的认知，同时运用一些科学的方法，每个学生都可以给自己制定一份职业生涯规划。现在就给大家提供一个分析方法："五What"法。它的内容包括五个方面，分别为"What are you？"（你是谁？）、"What do you want？"（你想干什么？）、"What can you do？"（你能干什么？）、"What can support you？"（环境支持或允许你干什么？）、"What you can be in the end？"（你最终的职业目标是什么？）。当你将这五个问题回答出来，并进行了整理、归纳与总结之后，你就会得出一份最终的职业生涯规划，它对于初入职场的大学生而言极为适用。

首先，大学生需要回答"你是谁？"的问题。应该对自己有一个深度剖析，了解自己擅长做的事以及属于能力范围内的事情，并将自身的优势与劣势一一罗列出来。

其次，大学生需要考虑"你想干什么？"的问题。这个问题更加趋向于对自己内心的解读。随着人的不断成长，每个阶段的人生目标都不太一样，有时还会受到一些外界因素的影响，人生目标发生很大的改变，直到成长到一定阶段才会趋于稳定，这时人生目标基本已经确定，从而最终确定自己的奋斗目标。

再次，大学生还要考虑"你能干什么？"的问题。它是对个体能力以及潜力的整体分析与归纳总结。可以说，一个人的工作能力决定其职业地位；一个人的潜力决定其将来的职业发展空间。如果想要了解一个人的潜力就要从很多方面进行了解，如对于事物的兴趣与爱好、做事情的韧性、是非判断力、观察力以及原有的知识结构和思维方式等。

从次，大学生需要思考"环境支持或允许你干什么？"的问题。环境影响因素分为主观方面与客观方面，其中客观环境影响因素包括人事政策、经济发展、职业空间、企业文化以及企业管理制度等；主观环境影响因素包括领导态度、同事关系和亲戚关系等。这两方面的因素是否能够被充分调动起来对大学生的择业方向起到一定的决定性作用。

回答完以上四个方面的问题之后，通过这些问题找出对个人就业的有利的因素与不利的因素，选择不利因素最少，也是自己最想做且在自己能力范围内可以做好的职业目标，最后结合以上问题，回答并整理出"你最终的职业目标是什么？"这样，一份清晰且全面的职业生涯规划便设计完成了。

（三）职业生涯愿景模型法

个人愿景是指发自内心的、本人较为关心的并且终其一生都想要实现的事情，它的形成源于个人价值取向以及个人的定位，是内心的设想。当一个人在为自己心目中的理想所努力奋斗时，产生的能量是具有自发性且持久的。

愿景具有多面性。无论是物质层面的欲望，还是精神层面的追求，都可以称为个人愿景。具体来说，个人愿景主要体现在以下几个方面。

自我形象：你希望成为什么样的人？假如你可以变成你所向往的那种人，会有哪些特征？

有形财产：你希望拥有哪些物质财产？希望拥有多少物质财产？

家庭生活：在你的理想中，未来的家庭生活环境是什么样子？

个人健康：你对于自己的健康、身材、运动以及其他与健康有关的事情有什么期望？

人际关系：你希望与你的同事、家人、朋友以及其他人保持一种什么样的关系？

职业状况：你理想中的职业状况是什么样子？你希望你的努力可以发挥什么样的影响力？

个人休闲：在个人的学习、旅游、阅读或其他的活动领域中，你希望创造出什么样的成果？

每个人都有自己的愿景，但在很多情况下，人们对自己愿景的认识往往是模糊的，或者是有误解的，这样就会造成行动的盲目。因此，对于每个人来说关键并不是如何建立个人愿景，而是如何理清个人愿景。以下三个步骤可以帮我们明晰自己的愿景。

第一，想象实现愿景后的情景（假如你得到了深深渴望获得的成果，那么……）：会是什么样的情景？怎样来形容它？感觉如何？这种感觉是不是你真正想要的？

第二，形容个人愿景（想象你正在努力达成一生最热切渴望的愿望，这个或这些愿望会是什么样？）：回顾你的中小学时代、高中毕业时、大学毕业时、参加工作后以及现在的个人愿景，其中哪些愿景实现了，哪些还没有实现，原因是什么？这些愿景包括自我形象、有形的财产、感情生活、个人健康、人际关系、工作、个人休闲等。

第三，检验并弄清楚愿景（分步检视你写下来的个人愿景的每个方面，从中找出最接近你内心深处的层面）：如果你现在就可以实现愿景，你会接受它吗？假定你现在就实现了愿景，这愿景能为你带来什么？如果你接受了它，你的感受又是怎样的？

（四）PPDF 法

PPDF（Personal Performance Development File）法，即个人职业表现发展档案，或称个人职业生涯发展道路，是设计个人职业生涯规划的科学方法之一。其大概可以分为三个方向：一是纵向发展，主要体现在员工本身职务的变化上，如由基层向管理层晋升；二是横向发展，主要是指同级部门之间的调动，如从销售部经理调到办公室主任，此类发展主要是对员工多方面能力的培养，以及对其潜力的不断挖掘，同时还可以使员工的工作经验得到积累，为今后职业发展奠定基础；三是向核心方向发展，从一般岗位向核心岗位调动，让员工承担更多的责任，有机会接触到公司的核心业务。

总体而言，以上这些均可以称为个体在职场中的发展机会，而这些机会又恰恰能够满足不同阶段员工对于自己职业发展的需求。

PPDF 法可以为员工工作经历提供连续性的参考。这种设计能够让领导对于员工现有的成绩以及接下来的工作计划了如指掌。与此同时，这个方法还可以分析出员工当前的工作目标、未来的工作目标以及结合自身实际可能达到的目标，并指出如果要达到某一目标，在某一阶段应该具备的工作能力以及其他技术条件的满足等。除此之外，它还可以为员工的具体行动进行理性分析与指导，使其计划更加清晰、目标更加明确，并且提出员工应具备的能力。

除此之外，PPDF法能够向员工提供较为灵活的档案，帮助员工达成某个目标。使用这一方法需要填写两本手册，在手册中填写好一切项目，其中一本交给直属领导，另一本留给自己。同时要跟领导进行沟通：你打算在哪个时间段达成什么样的目标以及通过哪种方式达成此目标。领导会与你一同讨论，并帮助你分析每一项内容，指出其中存在的问题，如应该先从哪个阶段开始，然后再进入哪个阶段。他也会告诉你应该如何提高专业能力，会亲自为你制定一个切实可行的实施方案。总而言之，你的领导会告诉你如何做才能达到你的职场发展目标。

PPDF 主要包括以下内容。

1. 个人情况

（1）个人简历。包括个人的生日、出生地、部门、职务、现住址等。

（2）文化教育程度。初中以上的校名、地点、入学时间、主修课程等。

（3）学历情况。填入所有的学历、取得学历的时间、考试时间、课程以及分数等。

（4）曾接受过的培训。曾受过何种与工作有关的培训（如在校、业余还是在职培训），以及其课题、形式、开始时间等。

（5）工作经历。按顺序填写以前工作过的单位的名称、所从事的工种、工作地点等。

（6）有成果的工作经历。认为自己以前做出的成绩的工作。

（7）以前的行为管理论述。对工作进行的评价，以及关于行为管理的事情。

（8）评估小结。对档案里所列的情况进行自我评估。

2. 现在的行为

（1）现时工作情况。你现在的工作岗位、岗位职责等。

（2）现时行为管理文档。现在的行为管理文档记录，可以在这里加一些注释。

（3）现时目标行为计划。设计一个目标，同时列出和此目标有关的专业、经历等。这个目标是有时限的，要考虑到成本、时间、质量和数量的记录。如果有什么问题，可以立刻同你的上司探讨解决。

（4）如果你有了现时目标，它是什么？

（5）怎样为每一个目标设定具体的期限？此处写出你和上司谈话的主要内容。

3. 未来的发展

第一，职业目标：在今后的3～5年里，你准备在单位里做到什么位置？

第二，所需要的能力、知识：为了达到目标，你认为应该拥有哪些新的技术、技巧、能力、经验等？

第三，发展行动计划：为了获得这些能力、知识等，你准备采用哪些方法和实际行动？其中哪一种是最好、最有效的？谁对执行这些计划负责？什么时间能完成？

第四，发展行动日志：此处填写发展行动计划的具体活动安排和所选用的培训方法，如听课还是自学、所需的时间、取得的成果等。这不仅是为了自己，还是为了了解工作、了解行为。同时，你还要对照自己的行为和经验，写上从中学到了什么。

参照上述办法，高职学生也可以为自己的职业生涯设计一个PPDF，设计好后交给班主任或辅导员一份，再交给父母一份，自己留一份，每隔一个月或半年对照一次，看看执行与实现的情况如何，以便及时调整。

第二章 高职学生职业生涯规划的特点

第一节 高职学生学习心理调适

一、学生学习心理概述

学习活动是一个非常复杂的过程。各种智力因素和非智力因素交织在一起共同影响学习的进程。智力因素作为心理过程中的认识过程，直接影响着学习活动；而非智力因素虽然不直接参与认识过程，却是学习活动赖以高效进行的动力因素。

爱因斯坦写下了他成功的秘诀：A=X+Y+Z（A 代表成功，X 代表艰苦的劳动，Y 代表正确的方向，Z 代表少说废话）。法国化学家、细菌学家巴斯德说："告诉你使我达到目标的奥妙吧，我唯一的力量就是我的坚持精神。"爱迪生认为成功是百分之一的灵感加百分之九十九的汗水（"汗水"是指人的坚强意志和刚毅性格）。这些都表明了非智力因素的巨大作用。所以，"天才"如果缺乏非智力因素也会夭折。仅有智力因素而缺乏非智力因素的人也许能成为小器，但绝对成不了大器。成大器者必须在具有智力因素的同时还有着情感、意志、性格等非智力因素。[①]原因是非智力因素的韧性、耐力和毅力具有强大的生命力。

（一）智力因素与非智力因素

智力对学习起直接作用，非智力因素起间接作用。

智力是学习过程的心理结构，非智力因素是心理条件。

[①] 刘剑飞，戴联华. 高职学生职业生涯规划与就业创业指导 [M]. 广州：暨南大学出版社，2019：78-79.

智力是学习活动的执行—操作系统，非智力因素是动力—调节系统。

智力活动本身没有积极性，非智力因素才有积极性。

智力活动指导非智力因素，非智力因素主导智力活动。

近年来，有不少心理学学者把人的心理素质划分为两大类：一类是直接参与对客观事物认识的具体操作活动的智力因素，如注意力、观察力、记忆力、思维能力、想象力和语言表达能力等；另一类是不直接参与对客观事物认识的具体操作但对活动起动力和调节作用的非智力因素，如需要、动机、兴趣、世界观、价值观、情绪、情感、意志、性格、气质，以及自我意识等个性心理品质。

智力因素属于认识活动范畴，是认识活动在认知与反映客观事物的过程中逐步形成起来的一系列稳定心理特点的总称；非智力因素属于意向活动范畴，是意向活动在对待与处理客观事物的过程中逐步形成起来的一系列稳定心理特点的总称。

非智力因素理论有一个目的、一条假设和一个公式。一个目的：在大学教育中应充分尊重学生，发挥学生的主体作用和个性优势，促进全体学生的全面发展。一条假设：如果学生的智力相差不多，而学习成绩却存在着很大差距，则说明学生在非智力因素方面存在着发展水平的差异。一个公式：在其他条件相同的情况下，$A = f(I \cdot N)$，即学生的学业成绩（A）是由智力（I）和非智力因素（N）共同决定的。

1. 智力因素与学习

智力程度的高低对学习的好坏起到至关重要的作用，虽然目前还没有关于智力的确切定义，但是智力与学习成绩之间存在某种密切联系是众所周知的。总之，海内外众多学者的研究结果表明，智力水平的高低对学业成绩的影响占比约达 50%，具体表现除了学业成绩高低，还有学生对新知识与新技能的消化吸收能力，以及对知识的运用能力，如学生自主学习时所体现的能力直接决定着学生的可教育程度。

（1）智力与智力结构。可以说，一直以来人们对于智力概念的看法存在着各种争议，直到今天智力仍然没有一个被公众广泛接受且确切的定义。海内外的众多心理学专家都对其进行了大量的研究，并提出了不同的观点，现将其归纳总结如下。

①智力从某种程度来讲是一种逻辑抽象思维能力。根据法国心理学家比奈（A.Binet）的测验结果显示，智力的三要素有善于理解、善于判断以及善于推理。同一时期，美国心理学家推孟（L.M.Terman）也指出，逻辑抽象思维能力

直接决定着一个人的智力水平。

②一个人的学习能力也反映着其智力水平。部分心理学家曾指出,学习能力的好坏直接反映了一个人的智力水平。智力水平高的学生,其学习与掌握知识的速度与消化程度都比普通学生要好,而相对智力水平较低的学生的情况恰恰相反。

③适应环境的能力也是智力水平的反映。瑞士心理学家皮亚杰(J.Piaget)提出,智力在某种程度上表现为对环境的适应能力,儿童认识的发展反映的是个体对陌生环境的接受程度的快慢,它是一种逐步社会化与智慧化的过程。其主要表现在个体对某一陌生环境是否能够快速做出相应的反应,智力水平越高的人反应越快。

④智力是多种认知能力的综合体现。一个人智力水平越高,对于多种基本认知能力的掌握能力就越高。对于这一理论观点,美国的心理学家韦克斯勒(D.Wechsler)与我国心理学家朱智贤一致表示认可。其中韦克斯勒指出,智力是人们凭空设想的一种结构,它主要表现为一个人合理地思维、有目的地行动,以及有效处理周围事物的整体能力;朱智贤指出,智力是一种心理特征,主要表现为综合认识方面的能力,即注意力、想象力、观察力、记忆力以及创造力。

⑤智力就是智力测验所测的能力。有些心理学家认为,智力是抽象的概念,离开智力测验就几乎无法了解智力的含义。这是一种操作性的定义,对智力的内涵并没有做出规定。例如,弗里曼(F.W.Freeman)指出,智力就是运用智力测验所得到的东西;希尔加德(E.R.Hilgard)指出,智力是智力测验测定的结果。[①]

大众普遍认为,综合的认知能力即智力,具体有观察力、注意力、记忆力、想象力与思维力五个主要因素。智力的这种观点可以理解为以下几点:首先,认识事物的过程表现可以反映出智力水平,但是认识过程并不代表智力水平本身;其次,只有人们的各种认识特征中表现较为稳定的因素才能代表智力水平,那些变化莫测的认识特点并不能反映真正的智力水平;再次,智力并不是五种元素简单排列组合,而是将这五种因素有机地结合;最后,智力是一种能力的体现,这种能力表现为解决问题的能力与水平,而非情绪、性格、气质、兴趣、动机、意志等具有主观意识与主观色彩的特征。

---

① 王凤斌.高职大学生职业生涯规划与就业训练教程[M].上海:上海交通大学出版社,2019:56-57.

（2）智力的培养。

①观察力的培养。一切智力活动都需要先通过观察得以实现，所以观察力的培养至关重要。人们能够在观察中获取感知信息，以及获取事物具体且鲜活的形象特征，再以大脑的思维活动对其进行提炼再加工，从而形成形而上的理性认知，这是促进智力发育的有效方法。

观察是一种认知活动，它具有鲜明的活动特征，即有计划、有目的、持续时间较长。观察的过程包括获取感知信息的过程，但是并非所有感知都可以称为观察。只有对感知信息进行提炼与加工的过程才算是观察中的感知。真正有意义的观察过程都可以称为感知因素，其中也包括思维因素。如果在观察中不注意思维能力的培养，仅仅是观看而毫无思考，那么就无法抓住事物的主要特征，更无法对其做出合理且有效的判断。

②记忆力的培养。对于过去的事物在大脑中的反映，我们称之为记忆。其主要涵盖三方面内容，即识记、保持、再认／回忆。识记是大脑皮质层对于事物形成的短暂性神经联系，主要是识别记忆事物的特征以及其之间的联系；识记包括有意识的记忆与无意识的记忆，它是大脑主动构建的过程，也是形成记忆的第一个环节。

识记是记忆的开端，识记的好坏会直接影响记忆保持的持久性和回忆、再认的准确性。因此，要改善记忆的效果，必须先有良好的识记。

其一，识记的目的与要求决定着识记的效果。识记的目的与要求对于识记的效果好坏起到直接作用，能够调动个体的全部智力与精力集中在记忆材料上。在以往的各项实验中，都可以得到一个结论，即有意识的记忆效果往往比无意识的效果更好。识记的要求与目的会对识记的内容与方法产生一定的影响，主要表现在记忆材料的持久性以及精准性上。

其二，识记的效果同时也受到认识活动的性质与任务的影响。对于事物的识别主要是通过各种活动来实现的，因此活动的性质与任务特征，以及个人活动时的主观能动性对于识记效果具有一定的影响。当某些具体的文字材料通过人的肢体活动展现出来时，对其识记的效果会更佳。

其三，在某种情况下，材料的数量与性质对于识记效果也起着一定的作用。从材料的性质上来看，一般而言，单纯的文字材料比有图像的材料在识记方面效果差，对事物进行具体描述的语言文字比枯燥乏味的理论性文字材料更容易识记，原因是这两类易识记的材料更加贴近生活、贴合实际，在识别记忆时更容易调动其他感知信息的途径。因此，在学习中，对于那些晦涩难懂的知识材料，通过口诀法等方法进行识记可以提高效率。

其四，识别记忆的方法。好的方法不仅可以提高识别记忆的速度，还能增强记忆的效果。在识别记忆中，运用更加科学合理的方法去组织材料与识记材料能够直接影响识记效果。

一般情况下，机械识记法比意义识记法效果弱。这是从日常经验与各种实验研究中得出的结论。总的来说，对现有材料进行理解再加工的意义记识法无论是在记忆的速度上还是持续程度上都优于机械记忆法。其方法的优越性还表现在能够促进大脑智力发育。

要想达到极佳的识记效果，就要掌握将学习材料进行前后对比的科学方法，也就是阅读与回忆相结合的方法，其效果明显优于单纯的阅读法。让学生在识记过程中，学会对事物共通点进行总结与归纳，以及理顺事物前后发展的相互关系，既可以增强学生的识记能力，又可以充分调动学生识记材料的积极性与主动性。与此同时，还可以让学生清楚哪些知识点已经掌握，而哪些知识点还没有记住，使得学习的过程更加具有针对性，从而提高材料的识记效果。

通常来说，识记方法一般包括整体识记法、部分识记法以及综合识记法。整体识记法是将整体需要识记的材料按照一个单元从头至尾进行整体学习，直到可以熟读乃至背诵为止；部分识记法是将材料分成若干部分分别进行识记的方法，即识记完一部分之后，再进行下一部分内容的识记，按照这样的顺序直到最后完成全部材料内容的识记为止；综合识记法可以理解为对前两种识记方法的综合运用，即先采用整体识记法，将材料进行通篇阅读与识记，然后再根据其意思的递进关系或者是平行关系等采取不同形式进行识记，直到能够熟读背诵为止。实践证明，识记内容不多的材料可以采用整体识记法，对于内容没有实际联系的或者是晦涩难懂的部分可以采用部分识记法。对于那些内容既晦涩难懂又可以通过理解进行识记的部分，可以采用综合识记法。总而言之，可以根据不同的材料特点选择适宜的识记方法。

复习是增强记忆、克服遗忘的有效途径。复习不仅能强化记忆的痕迹，巩固知识，还能进一步加深对知识的理解，收到"温故而知新"的效果。复习的效果取决于是否合理地组织复习。以下是合理组织复习的一些主要条件：

其一要及时复习。根据人类的记忆规律及法则，对事物的遗忘速度会随着时间的流逝由快到慢，尤其对于大部分人来说，学习新知识时都会出现学得越快忘得越快的情况。因此，学生复习一定要"趁热打铁"，及时地对新知识进行复习与归纳总结，这样往往能够产生意想不到的效果。此外，应在识记后短时间内，进行多次复习，最好是将两次复习之间的时间尽量缩短；之后根据对于知识的掌握程度，逐步减少复习次数，时间间隔逐渐拉长。

其二，过度学习。学习某个知识点时，应该在刚好达到成诵之后，继续进行附加学习，我们称之为过度学习。相关心理学研究发现，过度学习可以保证对于材料的熟练掌握程度。实验证明，大概150%的过度学习时效果最佳。

其三，选择不同的复习时间。一般而言，复习可以分为集中复习与分散复习两种。集中复习主要是指将材料集中在一个时间段内进行复习；将复习材料分解成几个部分，将其分别安排在不同的时间段内进行复习，我们称其为分散复习。究竟哪种方法效果更好，有研究发现，对于学习能力较强的人而言，集中复习的学习效果更佳，但是对于学习能力较弱的人而言，分散复习更利于其对于材料的掌握。此外，除了可以根据学习者的能力不同进行划分外，还可以根据材料的性质以及数量、难度选择复习方式。比如，对于无意义材料的学习，分散复习效果较好；而对于那些诸如散文、诗歌等有意义材料的学习或者是应用类知识的学习适合采用集中复习的方式。与此同时，随着材料难度与数量的增加，分散复习的效果更佳。

其四，尽量排除前摄抑制以及后摄抑制的干扰。在同时复习多种材料时，最好留出中间休息的时间，让大脑有一个缓冲的时间，否则会大大影响复习效果；另外，应该注意不要将性质相同或相似的材料安排在一起进行复习，这样容易造成对知识的混淆；对系列材料进行复习时，更要加强对中间部分的识记；同时在复习的过程中，要有对材料进行再次总结与归纳的过程，也就是说在对材料进行复习时不可采取机械式的学习，应该更加注重培养自己对知识进行积极思维加工的能力，这便于更好地记忆且不易遗忘。

其五，选择多样的复习方法。主要原因是单一的复习方法不仅会影响到复习效果，长期下来还容易产生倦怠感。因此，要想取得理想的复习效果，就要采取多种多样且更灵活的方法。比如，在学习数学的计算公式以及定理等内容时，可以通过解题、作业讲评、自编自解的方式或者结合具体实际生活等多种方式进行复习。

其六，可以调动多种感官系统参与到复习中来。相关领域的专家学者曾经针对复习效果进行实验，即把学生分成三组，各自采用不同的记忆方式进行复习，仅凭视觉记忆法进行复习，实验效果为70%；仅凭听觉记忆法进行复习，实验效果为60%；而采用视听结合的记忆法时，实验效果为86.3%。由此可见，采用多种感官系统进行复习记忆的效果远远优于凭借单一的感官系统进行记忆的复习效果。

③创造力的培养。创造力也可以称为创造性，它反映的是个体的综合实力，其主要表现为在以往经验与知识的基础上产生新思想、创造新事物的能力。其

核心要素是创造性思维。可以说，创造力的培养并非易事，但是究其培养的必要性来说，还是不容忽视的。当今我们教育的主要目标之一就是"为创造而教"，良好的教育会更加侧重于学生创造力的培养，并且无论是在硬件方面还是软件方面皆是如此。可以说，创造力的培养是一个循序渐进的过程，不能一蹴而就，是由知识积累走向能力提升的过程。

在培养创造力的过程中，应该鼓励学生具有批判精神，尤其是在其自主学习与探索的过程中，应鼓励他们大胆地发表自己的见解与看法，充分发挥其想象力，主动思考，保持其对于新鲜事物的好奇心。创造力的培养至关重要，只有具备好奇心的人，才会主动去探索新事物、去发明新事物以及去创造新事物。

创造型的学生往往具有鲜明的个性特色，不易随波逐流，拥有较为独立的思考能力。

2. 非智力因素与学习

除智力因素之外，可以影响智力行为与智力发展的心理因素我们称为非智力因素，具体包括情感、意志、兴趣、性格等方面的因素，与智力结构中的其他因素一起对个体的智力活动产生影响。它们是彼此联系又彼此制约与相互作用的关系，非智力因素直接影响着人们在智力行为方面的积极性与主动性。

学生的学习活动是智力因素和非智力因素协同活动的结果。研究表明，学生的学业成就与智力因素具有中等程度相关，而非智力因素对学生成才起决定作用。在学习活动中，智力因素和非智力因素是相互制约、彼此促进的，智力的发展会促进非智力因素积极特征的发展，非智力因素的积极特征对学习具有调节、控制、维持和补偿的功能，是提高学习质量和促进智力发展的强大动力。但是，这种一致性并不是绝对的、自发的。因此，无论对于智力较高还是智力较低的学生，都必须注意既要发展他们的智力，又要培养他们的非智力因素，并有意识地让智力促进非智力因素的发展，让非智力因素促进智力水平的提高。[1] 发展学生智能是素质教育的重要内容，而非智力因素的培养是素质教育的关键。

（1）学习动机与学习。学习动机是指直接推动学生学习的内部驱动力。学习动机是为了满足学生的学习需求而产生的，它也是一种社会与学校教育的客观需求在学生头脑中的反映。

可以说，学习动机在提高学生学习效率方面起到一定的推动作用。具体表

---

① 朱玉华．高职院校大学生职业生涯与发展规划 [M]．北京：现代教育出版社，2019：99-
100.

现如下。第一，学习动机可以直接决定学生的学习方向，让学生明白学习的必要性以及学习的方向。第二，学习动机可以激发学生学习的主观能动性。相关研究表明，学习动机水平较高的学生在学习中的态度较为端正且更加认真仔细，并且更加具有学习的毅力与韧劲；而学习动机水平较低的学生，其学习行为的稳定性与持久性较差。第三，学习成绩可以直接反映学生学习动机的强弱。一般而言，学习动机偏弱的学生，学习成绩也不会太理想；学习动机较强的学生，学习成绩一般情况下也不会太差。当然凡事有个度，当学习动机过强时，学习效果也不一定会非常理想。

虽然一般而言，学习动机可以提高学生学习的积极性与主动性，但是学习动机并非一定能够决定学习成绩的好坏。在实际生活中我们不难发现，有些学生的学习动机很高，但是学习成绩却并不理想，我们也不能因此而怀疑学习动机对于学习起到的推动作用，动机对于学习起到的是间接作用，决定学习成绩的好坏的直接因素还包括知识基础、学习方法与技巧、领悟力等方面的因素，因此学习成绩的好坏并不能反映学习动机程度。

一般而言，人们会把关注点放在学习动机对于学习的促进作用上，从而忽视学习动机与学习之间存在辩证关系。事实是，当学生学习动机的增强使得学生的学习成绩有所提高时，学生的学习动机也会随之变得更强。因此，当学生还没有任何学习动机时，老师不要放弃或者推迟对于学生的教育，而要选择更加适合学生的学习方法，让学生先尝到学习的甜头，这样就可以使学生慢慢地产生学习动机。由此可见，增强学生学习动机的最好方法是提高学生的学习认知水平从而激发学生的学习动机。

学习动机的培养主要是指教育者可以通过多种手段与途径，将一种外压式的动力转为内压式动力，即让学生对学习产生一种自主性，并转化为内在需求。要激发学习动机，需要通过一定的诱因将其充分调动起来，再将其由潜在状态激活为活跃状态，使其成为学习的积极因素。可以说，学习动机的培养与激发之间是相互作用、相互影响的关系，培养是激发的前提，学习动机激发的结果又进一步增强了学生的学习需求。

（2）情感因素与学习。教师会对学生的情感产生一定的影响。教师采用的教学方法以及教师所具有的专业文化素养影响着学生的情感。教师的职责与使命主要体现在尊重学生人格、关心与关怀学生、具有高尚的道德情操以及敬业精神，从而使学生对其产生钦佩之情，将其权拉为自己学习的榜样。教师的情感可以潜移默化地影响学生的情感。

当拥有积极的学习态度与热情时，学生的学习效率相对也会比较高，从而促使学生进一步掌握更多的文化知识，而知识的丰富也会促使学生丰富情感的产生。因此，学生应该学会用理智去支配情感，学会做情绪的主人，而不能被自己的情绪牵着鼻子走，教师要让学生在学习中产生更多积极的情感，消除学生的消极情绪，让学生在愉悦的心情下学习，这样才能让学生轻松掌握更多的文化知识。

积极的情绪可以使人保持平稳的心态，思维更加敏捷，想象力也更加丰富，进而提高学习与工作的效率。可以说，美好的情境与心境可以激发人的灵感，让人拥有更多的好奇心与自信心去探索更多未知的世界。

（3）意志因素与学习。人的一生注定不会是一帆风顺的，人从出生到成长再到老去的过程就是一个解决问题的过程，无论是在求学阶段还是工作阶段抑或是在生活中，都难免会遇到各种沟沟坎坎，这是一个漫长而艰辛的历程，需要人们拥有顽强的意志力。一个人要想成功除了需要具有高智商、高情商，在逆境中的心态也是至关重要的，它常常决定着你是否能够做成一件事。"常立志"还是"立长志"能够反映一个人的意志品质的优劣。立志就是根据当下社会环境结合自身条件为自己设定一个奋斗目标。志向可以激发学习与工作的热情与奋斗精神，同时还可以增强实现目标的信心与决心。一个人只有具备强大的意志力才能在各种困难面前不被击垮，可以说，意志对于人的工作、学习和生活起着至关重要的作用。

一般来说，学生在学习过程中只拥有高智商以及旺盛的学习热情还不够，还需要具备强大的意志力，才能在面对困难时不被吓倒，在困境中控制自己的情绪，调整自身的状态，只有这样才能保障自己的行动是理智的，从而激励自己向着自己预定的目标继续前进。强大的意志力是能够自觉确定目标并在实现目标的过程中支配自己的行为以及在困境中调节自己的情绪。它主要表现为行为的自发性与自觉性、用理性思维支配行动、可以战胜困难三个方面。强大的意志力能够强化人的积极情感、鼓舞人的热情，从而推动人们怀着愉悦的心情积极地行动，从而取得巨大的成功。

人要想拥有强大的意志力，就需要不断努力。意志是在实际行动中不断磨炼出来的，并非天生的。要想成为全方位的综合型高素质人才，就必须重视这方面的培养与锻炼。

人的意志品质的培养需要以正确的人生观与世界观为基础，它是人进行活动的动力来源。参与社会实践活动能够更好地培养自己的意志品质。一切思想与信念的建立都需要以理论知识为基础，更离不开实践的磨炼。因此，学校要多组织学生参加一些集体实践活动，在活动中培养学生的集体观念，使学生能够在一个个具体的实践活动中磨炼与锻炼自己，主动维护集体权益，服从集体管理，逐渐培养起学生的毅力与坚强的意志品质。

（4）个性意识倾向性因素与学习。兴趣是学习最好的老师，它可以推动人们积极学习与努力工作。兴趣能够促使人们不断发挥自身的智力才能，在各种困难面前勇往直前，克服一切艰难险阻，使学习、工作和生活的激情与热情源源不断。

对于学生而言，一切学习活动的最初的动力就是兴趣，它不仅可以激发学生学习的热情，还能提高学生的学习效率，对学习活动亦是如此。我国著名的教育学家陶行知曾说："学生有了兴味，就肯用全副精力去做事，学与乐不可分。"我们说，只有当你对学习产生了浓厚的兴趣，你才有动力去不断地探索与挖掘学习中的乐趣，才能在不断的学习中获取新知。兴趣对学生学习效率的提高起着至关重要的推动作用。兴趣代表着一个人对于某项事物或者某个活动的心理活动或者心理倾向。它主要分为三个阶段，即有趣、乐趣、志趣。其中有趣是一种先天的对于事物的心理倾向，它是一种必然的、不可避免的现象，也是兴趣发展的第一个阶段。乐趣虽然是兴趣发展的其中一个因素以及发展阶段，并且与人的快乐体验相结合，但是并不能对学生的学习动力起到推动作用，不能激发学生源源不断的动力，使其达到最终的奋斗目标。只有当人的兴趣由有趣、乐趣上升到志趣阶段，人才能够对学习完全投入进去，达到废寝忘食的状态。当然一切学习都离不开探索精神，它是人在好奇心与求知欲的驱动下产生的行为动力，在好奇心的驱动下，人们不断进行各种发明与创造。可以说，求知欲是学生探索科学的主要原因，它是学生进行创造性活动的主要动机。因此，我们说学习兴趣其实就是好奇心向求知欲发展的结果。要珍惜好奇心，不断提高自己的求知欲，不断提高自己的学习兴趣，这样才能保证学习顺利进行，学习质量水平才能不断得到提高。

对于大部分学生而言，影响其学习动机的心理因素众多。比如对学习的需求、好奇心、求知欲、理想、自尊心、自信心、责任感、荣誉感等，这些都可以激发学生的学习积极性与主动性，进而转化为学生的学习动机。

（5）气质因素与学习。我们将个体心理活动特征称为气质。比如，有的人活泼好动；有的人文静不多话；有的人遇事犹豫不决；有的人多愁善感，胆小怕事。生活中常见的这些表现通俗称为"脾气"。这些"脾气"的形成的原因之一便是个人的气质，我们也称之为心理活动特征。

每个个体都有属于他自己的气质特征，气质无关好坏，对个体的智力水平与社会价值也不具有决定性的作用。我们将人的气质大致分为四种类型，即"多血质""胆汁质""黏液质""抑郁质"。针对不同气质类型的学生需要采取不同的对待方式。对于多血质学生就应该注重培养其精神愉悦、朝气蓬勃、积极热情等个性品质，防止其做事粗枝大叶、粗心马虎等不良个性的出现。对于胆汁质学生，应该积极发扬他的直爽、精力旺盛、做事果断等良好的个性品质，避免其出现脾气暴躁、易动感情等不良行为。黏液质学生一般表现为情绪较为稳定、考虑问题比较全面、善于忍耐等优点，对于这些优势应予以着重培养与强化，但是其不良个性表现为对于外界事物反应较慢并且不够灵活等。对于抑郁质学生，我们应该着重培养其细致认真、机智敏捷的个性品质，尽量帮其摒弃懦弱怕事、孤僻、消极等不良情绪。

（6）性格因素与学习。所谓性格是指人在日常生活活动中逐步形成的较为稳定的态度与行为方式。它对人的行为方式起调节作用，并且贯穿于其全部的日常行为之中。我们经常说"性格决定命运"，一般情况下，好的性格不仅可以让个体拥有幸福的生活，还能使其事业发展得更加顺利。比如，勤奋对于个体来说，是一个极其重要的性格特征。勤奋能够提高个体的记忆力、观察力、想象力与操作能力等，从而在一定程度上促进个体的智力发育。比如，自我批评的品质，它利于个体培养批判思维，促使个体善于发现问题，从而解决问题，从而促进个体大脑的发育。

我们习惯将个体稳定的心理特征称为性格，它是个体对于现实世界具有的较为稳定的心理特征以及行为方式。它分为两个方面，一个是心理方面，另一个是行为方面。其中心理活动对个体的行为方式在某种程度上起着决定性的作用。比如，对于一个有创造力的学生来说，他并不仅仅满足于课堂上教师所讲授的内容，与之相比，他更加喜欢通过查阅资料，从不同的角度来探析问题，寻求解决问题的新途径与新方法，更加善于另辟蹊径；而对于学习方面较为保守的学生来说，他的学习更多的是依赖于课本上所教授的知识，其学习行为表现为墨守成规。

一般而言，性格的形成先天因素占一部分，更多的是后天因素的影响。个人的性格受到社会、学校、家庭等多方面因素的作用与制约，从而长期以来形成了其固有的心理特征以及行为方式。通常来说，青少年时期是性格特征可塑性极强的阶段，如果在这个时期能够得到社会、学校以及家庭多方面积极且正确的引导，再加上个体的顽强的意志力，会逐渐改掉之前的不良性格，逐渐向好的方向发展。比如粗心变为细心，懦弱变为勇敢，自卑变为自信，等等。

性格对于个体发展来说其重要性毋庸置疑。如果一个个体拥有勤奋、自信、顽强意志力以及创新精神，那么他终将发展成为一个社会发展所需要的高素质人才；然而一个懒惰、不思进取的个体，必将被社会所淘汰。

（7）习惯因素与学习。习惯与性格有相似之处，也是个体在日常生活中逐渐形成的较为稳定的心理特征与行为方式，在人的日常行为中得以体现，并对人的行为起到一定的调节作用。我们说，个体的行为习惯决定着个体的命运与事业。古人曾说"吾日三省吾身"，即要对自己一天的言行进行反思，哪些问题处理不妥当，是哪里出了问题，需要去解决，只有做到这些个体才能不断进步。从众多历史人物身上，我们都不难看出这点。良好的生活习惯能够帮助个体积极克服困难，持之以恒、脚踏实地地朝着自己的目标努力奋斗，不达目的不罢休，千方百计地将事业发展推向高潮。

通常来说，个体的发展主要取决于智力因素与非智力因素的统一与交织。智力因素与非智力因素发展的共同基础就是实践活动。在具体的实践活动中，既有积极的智力因素的参与，又有非智力因素的参与，两者之间相互制约与影响。我们说，紧张的脑力劳动一般而言需要非智力因素作为支撑，否则就很难获得成功。因此，要开展智力活动，就要对非智力因素进行一定的调节，从而使两者间能够相互促进与影响。与此同时，在具体的实践活动中，逐步形成智力因素的稳定特性，进而形成性格的理智特征。由此可见，应在智力发展的过程中，同时促进非智力因素的发展。一般来说，非智力因素对智力通常起着推动作用、指向作用、调节作用和强化作用等，如"勤能补拙""笨鸟先飞"等。从以上内容不难看出，培养非智力因素是发展智力的方法与条件。

可以说，非智力因素在学习中的作用是不容忽视的。其作用的实质是改变行为潜在的可能性，让新的潜在可能性取代旧的潜在可能性。为此，我们应该时刻保持清醒的大脑，正视非智力因素在学习中发挥的作用，在不断的学习与社会实践活动中，促使非智力因素的发展，学会为人处世之道，只有这样才能更好地在社会中生存。

（二）学习中的心理现象

1.学习模式——怎样学习

通常情况下，如果没有人指导而又想要更加高效地学习，我们就只能靠自己去一步步地摸索，其结果就是我们仅能吸收与掌握少部分的知识与技能。

一般而言，在没有人教导我们的情况下，我们会把学习看作是极其困难的事情，且压力不断，经常是付出与回报不成正比，从而对学习产生厌烦情绪。

应找到适合自己的最佳学习方式，就是明白如何学习，如何听讲，如何阅读、记忆与思考，这些比学习知识更加重要。

由于每个个体都有不同之处，学习方法也会有所差别。如何找到适合自身的学习方法与模式？以下给出几点建议：第一，知晓获取信息的来源与途径，如看、听等；第二，明白如何对获取的信息进行再加工，如分析、归纳等。相关调查显示，通常情况下，人会有三种学习模式，首先是视觉感知学习，它是通过阅读或者看图像等获取信息的学习；其次是听觉感知学习，它是通过听声音而感知学习信息的学习；最后是触觉感知学习，它是通过运动、体验而感知的学习。调动起多种感官获取新知，可以促使学习效率不断提高。

2. 学习迁移——智慧的创新

"迁移"是将具有相似性的事物串联在一起进行记忆的过程，是人类学习中最为常见的一种心理现象，也是一种创新的思维方式与能力。迁移的前提条件是对知识的理解与消化。一般而言，拥有迁移思维方式的学生都具有良好的创造能力。

由于学习本身是一个一环扣一环的不间断的发展过程，所以任何知识与技能的学习都是在学习者已有的知识基础、认知经验与结构、态度与情感等基础上开展的。古人常说的温故知新、举一反三、触类旁通等都是学习迁移的表现方式。也就是说，新旧知识的学习之间可以产生相互影响，也就是学习迁移。而通过以往所学知识、技能去理解与消化新的知识的过程或者说通过旧有学习经验去解决新的问题的过程可以理解为一种基本的学习迁移过程。美国著名心理学家布鲁纳就曾强调原理迁移，即对基础知识理解越透彻，活学活用的能力就越强，学习迁移的能力也就越强。

在学习中能够很好地运用迁移学习方法的学生在工作中也会时不时地创造出惊喜，从众多职场人中脱颖而出。

迁移有以下五种主要类别。

（1）知识、能力的迁移。我们常说数理化不分家，一般数学学习好的学生，物理、化学成绩也不会太差，这些科目都需要运用良好的逻辑思维去思考问题；英语与语文都是语言类知识与技能的学习，学习方式与方法具有共通性，因此语文学习好的同学，学起英语来也不会太困难；如果一个小女孩学习过钢琴，那么再让她学习手风琴，难度就比刚入门的孩子要低很多，原因是她有一定的乐理知识基础。可以说，以上这些内容都反映了学习知识与能力的迁移。

学习新的学科往往需要基于一门或者多门学科的学习方法，这就使得众多边缘学科大量涌现。可以说，这是科学技术发展进步重要性的体现之一。

（2）情感、态度的迁移。比如，如果一个学生能够掌握好人文知识的学习技巧，就会便于其树立正确的世界观、人生观与价值观；然而要学习科学知识与技能，就需要锻炼严谨的逻辑思维能力等。如果一个人能够文理贯通，将学习文科与理科的思想融为一体，并且学会相互迁移，那么其创新力就会大大提高，在学习的道路上他将一往无前；如果一个人能够从小就养成良好的习惯以及认真负责的态度，那么在后来的学习生活中也能有所助益。

（3）顺向迁移和逆向迁移。从学习过程角度分析，所谓顺向迁移是指之前所学知识对于之后所学知识的产生的作用与影响；逆向迁移指之后学习的知识对于之前学习的知识产生的作用与影响。比如，知识点具有相似性与相通性，从而对学习过程产生影响。学习者用已经学习过的知识与技能去获取新的知识与技能，可称为顺向迁移。如果学习者先前所学的知识与技能不足以支撑其之后知识与技能的学习，那么就需要学习者回过头对先前所学知识进行补充、修正与调整，这就是逆向迁移。

从思维方式的角度分析，以上所讲的又可以称为逆向思维或者倒换思维。它是指将思考对象的整体、部分或者有关性能颠倒过来，如上下、前后、左右、主次、强弱、快慢、内外、正负等，这些彼此之间可以相互颠倒的我们都称之为迁移。

（4）水平方向的迁移和垂直方向的迁移。我们将积极的正向迁移分为水平方向（广度或者横向）的迁移和垂直方向（深度或纵向）的迁移。水平迁移是将经验推广运用到同类的问题上，垂直迁移是两种不同难度的学习之间的迁移。低等难度向高等难度的迁移一般而言就是把已经掌握的知识总结归纳为一般性的原理或者方法运用到或者说是迁移到高难度的学习中。比如，学习英语单词有助于英语句子的学习，小学数学计算学习是为中学数学的学习打基础。而从高难度向低难度的学习迁移是指较高层次学习产生的原则可以用于具体学习问题的解决上。

（5）特殊迁移和非特殊迁移。特殊迁移是指某一领域的学习对另一个领域的学习产生的直接影响。非特殊迁移是指对产生迁移的原因并不清晰，一方面可能是由于原理或者原则的迁移，另一方面可能是由于情感或者态度的迁移。布鲁纳认为，一般的方法、技巧与策略都具有广泛的迁移性。

由此可见，学习迁移也是一种智慧创新的体现。

3. 认知和元认知——学习的基本途径

一般而言，认知是指事物呈现在眼前时感知到熟悉并确认先前感知过，它与回忆一起构成记忆的一个重要环节。比如，在逛街的时候偶遇一名多年未见的老友，你借由以往的对该人的认知记忆重新将其辨认出来，这个过程可以称为认知。其生理反应过程可以理解为当过去感知过的事物重新出现时，新的刺激导致旧刺激痕迹再次出现，即旧有识记恢复。我们将认知大致划分为三个部分，即不完全认知、完全认知和虚假认知。

元认知这个概念在当今的认知心理学研究中的受重视程度也越来越高。在以往的心理学研究中不难发现一个现象，即学习成绩差或者年龄偏小的学生在学习方法与策略方面水平偏低。分析其原因，归根结底是元认知水平低。心理学家曾做过一个实验，将学习差、年龄偏小的学生分为一组，将学习好、年龄偏大的分为一组，让两组一起听一场报告会，在会后让大家对所听内容进行梳理、归纳与总结。两组中究竟谁的表现更为突出是显而易见的，后者远远超过前者。因为后者拥有良好的记忆能力以及良好的学习方法，所以他们能够顺利地完成任务。由此可见，元认知水平的高低直接影响着学生的学习活动与学习效率。那么究竟什么才是元认知呢？

通常情况下，我们将"反省认知""后设认知"统称为元认知。具体而言是指个体对自己认知历程的认知。从教育心理学角度来看，就是指人的认知活动的自我意识、自我评价、自我控制以及自我调节。

元认知知识、元认知行为、元认知策略共同构成元认知。元认知水平的高低直接制约与影响着学生的学习活动，并且决定了其学习活动效率的高低。

（1）元认知知识。所谓元认知知识主要是指个人对于自己所学知识的掌握过程，以及过程中各因素之间相互作用和作用结果方面的认知。具体来说，包括以下几方面内容。

①对任务的认知或对目标的认知。即学生要具有目标意识、长期目标以及具体目标等，目标要细化到学习某一门学科或者完成某项任务的具体要求。如果学习没有目标，那么就会丧失学习的动力，学习效率与成效都不会太高。当下学生学习中普遍存在功利化的现象，只看中眼前利益，而忽视了长远性的发展，严重受到"速食主义"思想的影响，一心想要"挣快钱"，而不为自己的人生做规划，无理想、无动力、无兴趣以及无意志的"四无"思想正在学生群体中滋生蔓延。

②了解自己所学知识的性质、内容、意义、原理、原则等。即学生对于知识的理解、掌握以及运用的情况，具体来说就是是否清楚知识之间的关系以及知识之间能否完成迁移等。也就是说，元认知知识主要是指能够帮助学生高效完成学习任务的技能、意识以及策略等。

③关于个体对元认知的体验。个体对元认知的体验我们可以理解为对自己兴趣爱好、学习习惯、学习态度、能力的体验，其中既有对现状的体验，又有对自身不足的体验，以及如何改善的体验；此外，还有对理解力、注意力以及记忆力重要性的体验等。

（2）元认知行为。我们对元认知行为总结概括为认知后的实践活动，主要指其对行为的控制与调节。其调控的主要表现如下。

其一，制订一定的目标、计划，并选择完成任务的方法与评估或补救的措施，了解情感、意志等均需要随时进行调控。总而言之，就是利用自我监视机制以确保任务在一定期限内高效完成。比如知道什么时候应该做什么事。

其二，对认知行为的调控就是元认知的监控与调节，即明白自己究竟在做什么事情，以及如何才能完成这件事。元认知控制是利用日常的自我监督机制确保任务圆满完成，即对目标的认知、实施效果的实时反馈与评价的一系列行为的结果与不足能够及时进行纠正，以及修正的认知过程与认知策略。

（3）元认知策略①。元认知策略即学会如何学习，实际上是掌握学习的元认知和监控、调节学习过程的问题。概括起来大致有以下几个方面。

①计划策略。就是前面讲的"制定目标"中的"日常计划"，即制订计划时要详细到每一周及每天要干什么。制定学习计划就好比足球教练在赛前针对对方球队的特点与出场情况而提出对策。不论是上每一节课还是进行小考及大考，都应该有对策。这就是说，计划不能"空对空"，而要有具体内容。成功的学生总是主动、愉快地学习，而非被动、痛苦地学习。

②调控策略。调控的内容很多，凡与学习效率有关的自身因素均可调控，如对专注力和意志力的调控、领悟调控、对心态和行为的调控等。

③学习方法的策略。即指主要的学习方法，如怎样听课、怎样记笔记、怎样发现问题等。

由此可见，元认知在学习中非常重要，它让人们学会如何学习。因此，元认知直接影响和制约着学习活动，决定着学习活动的效率。

4.学习中的"高原现象"

到过高原的人都知道高原（或高山）反应，如登山队员、地质人员等一般到了海拔5 000多米高时会由于缺氧而出现高原反应，即头晕、恶心、呕吐、心慌、全身无力等症状。但由于个体身心素质不同，每个人反应的强弱也各不相同。

---

① 范东亚，谭荣.大学生职业生涯规划与创新创业教育[M].重庆：重庆大学出版社，2019：23-24.

心理学认为，人在复杂技能形成的过程中，练习到一定时期会出现练习成绩暂时停滞不前的现象，在练习曲线上出现的近于平缓的一部分线段即"高原现象"，又称"高原期"。形成"高原现象"的原因：①感觉机能和中枢机能对动作的控制和调节作用减弱；②提高练习成绩的新的活动结构和方法尚未形成；③练习方法不当，一时无法突破困难；④心理和生理上的疲劳；⑤动机强度减弱，兴趣降低，甚至产生厌倦等消极情绪；⑥意志品质差，缺乏继续提高的勇气和信心；⑦自满情绪；⑧可能正在进行潜在学习，其成绩未显现出来；等等。

以上发现与练习极限有本质的区别，且不具有普遍性和必然性。

每个人具体在学习上的"高原反应"也许会有差别，只要你积极调整，就可以较快地度过"高原期"，一个崭新的知识视野就在前面。

"高原现象"和某些学生在适应期内的各种不适应有共性也有不同。

在学习的历程中，高职院校阶段容易出现练习曲线中的"高原现象"。一方面，进入高职院校后，同学们松了一口气，似乎是大功告成、万事大吉；另一方面，随着专业课程学习内容难度的加深，加上学生对学校教学方法的不适应，使得初入高职院校的学生像登山队员登上了一定高度的高山（不算顶峰），有的人在这个高度会有"高原反应"，有的人还反应强烈。

学生学习上的"高原反应"主要是适应问题。而适应是客观环境引发的心理感受，它具有普遍性和必然性，但不具有感染性。学生"高原反应"的表现主要有以下几点。

①"四无"现象，即无目标、无兴趣、无动力、无意志。这是一种身心疲劳、满足现状的综合征。在失去目标的情况下，最容易产生"四无"现象。

②目空一切。有些学生认为自己是高分进来的，于是目空一切，看不起同学，甚至看不起老师，漠视他人，给人一种目空一切的感觉。

③追求快乐，无所事事。

④学习焦虑，无从下手。有一些学生很想学习，但不喜欢自己的专业；也有一些学生很用功，但总感到大脑呆滞，运转困难，或者感到听不懂也看不懂，学习很吃力。因此，他们对自己的学习现状十分焦虑。

以上表现会给学生带来较大的心理痛苦，一般自我调适较难，应及时找心理咨询老师帮助自己渡过难关。

二、学习心理的激励

（一）学习动机的激励

1.新生入学容易产生学习动力不足的现象

学习动力不足是绝大部分入学新生身上普遍存在的现象。由于刚来到一个全新的环境，大家难免会出现"动力落差"问题，再加上自我控制力相对较差，也比较缺乏远大的理想，没有正确的人生观、价值观以及世界观作为指导，这些都是导致新生学习动力不足的关键因素。具体分析如下。

（1）入学前后的"动力落差"。当目标实现后，人很容易形成自满情绪以及懈怠心理，希望在忙碌的学习生活过后可以尽情享乐一番，因此如果没有及时明确下一个学习目标，那么就很容易产生学习动力不足的问题。

（2）自我控制能力较差，容易受别人的影响。一般而言，由于生理与心理年龄偏小，学生对于自我的调控能力还比较弱，很容易受到周围环境的影响，有时还会在无意间模仿高年级学生的行为，时间久了就会丧失自我控制能力，开始随波逐流。有的学生由于之前的成绩优异，在重新入学进入陌生环境后，一次考试失利便会一蹶不振。还有的学生更是受到了社会不良风气的影响，看到一些学历高的人过得不如学历低的人，从而产生了"知识贬值"的错误认知，形成一种知识无用论，更严重的还会出现厌学、逃学的现象，导致学习动力明显不足。

（3）缺乏远大的理想，没有树立正确的人生观。从根本上来看，新生缺乏学习动力主要还是由于没有树立明确的奋斗目标，即人生理想，没有树立起正确的人生观、世界观与价值观。只有明确了根本问题，如"为什么上大学""我想成为什么样的人""我想要怎样的生活"等问题，学习动力的问题也就迎刃而解了。

2.学习动机的激励

推动学生学习的直接内在驱动力就是学习动机。它是引起、维持以及促进学习活动的内在驱动力，常以兴趣、愿望、理想、梦想等形式展现出来。学习需要是学习动机的实质，也是一种经过社会、学校、家庭三方影响后，学生头脑中显现出来的心理与行为反映。学习动机具有激发学习行为的积极作用，能够形成学生学习的内驱力，可以说，学习动机的形成能够帮助学生明确学习方向，进而对学习成绩产生一定的影响。

（1）明确学习的目的和意义。知识可以改变命运。只有有了知识，才能为社会主义事业做出应有的贡献。作为一名新时代的学生，必须要明确学习对于社会以及个人的意义究竟是什么。学习能够使人获取新的知识与经验，人们在获取与应用这些知识与经验的同时，也在扩展与更新原有的知识体系框架结构，重新塑造人格特性，使心理发生根本性变化，并达到新的发展水平。应用知识来武装自己的头脑，让自己清楚自己担负的责任与使命，促使自己努力完成不感兴趣的学习任务。同时，要把当前的学习与未来理想、实际生活联系起来，从而激发自己的无限潜能与潜力。

（2）确立适当的学习目标。明确学习目标与任务是学生完成自我激励的重要方式，目标的确定一定要切合实际情况，不可好高骛远，也不可糊弄了事；否则目标的确定就会变得没有任何意义，从而无法产生预期效果。过低的目标不能激发自己内心的奋斗欲望；过高的目标则会使自己丧失奋斗的动力，容易产生低落的情绪，从而影响发挥。而只有经过努力实现的目标，才是最能带来成就感以及胜利感的目标，它可以促使学生对学习产生兴趣，并及时激发其学习的动力。

（3）培养独立进取的个性。学习动机与独立自主以及积极进取的个性是紧密相连的，所以一般上进心强的人比没有上进心的人学习动力更强；一个拥有远大理想与抱负的人的学习动力也比较强，且学习效率也比较高，学习的效果也比较理想。反之，缺乏上进心且没有远大理想与抱负的人就会"当一天和尚撞一天钟"，得过且过，学习一直处于被动状态，从而形成恶性循环。

（4）调整动机水平。一般而言，学习效果与学习动机是存在一定差别的，两者之间并不是一一对应的关系，相同的学习动机也会产生不同的学习效果。与此同时，学习动机又与学习效果有着密切的联系，两者互为因果关系，学习动机对学习效果产生一定的制约作用，同时也是影响学生学习效果的重要因素之一。通常来说，当学习动机正确且强烈时，学生学习活动的效果也就最佳。但是两者之间并非成正比关系。实验证明，学习任务难度适中，即中等的学习难度更加有利于激发学习动机，学生学习效率也会比较高，学习成绩也会较理想。因此，我们说学习动机贯穿于学生学习的全过程，对学习效果产生极其重要的影响。

（二）情感的激励

学生的学习过程既是一种认知活动过程，又是一种情感体验的过程。学生要想取得良好的学习成绩，就需要解决与处理情绪状态的问题，比如保持心情愉悦、充满学习热情，都是提高学生学习效率的前提条件。如果学生一直处于心情抑郁的状态，如焦躁不安、紧张疲劳或者自卑孤独、厌恶学习等情况，不仅不利于学生学习潜能的发挥，还会引发学生身体与心理的疾病。大量的实验结果表明，一旦学生对学习丧失兴趣，其思维、记忆等智力技能便都会受到压抑与阻碍，影响其作用的发挥。因此，在学生学习过程中，教师应该时刻关注学生的心理状态，积极调节其情绪，让其在愉悦的心情下学习，这样才能使学习变得更加高效。正如孔子所言："知之者不如好之者，好之者不如乐之者。"那么，如何促使学生激发出学习的热情与激情呢？有以下几种方法。

1. 责任感的激励

学习这件事不仅关系到个人的发展，还与国家的命运息息相关，它关系到科技的进步、社会的发展以及国家的昌盛等一系列重要的问题。从原始农耕时代到蒸汽时代、电气时代、信息时代再到今天的绿色能源时代，人类的发展进步从未停止过，这些都源于知识的汲取与学习，没有知识与经验的积累，就没有人类文明的发展与进步。尤其是在这个竞争日益激烈的时代，国与国之间的竞争已经转向了科学技术的竞争，归根结底就是人才之间的竞争。可以说，谁的技术落后，谁就会被时代所淘汰，在国际舞台上就会缺乏发言权。学习在今天的重要性不言而喻。努力学习对于个人将来的发展来说具有极其重要的意义。未来将是创新的时代，如果没有扎实的理论基础，谈何创新？因此，广大学生应该对学习有着深刻的认识，努力培养自身对于学习的热情与激情，刻苦地钻研，打好理论基础，为未来人类社会发展与创新贡献出自己的一份力量。

2. 成就感的激励

学习热情与激情、情感有着密切的联系。在具体的学习活动中，积极的情绪体验可以大大激发学生学习的激情与热情；相反，消极的情绪体验只会降低学生对于学习的兴趣与热情。纵观历史，那些在自己所从事的领域内做出过突出贡献的人，无不是对事业充满激情与热情的人，他们对工作与学习都有着极强的责任心。

3. 榜样的激励

从心理学角度分析，一个人的成长离不开榜样效应。即每一位学生在成长阶段中都需要一个榜样激励自己奋进。这就是我们所谓的榜样的力量，可以说，青少年时期榜样的力量是巨大的，它可以促使学生发自内心地、积极且主动地行动，出于一种对偶像的模仿，学生会以前所未有的激情与热情去学习。热情与激情相比更加具有稳定性与持久性，而非一时冲动。我们需要培养自己的学习热情，不能仅仅是一时兴起、三分钟热度，而要将这种心理状态维持在学习的整个过程当中，坚持不懈。我们可以从众多著名科学家身上看到他们对科学的热爱。比如，在学生时期，老师对哥德巴赫猜想的故事的讲述激发了陈景润学好数学的热情与决心。为了打好基础，他凭借着顽强的意志力与坚定的决心，将华罗庚的著作读了不下十遍，还认真地做了笔记，克服了各种苦难，终于取得了优异的成绩，他对哥德巴赫猜想的科学推算还摘取了国际桂冠。广大学生应该向优秀人物学习，以他们为榜样，不断地激励自己，勇往直前，向着自己的人生目标与人生理想不断前进。

4. 自我激励

我们常说学习是一种脑力劳动，取得优异的成绩不仅需要强大的意志力作为精神支撑，还需要注意采用科学的方法，遵循人类学习记忆规律，以饱满的热情投入到学习当中去，充分调动自己的思维，展开丰富的联想，深刻理解知识的内涵，熟练掌握知识技能，努力做到事半功倍。自我激励在学习中的作用是至关重要的，每当自己在某一学习阶段取得进步时，就可以给自己一些奖励，如购买一件心仪已久的物品。只有做到了不断地自我激励，才能取得更加优异的成绩，从而更加激起学习的动力，以及对知识的渴求。

（三）自我评价的激励

自我评价之所以能够在人类认识世界与改造世界的具体活动中经久不衰，并随着社会的发展被社会生活的各个领域所运用，主要是因为它是一种科学的办法，具有多种不同的功能，如信息反馈功能、激励竞争功能以及价值判断功能等。自我评价可以看作是自我认知的过程，它是一种内观行为，是对自己言行的内省活动，外界无法获知内省的具体内容以及真实程度，也不会对其进行评价。可以说，个体的内省活动是在一种无外界压力的情况下出现并进行的。由于自我评价的评价者与被评价者是同一个个体，而且对于评价的标准又没有一个相对统一与公开的规定，所以在此类情况下，确保评价的真实性，并且保证评价个体能够对自我有一个较为清晰与准确的认知是尤为重要的。在进行自我评价时需要做到以下几点。

首先，需要增强自我评价的自觉性与主动性。人们常说"人贵有自知之明"，只有对自己有一个清晰且准确的认知，才能使自己朝着更好的方向不断发展，最终实现"理想中的自我"。这也是个体提高自我认知水平的重要手段。所以，社会中的每个个体都要学会进行自我评价，形成内省的良好习惯，逐步修正自己、完善自己，在不断的自我评价中重新认识自己。

其次，要想做出准确且清晰的自我评价，就要严格要求自己。自我评价的准确性是一种自我评价结论与现实相一致的特征表现，它主要取决于个体对于外部世界感知、分析、综合判断的客观性、深刻性与全面性。如果个体想要在自我评价中准确认识自我，从而不断地完善自我，就要在生活中严格要求自己，让自己的言行一致，从而才能在自我评价中获取真实可靠且符合具体实际情况的评价结果。

最后，要善于通过他人的意见或者建议，不断修正自我评价结果。我们常说，人与人之间的交往就像是在照镜子，他人对于你的态度反过来就是你对他人的态度。因此，我们在生活中要学会观察，培养自己的观察力以及思考力，以周围人的行为与状态为参照，这样有利于我们做出更为客观以及真实的评价。由此可见，善于做自我评价的人在生活中也会是一个善于观察的人，他会从周边环境以及身边人的意见中获取对自己有益的信息，从而实现自我不断完善与再评价。

三、学习心理问题与调试

人们习惯对精神疾病从广义与狭义的角度进行解析，从广义角度来看，精神疾病主要是指人的心理不是十分愉悦，甚至不是太舒服的状态。而狭义的精神疾病主要是指相对严重的心理疾病。两者都可以称为异常心理。目前我国受教育阶段学生的精神疾病发病率呈逐年上升的趋势，因此对精神疾病展开研究具有重大且深远的意义。

每个人在日常的生活与学习中都难免会受到一些心理上的困扰，从本质上来说并不是很严重的心理问题，但是从数量上来看却是极其庞大的，几乎每个个体都曾被各种问题所困扰，从而产生心理上的困扰。心理困扰虽然不是一个大问题，但是久而久之它的破坏力也是巨大的，它会使人提不起精神，做事没有动力，长期处于情绪低落的状态。如果处理不恰当的话，它会发展成为心理障碍或者心理疾病，甚至更为严重的心理问题。所以，对于这些看起来不足为道的心理问题，也要引起一定程度的重视。

（一）学生的学习心理及常见的心理困扰

1.学生常见的学习心理误区分析

（1）学习动机因素。学生的学习兴趣、学习动机与学习态度共同构成了学生的学习动力，其中学习动机占据着主导地位，它决定了学生的学习兴趣与学习态度。它对学生的学习起着导向作用，是学习的内在驱动力。每一个学生的心理特征都存在差异，学习动机也各不相同。

动机分为很多种，其中有对学习具有激励作用的动机，也有一些含有消极因素的动机。含有积极因素的学习动机可以促进学生的发展，而含有消极因素的学习动机则会妨碍学生的发展与进步。其具体表现为以下方面。其一，学生的学习动机比较缺乏，动力不足。有些学生在学习的时候会感到有心无力，即使他们已经认识到了学习的重要性，但是仍然打不起精神来，每天见到课本就犯困。其二，学习动机方向出现偏差。这部分学生普遍认为与其坐在课堂上学习文化知识，不如到社会上去积累经验，因此他们的心思并没有用在学习上而是用在了其他方面，如社交。这两种学习动机对于学生而言都是极其有害的。

（2）心理遗传因素。由于每个个体的基因不同，带有一定的遗传因素，所以有些人天生就不爱读书，如历史上的著名人物项羽，自小就厌烦读书，却对习武情有独钟，最终也能有所成就。对于这样的学生，我们就要告诉他们：不读书就无法顺利毕业。因此，对于这些天生不爱学习的学生而言，让他们遵守纪律比说服教育更加有效。

（3）失去人生目标。人生需要有目标，没有目标的人每天就如行尸走肉般生活，因此人生目标对于学生而言意义非凡。有些学生可能一早在心里就有了答案，而有些学生却始终不知道自己未来究竟想要做什么。这是学生必须要面对的问题，能够潜移默化地影响学生日常的言行与生活学习习惯等。

（4）学习不适应。有些学生表现为内心想要学习，但是做出努力后却收效甚微，我们将这一现象称为学习不适应。学习不适应的原因可以总结为以下几方面。

①智力与能力方面的原因。从智力发育水平上来看，学生之间的差异并不大，究其根本原因还是在于学习能力或者说学习方法与方式的差异。可以说，造成学习能力低下的很大一部分原因就是心理或者生理疾病。有些学生可能是存在一些注意力障碍问题，如注意力涣散、注意力减弱、注意范围狭窄等，或者一些记忆障碍、思维障碍问题等。这些心理障碍从某种程度上来讲都会影响学习。除此之外，学习方式与方法存在问题也会导致一些学生进入高职院校进行学习时，由于缺乏新的学习方式而无法适应新的学习节奏，这在新生群体中极为常见。

②不适应高职院校的学习。新生无法适应新的学习环境与学习节奏的表现形式有很多种，其主要原因是还没有从根本上摆脱中学的学习方式，有一部分

学生还抱着中小学的思想，认为凡事都要问老师，老师的职责就是帮助学生解决一切问题。其实高职院校的老师在课堂上所讲授的内容大部分都是没有明确答案的，或者说老师只是将问题引出来，让学生自己通过查阅资料寻找答案，老师的教学任务就算是完成了。对于中小学教师来说，教书育人是其主要也是唯一的职责；而到了高职院校则有所不同，教师除了授课育人，还有研究课题的工作职责。

还有部分学生到了高职院校之后仍然没有找到适合自己的学习方法与节奏。与中小学教育的细嚼慢咽不同，高职院校的老师在一节课上所教授的知识量要大大超出中小学阶段，而且不会将其讲得很透彻，更多是需要学生自己制订学习计划，将老师在课上提到的问题利用课下时间学透、学扎实。除此之外，课堂之外学生感兴趣的问题也可以自己安排时间着重去学习，对于不感兴趣的内容可以不用投入太多的精力。总而言之，就是做到有的放矢地学习。

（5）专业学习心理问题。在高职院校的学习当中，有一种在新生群体中较为突出的心理困扰，就是对于专业课程的学习心理问题。它一方面与我国的客观教育体制有关联，另一方面又与学生自身的心理问题不无关系。其主要概括总结为以下几点。

①体会不到自己专业的意义。其主要可以分为两种情况：第一，有些学生在中学阶段就对该专业产生了浓厚的学习兴趣，但是当真正到了高职院校学习后才发现与自己想象中的样子有偏差，或者是看到了其他专业的优势，从而丧失了对于本专业学习的兴趣与热情。第二，一部分学生是在选报第一志愿的时候，没有被录取，只能是被动接受调剂，因此对于专业原本就没有太大的兴趣，只是将其作为获取毕业证书的一个必要途径。从心态上来说，前者是从社会角度看待所学专业，后者则是从志趣角度看待所学专业。

凡是认为所学专业没有意义的，其在学习上的表现行为就是敷衍了事、不思进取、抱怨命运不公等。这种心理状态对于学生学习弊大于利。对于以上两类学生群体，我们不能强迫其从心理上接受专业学习，但是可以通过纠正其认知偏差等方法，来转变其对于其专业的学习态度。对于第一类群体，我们应该让他们明白，世界万物的发展都是起伏不定的，用中国的老话来说就是"三十年河东，三十年河西"，无论今天专业如何，只要做好当下该做的，总有一天会看到希望。对于第二类群体，我们应该积极培养其学习兴趣，只要采取一定的手段与措施，使其深入了解其专业，并埋头学习这个专业，久而久之学习兴趣就会被培养起来。

②专业能力有问题。一部分人由于各种原因进入某些专业学习，真正接触

后发现自己的能力与这个专业存在着很大程度上的偏差。比如，一名学生学习的专业是物理学，在学习能力方面具有逻辑思维能力发达、感知能力较强的优势，但是他有一个较为欠缺的方面就是动手能力比较弱，尤其是在上实验课的时候，就比较容易出现恐慌的心理，影响学习效果，由此产生一系列的连锁反应，导致他对课程出现厌学情绪。这就是典型的专业能力问题。如果遇到此类学生，在条件允许的情况下，就可以考虑让其转专业，这样对他的发展也是极其有利的。

2. 学生学习心理困扰的调适方法

（1）树立正确的人生观，建立积极的学习动机。人们对于人生观概念的理解为人们对于世界的总的看法，也是个体对于自身存在意义的理解，它是一种高度概括的表现，对学生的学习与生活都起着主导作用。哲学对于学生学习来说是极其重要的，哲学是一门研究世界观的学科，它能够帮助学生形成正确的世界观。

学生建立了正确的世界观之后，便会产生积极且正确的学习动机，具体来说就是明确学习的初衷以及从哪开始学习。只有认清这点，学习才能充满力量。

（2）激发学习兴趣。人们常说兴趣是最好的老师。无论是历史人物经历还是当今的现代心理学研究实验都能证实这一点。对某种事物产生浓厚的学习兴趣时，人的内心就会自觉地迸发出学习的激情与热情，其主要表现为注意力、知觉水平以及思维能力方面都有所提高与进步。有些兴趣不是天生的，需要后天环境的熏陶与培养，所以学生需要注意在学习中不断发现与挖掘自己对某些事物的兴趣与潜能。

（3）培养积极的意志品质。人的一生不可能是一帆风顺的，学生遇到困难时要以顽强的意志力去克服困难。笔者在进行调研时发现，家庭问题是导致学生学习成绩下降或者出现学习障碍的主要原因之一，如父母离异、家庭遇到经济困难或者家庭成员出现变故等，这些对于学生的打击都是巨大的，有些甚至会使学生一蹶不振。但是有些学生由于本身具有强大的精神力量，能够自己消化这些心理困扰，并运用自己顽强的意志品质最终解决各种学习与生活中的难题。

顽强的意志品质对于学生而言尤为重要，它不仅可以促使学生顺利地完成学业，还是不断提高其生活质量的重要保障。因此，培养学生顽强的意志品质可以让他们受益终身，并且使他们顺利度过求学阶段，并为其未来职场的发展铺平道路。

（二）学生的考试心理及常见的心理困扰

1.影响学生考试心理的因素

一般而言，学生的考试心理大致可以划分为以下三种情况，即放松型、焦虑型以及紧张型。这三种心理状态是在各种因素影响下产生的。

（1）对考试的期望值。考试是对学生前学习阶段学习效果的检验。大部分学生都想要在考试中表现优异，这不仅可以不负父母期待，还能够使其他学生对自己另眼相看，也是就业、评奖学金和保送读研的重要条件。

一般而言，学生对于考试的期望值直接影响其在考场上的发挥。比如，一些学生对于某次考试成绩极为看重，无意中就会产生无形的压力，压力过大反而会影响发挥；相反，如果一名学生能够以一种平和的心态去应战考试，那么他极有可能超常发挥，成绩出乎意料得好。因此，平和的考试心态对于学生而言尤为重要。

（2）个性心理特征。一个人考试时持什么样的心态与他的个性心理特征也有很大的关系。有的人对考试恐惧，患有"考试恐惧症"，具体表现是面红耳赤、躁动不安、头昏脑涨、激动不已等。[①]具有极端恐惧考试心理特征的人在生活中不是很多，但是有不少人都具有轻微的考试恐惧症。如果具有严重的考试恐惧症，不妨去看一下心理医生，让心理医生来进行一段时间的治疗，相信会取得不错的效果。

（3）平常学习的情况。"不打无准备之仗"，要想在考试中取得优异的成绩，就需要做好充足的准备，如果一名学生在平时的学习中就不能对知识做到深刻理解与掌握，那么到了临近考试前再做准备就为时已晚了，这就要需要学生注重日常学习的积累，不能抱着"临时抱佛脚"的心态学习。

2.考试心理的调适

（1）端正动机，增强信心。正确看待考试的意义对于学生而言至关重要。考试仅仅是对前段时间的学习成果的一种检验，既是对前一阶段学习的总结与归纳，或者说是一种查漏补缺，又为下一阶段的学习打下坚实的基础。这是考试最为重要的目的。如果学生将考试视为满足自己虚荣心的方式或者一种攀比，那么学习的目的与动机就出现了偏差，一旦对于考试的认知出现偏差，那么成绩可想而知是不会太理想的。

---

① 高阳.大学生职业生涯规划与就业指导 [M].成都：电子科技大学出版社，2019：84-85.

（2）考试前保持身体健康。我们说做一切事情，身体健康是前提，如果没有健康的体魄作为基础，那么什么事也做不成、做不好。因此，学生在考试前，除了需要调整自身的心态，还要保证自己的健康不出现任何问题，原因是身体的疾病不仅会影响学生的心态，还会给某些生理机能带来影响，如记忆力下降、反应迟缓等。

（3）在考场上要学会调节自己的心理。考试前应该调整好学习心态，如果在考试前出现心态问题，一定要寻求同学、老师或者家长的帮助，或者专业的心理医生的帮助。但是上了考场后就只能自己学会调节紧张情绪了，否则就会影响考试。

3. 考试焦虑

考试焦虑是学生在考试时常见的一种心理反应，尤其是一些本身心理素质相对较差或者平日学习基础不太好的学生，往往会产生一种担忧以及不安的情绪，各种内心活动犹如千军万马一般奔涌而出，比如"这次考试对于我很重要，只此一次机会"等。这样的心理暗示对于考场的顺利发挥是极其不利的，考试焦虑的心理也就是在这种情况下产生的。

通常来说，考试焦虑主要是基于应试情景产生的。它的心理状态是担心，表现出来的行为方式是逃避或者防御，除此之外，其还会受到个体评价与人格特点等其他因素的影响与制约。具体来说，主要有三方面的基本成分：首先它是一种意识体验，是以担心为特征的、由消极的自我评价导致的一种体验，我们姑且将其定义为认知成分；其次是生理方面的反应，如心率过快、呼吸加剧、肠胃不适、尿频等，是与自主神经系统活动增强相联系的特定的情绪反应；最后表现为一种行为方式，通过逃避考试等方式回避或者无视困难，还有一些在考场上的表现为提早离场、胡乱答卷以及小动作增加等。以上三种表现都是考试焦虑引起的较为复杂的情绪反应。

通常来说，考试焦虑对学习具有两方面的作用，一方面是促进作用，另一方面是阻碍作用。总而言之，考试焦虑与学习之间呈现一种倒"U"形关系，即当考试焦虑处于最佳值时，考试成绩较好，考试焦虑程度过低或者过高都会对考试产生一定的抑制作用。但是最佳值仍会受到一些因素的影响与制约，如参加考试的人员的年龄、能力以及考试难度等。在众多心理咨询中，表现最为突出的问题就是过度的考试焦虑，过度的考试焦虑对于身心的危害十分巨大。

第二节　正确认识与悦纳自我

一、自我意识概述

（一）自我意识的内涵

1.自我的概念

我国古代大哲学家、大教育家孔子说过"吾日三省吾身"，第一个"吾"表示主体性的"自我"，即属于个人肉体、精神的物质实体，后一个"吾"表示客体性的"自我"，即属于个人所感知到的"自我"。自我是这两个"自我"的综合体。[①]

作为人格心理学基本概念的"自我"主要是指个体所意识到的自己身心特征的综合体，是弗洛伊德的专业术语，他强调本我、自我、超我共同构成人格。具体来说，自我来自人的本能，它是位于本我与超我之间的意识结构部分，是人格的理智层面，它既会受到潜意识本能的冲击与影响，又会受到现实道德规范的制约与影响，因此它是以维持自我、本我与超我三者之间的平衡与和谐关系为准则的。

在现实生活中，自我意识的核心就是"三我"中的"自我"，其具有一定的多样性与复杂性，有时还具有一定的文饰性，甚至会依赖于某些参照物。比如，一个人在走路时不小心撞到你，这时如果对方快速地说"抱歉，不好意思"之类的文明用语，你瞬间就没有什么脾气了，便会回复说"没关系"；但是如果这个人不但不道歉，反而再踩你一脚或者说出一些不文明用语，那么你的自我意识便会一种极其愤慨的方式表现出来。前者的自我意识是经过理智处理后的表现，是自我意识的文饰性，后者则体现了参照物不同，自我意识的表现形式也会具有差异化。

[①]　叶子杰.自我意识的形成[M].南京：江苏凤凰文艺出版社，2020：89-90.

2.自我意识的概念

自我意识的概念主要是指个体对自己以及周遭各事物之间关系的认识，也是自我认知与自我对待的统一。

自我意识就是个体对自我存在的感知与觉察。觉察是自我感知的过程，是主观意识与心理体验的总称，它是人的意识形态之一，也是人的意识的重要特征。它是指一个人对于自己的身体与品质、性格、智慧的所有体验与认知，也可以看作个体对自己以及周边事物的认知的统一。由于每个个体对于自身的认知与体验都不同，从而造成了个体之间的差异化。

自我意识是人类与动物在心理层面上有所区别的表现形式之一。比如，动物与人对于肢体的感知与意识不同，猫与狗之所以会咬自己的尾巴，是因为它们没有意识到尾巴是自己身体的一部分；而作为人类就会意识到手脚属于自己身体的一部分，当然新生儿除外。自我意识的强弱标志着个体社会化程度的高低，它是个体社会化的结果。与此同时，自我意识也是个体形成的重要标志，即人格的核心内容。因此，自我意识是决定一个人成败的关键因素。

3.自我意识的内容

自我意识的内容多种多样，具体可以概括归纳为三点：第一，生理的自我是指自身生理状况的认识与体验，如胖瘦、高矮等；第二，心理的自我是指对自己心理品质、个性特点以及心理活动的认识、愿望与体验等，如智慧、爱好、性格、气质等；第三，社会的自我是指自身与外界客观事物之间关系的认识与体验，如对自己社会角色的定位、权利、义务等方面的认知与体验。除此之外，从自我意识的形式角度进行分析，自我意识包括三方面：第一，自我认识，它属于自我意识的认知成分，包括生理的自我认知、心理的自我认知与社会的自我认知，如自我评价、自我觉察等；第二，自我体验，它属于自我意识的情感成分，主要是指个体对于自己的看法与态度，如自尊、自信、自爱等，其中自尊是自我体验中最为重要的一环；第三，自我调节，它属于自我意识的意志成分，主要是指个体对于心理、行为的调控，如自主、自立、自我教育、自我控制、自我监督等，其中自我教育与自我控制属于自我调节中的重要环节。

4.自我意识的成分

自我认识、自我体验以及自我调节共同构成了自我意识，三者之间既相互联系又相互制约，共同构成统一的、不断发展与完善的有机整体。

（1）自我认识。作为自我意识中的认知成分，自我认识是一个人对于自我以及自我与周边事物关系的认识，主要解决的是"我是谁？""我如何成为这样的人？"等方面的问题，具体来说就是涵盖了自我感觉、自我观察、自我观念、自我分析以及自我评价等，其中决定自我认识发展水平的自我评价也是自我调节与自我体验的基础。

（2）自我体验。作为自我意识中的情感成分，自我体验主要体现在个体对自我的态度与看法上，同时也是主我对于客我的观点与看法。主要表现为能否愉悦地接纳自我、满足与接受不完美的自我。这里"自我"感受主要表现为自尊、自信、自爱、自豪、自傲、自弃、责任感、优越感等。

（3）自我调节。作为自我意识中的意志成分，自我调节主要表现为个体对自我言行举止的调节与控制能力，以及个体对待他人与自我态度方面的调节与控制，这些都可统称为自我控制。自我控制主要体现在自我意识在改造世界方面的主观能动作用，具体内容包括自我激励、自我监督以及自我设计等内容，其涵盖的问题有"我该怎样调控自己？""我如何成为理想中的自己？"等，其表现行为为自立、自主、自强、自律、自卫等。

5. 自我意识的作用和形成途径

自我意识作为个体社会结果的体现，也是个体个性逐步形成的重要组成部分，个体的成功与失败在某种意义上来说是由于自我意识。自我意识是否成熟能够决定事情的成与败。具体而言，自我意识成熟的标志具体包括认识到自己的身体、生理状况，如健康、病痛等；认识并体验自己的心理活动，如情绪、思维、意志等；认识与感知自我在社会中的角色定位，如社会角色、责任与义务等。

从自我意识的构成因素角度分析，自我意识的主要作用具体表现为自我体验、自我发现、自我认识；自我专注、自我接纳、自我成长；自我控制、自我信任、自我负责；等等。正是这些作用使得个体从平凡走向不平凡，能够在真正意义上掌握自己的人生，成为自己人生的主人。

自我意识是人在社会实践具体行动以及与人的交往中，尤其是在语言与思维发展的基础之上，在个体自我认知以及周边环境中逐步形成与发展起来的，具体形成方式如下。

①在交往中通过彼此认识和评价，即通过认识他人而认识自己。在交往和交际过程中，人们彼此认识和评价，其评价影响到个人的自我评价，从而形成自我意识。

②通过直接的自我观察和间接的自我分析，来认识自己的心理和身体特征，从而形成自我意识。

③通过自我监督和自我教育形成自我意识，即通过自我监督发现活动中的

优缺点，确定新的活动方案，通过自我教育进行自我修养和自我完善。

（二）自我意识的发展

人的自我意识是在社会交往过程中，在与周围环境长期相互作用的条件下逐渐形成和发展起来的。它始于婴幼儿期，经过少年儿童期、青春期、青年期、成年期，不断发展，逐步成熟、完善。从其发生发展到相对稳定，大约会经过20年。而青少年时期是自我意识发展最重要的时期。

（三）自我意识对心理健康的影响

个体具备良好心理素质最重要的标志是对自我的接受和认可，即有成熟的自我意识和健康的自我形象。人的自我认识、自我评价、自我控制如何直接影响其能否适应社会、身心健康和发展成才。

1. 良好的自我意识是心理健康的重要标志

心理健康与自我意识的健康有着密不可分的关系。世界各国的心理学家们在界定心理健康标准时不约而同地将自我认识作为主要指标。英国心理学博士理查德在总结前人研究结果的基础上研究出了心理健康的九条标准，在这九条标准中，1/3以上的标准和自我意识相关：自我接纳；自我认识；自信心与具有自制能力；清晰洞察现实情况；勇敢，遇到挫折拥有强大的复原能力；平衡与进退有度；关爱他人；热爱生命；人生有意义。由此可见，心理健康的人第一要有一个较为客观且准确的自我意识，最为重要的是能够愉悦地接纳不完美的自我，拥有强大的自信心与自尊心。这一点对于学生自我发展与完善以及形成良好的人际交往关系具有重要的意义。心理健康的人体察自己的感觉与意图的能力十分强，他们能清楚认识自我，从而很好地调节与控制自我，发展与完善自我。

学生在不同阶段所表现出来的心理障碍通常与自我意识发展的规律有着某种联系。只要能准确且客观地认识与了解自我，并对自己的经验保持一种开放与接受的态度，就能够保持健康的心理且快乐幸福地生活；只有这样才能充分发挥出自己的潜力与才华，最终实现自己的人生价值。如果不能客观地肯定自我与认识自我，甚至否定自我，就会产生严重的影响。所以，认识自我、肯定自我、取悦自我、发展自我以及自信、自立、自强对于学生发展尤为重要。

2. 自我概念影响心理健康

研究成果表明，学生的自我概念与心理健康成正比例关系。通常来说，消极的自我概念会诱发抑郁、人际关系敏感等不健康的心理。人先要学会关爱自己、尊重自己，只有这样才能真正地学会去尊重与关心他人；一个连自己都无法尊重与相信的人，是无法让他人产生信任感的。因此，消极的自我概念势必会形成紧张的人际关系；人际环境的恶化也会加重其不健康的心理问题。学生如自我认同程度、自我接纳程度较低，自我的调节能力较差，心理疾病的发病率就相对较大。所以，培养学生积极的自我概念尤为重要。引导学生理性客观地评价自我，并且愉悦地接纳自我，不断提高自我调控的能力，是预防与减少心理疾病，促进心理健康的重要手段。

3.良好的自我形象是成功的基础

能够客观地认识自我，有着良好的自我形象管理的人对自己有着合理的期待，心态乐观、积极、向上，能够从容淡泊地看待事物发展，善于抓住每一个促使自己成长的机会；与人交往坦诚相待，真诚地与对方沟通，较为容易与他人建立深厚的情感；对自己充满自信，遇事能够独立自主，恰当地表达自我；拥有良好的控制能力，最终能实现个人的奋斗目标。研究证实，高自我形象的学生更加能够接纳自己，喜欢与尊重自己，能自我肯定以及更有安全感，清楚个人能力，可以独立自主且自律，并对自己的行为负责，对自己有合理的期望，能够放开表达自我，对自己的成绩感到自豪；而低自我形象的学生经常会否定自己，不尊重甚至讨厌自己，怀疑自己，不懂得与人沟通的技巧，对于成功感到惧怕。因此，自我形象的高低直接决定着人的心理健康程度，并对人的成就产生影响。对于自我形象的认知稳定性是实现自我的前提条件。

二、学生的自我意识和心理健康

（一）影响学生自我意识的因素

个体的自我意识以及由此形成的自我概念对个体个性的发展起着极其重要的作用。通常来说，拥有积极的自我概念，并且能够愉悦地接纳自己的人，其个性能更加健康发展；而一个总是不愿接纳自己、总是拒绝自己的人，其个性的健康发展很容易受到阻碍。很多因素都影响着人的自我意识以及自我概念的形成，以下具体说明。

1.生理因素的影响

青春期后期的生理变化直接影响着青年自我概念的形成。据研究表明，身体早熟的人比晚熟的人在情感表达上更为顺畅，对自我认知度也比较高。早熟的男生身体各方面机能发育较早，更加具有男子气概，动作协调性好，也更喜欢与同龄人交往，且在同龄人中的地位与威望也比较高。晚熟的男生则在心理上容易受到一定程度的影响，更容易出现情绪紧张、缺乏安全感等状况，一般而言，社交能力也偏弱。早熟的女生能够较早产生积极的自我认知与自我概念，比晚熟的女生更易拥有良好的人际交往能力。

青年人常把自己的身材、外貌、相关想法等与同龄人比较，从而形成自我概念。发育符合年龄和性格正常的男女青年多能较好地对待（青春期开始后）身体变化产生的问题，视之为成熟的标志，对之有积极的评价，且由于受人欢迎而发展起令人满意的自我概念。青年男女都非常希望自己的身材、外貌符合现代要求，希望有健壮或健美的体形，不希望太胖或太瘦。研究发现，过胖的青年可能会产生许多心理问题和交往问题，要么过分依赖父母，喜欢过分地得到保护，保持与父母在情感上的联系，情绪成熟慢；要么不爱多动，不敢多吃，交往活动少，与同龄人关系差，常常显得内向、疏远、退缩，只接近同性别者，有较大的社会焦虑感和自卑感。[1]

由身体形象引起的消极的自我概念的极端事例有很多。例如，有的女青年认为自己太胖，过度节食，以致发展为厌食症，导致身体极度虚弱而死亡；也有的青年认为自己生活事业等诸多不顺、目标无法达到是因为自己长得不够美 / 不够帅 / 太矮 / 太黑 / 太丑等。

身体特点对心理的影响是因人而异的。同是有生理缺陷的人，有的消极地屈从于自己的缺陷，否定自己，压抑自己，产生不良的自我概念和沮丧、苦闷、孤独、自卑等情绪；有的则认识到人生的真正价值、真正意义所在，把生理的缺陷转化为人生的动力，用加倍的努力、事业的成就来弥补这种缺陷，或用坚强的意志和体育锻炼来矫正生理的缺陷，实现了生命的升华。可见，一个人最终形成什么样的自我形象、自我概念，生理因素影响只是一个方面，并且这种作用的性质和大小在于个人的把握。当然，个人的这种把握和能力能否养成又和环境因素等密切关联。

2. 认识发展因素的影响

青年人由于认识能力，特别是逻辑思维能力的提高和自我意识的发展，能够更为客观地看待自己；也能更好地理解别人的观点及其对自己的看法，从而修正对自己的概念，改进和完善自我。智力的发展会影响到自我概念的复杂性、完整性和稳定性。学生大多既有较强的认识能力，又有较优越的发展能力的条

---

① 张艳杰. 高职生的自我发展与社会适应 [M]. 北京：中国经济出版社，2020：52-53.

件，其自我概念是最稳定的。

3. 家庭因素的影响

子女自我概念的形成与家长的自我概念与教养方式息息相关。家长，尤其是母亲的自我认可、自我信任与温和地对待子女的态度，或自我否定、焦躁不安以及冷酷地拒绝子女的态度都可能影响子女自我概念的形成。一般来说，经常得到他人肯定与表扬的人，自我评价往往就比较高；反之则较低。父母对子女的态度是温和的、有感情的以及肯定的，那么子女对于自己的评价也是积极的。可以说，家长对于子女的态度是影响其自尊心的重要因素。家长对于子女持爱护与珍惜的态度，对其今后发展有所期望，在这样的家庭氛围下成长起来的孩子，自尊心更强；反之，家长对子女的爱与憎表现得过于明显或者喜怒无常，往往会造成子女自尊心普遍比较弱。众多研究都表明，家庭的经济状况或外在形象对自尊心的影响均不如父母对待子女的态度重要。

4. 学校因素的影响

学校的好坏无疑也是影响自我概念的一个主要因素。名牌学校会增强学生的自尊心与自豪感，但这并不是太重要的因素。在学校里最能够影响学生自我概念以及自我评价的是老师，尤其是自己尊敬与热爱的老师对自己的评价。一般情况下，经常受到老师表扬与肯定的学生，其自我评价往往比较高，也更容易产生满意的自我概念。同学的肯定、班级与学校给予的荣誉也都潜移默化地影响着学生自我概念的形成。这些积极评价对于青春期的青少年来说至关重要。

5. 成败经验的影响

影响自我概念的一个重要因素是生活、学习与工作中的成败经验。成功，特别是在特殊时期或者重要阶段的成功，对于青年人自信心的建立尤为重要；反之，经常受挫的人则会灰心丧气，原本的自信心也都被毁于一旦，这也不利于积极的自我概念的形成。

（二）学生自我意识的特点

由于青春期阶段的学生心理发展较易受到周边各方面因素的变化的影响，如客观环境、人际关系以及生理发育等因素的影响。其表现为情绪波动较大，内心较为敏感，对于周遭事物的内心感触以及想法较多等。在这个心理发展过程中，学生也会重新地自我认识与自我评价，从而进一步丰富自我概念的内容，与此同时，对于自我调控的能力也在发生着变化。

高职学生处于步入成年初期的阶段，他们学习并实践各种角色，探索各种活动，触及各种人生观、价值观，尝试着从中选择，检验选择是否符合自己的需要，经过多次反复，才确定自己的人生观、价值观以及自己的职业、兴趣、性格等，形成最终的自我。

从自我教育与自我意识的角度分析，学生对于自我的发展较为关注，其自尊心、独立感以及自信心都相对比较强烈，自我评价、自我分析、自我监督以及自我教育能力都会大幅提高。但是在学生的自我意识发展中存在着许多矛盾。总结起来，当代学生自我意识的整体发展特征是发展过快，但发展过程中其矛盾性，即自我意识发展上的矛盾冲突较为明显。自我意识的矛盾冲突主要是指存在处于对立关系的两种或者多种自我概念，因此在自我内部存在相互矛盾的自我感知或行为体现。冲突主要表现为以下几方面：第一，"现实中的我"与"理想中的我"之间的矛盾，自信与自卑之间的矛盾，自我同一性的危机；第二，依托与独立的心理冲突；第三，封闭与交往的心理冲突。与此同时，学生的自我教育、自我评价的客观性、稳定性与自觉性也存在一定的个体差别。

学生自我意识的发展过程一直都遵循着一个规律，即"分化→统一→再分化→再统一"的过程。这个规律过程对于学生的心理健康以及心理发展极为重要。因为学生的自我意识走向成熟的标志就是自我意识的矛盾分化，它使得学生开始主动关注自己的心理与行为，并产生新的认识、感知与调控。高职院校的学生与中学生相比，自我评价能力得到提升，与此同时，自我控制以及自我体验的发展水平也趋于稳定，独立性与自信心也在进一步增强。学生的独立性主要是指学生自主决定言行与态度以及生活方式的意识，也是其自信心的彰显。学生的自我意识发展是心理趋向成熟的表现，为未来发展奠定基础。

1. 自我意识达到较高水平，渐趋稳定但未完全成熟，自我意识发展存在年级差异

科学研究显示，这一年龄阶段的学生的自我意识发展已经达到了一定的水平。这可以从两个方面得以证明：第一，学生自我意识和自我评价的总得分较高；第二，学生自我认知、自我体验以及自我控制之间的矛盾关系较少，形成了一个有机的统一体。当然，这并不意味着自我意识的发展已经成熟。比如，学生在理想自我与现实自我、社会自我与个体自我等方面仍然存在着矛盾，并没有达到协调一致。在自我意识的发展趋势上，大学阶段的学生自我意识的发展与中学期间相比较已经趋于稳定。

除此之外，研究证实，学生的自我发展在不同年龄阶段的表现存在差异。刚入学的新生自我意识最高，在内心矛盾与思想斗争方面的矛盾较为突出，也

是回顾与展望最多的时期，这个阶段的学生表现为相对稳定中的不稳定，也是一次新的上升时期，这也可以称为学生自我意识发展的转折期。

2. 自我认知更为自觉、主动，强烈关心自己的发展

在中学时期，学生对于自我认知的意识就较为迫切。对于刚入学的高职新生而言，一方面，由于其处于步入社会前的过渡期里，他们会思考个人发展，以及个人与社会关系的问题等；另一方面，他们因为掌握着与中学阶段相比更为广阔的知识，所以有着更高的个人期待和更加远大的理想与抱负，对于真实社会他们满心期盼，有着强烈的好奇心，以及对竞争的跃跃欲试。"我要成为怎样的人？""我的理想是什么？""我想要过什么样的生活？"这些都是学生感兴趣以及常思考的问题。在这个阶段的他们还会主动与周边人进行沟通，通过沟通与交谈重新认识自我，主动寻求参照榜样对自我进行完善。这一切都表明大学生自我认知的意识越来越强烈，也更加具有自主性与自觉性。

3. 自我评价趋向成熟，但仍具有片面性

大学阶段的学生自我意识发展已经较为稳定，且自我意识与外界评价也更加趋向统一。当然这一阶段的学生，其自我评价也不可避免地会出现不够客观与全面的情况。

不同年级的学生在自我发展方面存在明显差异。有趣的是，学生自我意识发展的趋势与其心理障碍的表现趋势似乎存在某种对应关系。第一学年学生的自我意识最高，其次是第二、第三学年。这一结果一方面反映了学生自我发展的趋势，即逐渐走向成熟和独立，同时也反映出他们所处环境的影响作用。

一年级学生在面对新环境时，需要有一个重新认识和评价自我的过程。即当自我地位和自我期望受影响或挫折时，他们需要重新评估、分析以前的自我意识，并需要做出一些相应的改变。进入高职院校以前，学生的自我意识更多的是通过老师、家长以及周围同学对自我的态度和反应建立的，他们会把对自我的褒识看作真正的自我。换言之，由于学生入学前的个人经历相对简单，他们的自我意识和对自己的期望绝大部分并非来自自己的经验，而是来自环境中的其他因素。这就使得他们的自我意识更强、更高，但并不一定是真实自我的体现。由于此种原因，第一学年学生刚入校时自我意识最高。但这种较高的自我意识并不意味着他们自我的成熟水平是最高的。这种意识在经受个人的实际经验的检验时，会出现各种各样的问题。这就是第二、第三学年学生自我意识较低以及心理障碍出现较多的原因。

不过应该指出的是，第二、第三学年学生的自我意识尽管低于第一学年，

但在此时他们才真正有能力去认识和建立真正的自我，对自己的评价也趋向更"真我"和成熟。同时年龄与经历的增长意味着他们又向成熟迈进了一步。

总之，学生的自我认知、自我评价、自我发展是不断走向成熟和独立的。这种趋势在二年级到三年级表现得为突出。当然由于人的心理活动的复杂性，一个人要认识自己、正确评价自己并不容易，加之学生的认识能力还不够成熟，因此学生在自我认知、自我评价中难免具有一定的片面性。

4. 自我体验深刻而丰富，自尊心明显增强

学生的自我体验深刻而丰富，可以说是社会中"最善感"的群体。有喜欢自己和对自己满意的肯定体验，也有讨厌自己和对自己不满意的否定体验；有喜悦和忧虑、积极和消极的体验，也有紧张和轻松的体验。在这些丰富多彩的自我体验中，基调多是积极、健康的。调查表明，学生自我体验基调倾向于热情、憧憬、自信、舒畅、紧张等。大多数学生喜欢自己，对自己满意，自尊，自信，好胜。在丰富性发展的同时，学生的自我体验更多地与自己的个性品质、集体荣誉、自我在社会中的发展前途等联系起来，日趋深刻。同时，学生的自我体验又较复杂、敏感、闭锁，有一定的波动性。比如，对别人的言行和态度极为敏感，把自己的情感体验闭锁于内心，心理体验起伏较大。取得成绩时容易产生积极、肯定的情感体验，甚至骄傲自满，忘乎所以；遇到挫折时又易产生消极、否定的情感体验，灰心丧气，悲观失望，甚至自暴自弃，两极情绪仍较明显。

自尊心是个体要求人们尊重自己的言行，维护一定的荣誉和社会地位的一种自我意识倾向，是一种与自信心、尊严感、社会责任感、集体荣誉感密切联系的良好的心理品质，是个体积极向上的内部动力。研究表明，学生具有较强的自尊心，自尊的需要十分强烈，好胜、好强、不甘落后，要求得到他人的尊重，有强烈的自我保护意识，对涉及自尊的事敏感且易做出强烈的情绪反应。正是这种强烈的自尊心，激励着学生更加积极向上，尽可能使自己的言行受到他人的尊重。值得注意的是，少数学生存在着自卑感，如不及时克服，将会造成性格上的重大缺陷，严重的会导致自暴自弃的后果。

5. 有强烈的独立倾向和自我设计、自我完善的强烈愿望，自我控制能力提高

在以自理为主的学校环境里，学生需要自己安排自己的学习，照料自己的生活，组织自己的活动，解决自己的问题，也由于自我认识、自我体验的发展，学生的自我控制能力进一步达到较高水平。他们的自觉性、坚持性、独立性和稳定性都显著发展。在他们心目中，自己不再是"中学生娃娃"，而是一个肩

负历史使命、有一定知识和才能的青年学生，他们强烈地期望充分发展自己的独立性，摆脱依赖性和幼稚性。他们经常在各种场合以各种方式向周围的人们表达自己独立自主的要求，希望成为自己命运的主人，希望自己组织自己的活动，自己独立思考和动手解决学习、生活、恋爱、人际关系等问题，喜欢与同学聚在一起相互交流思想、探索人生的奥秘。他们对各种束缚和陈规陋习、对摆布自己和无端地占用自己时间以及干涉自己"主权范围"的现象往往十分反感；对约束自己自由、独立的环境和措施往往感到不满，甚至表现出强烈的反抗倾向。学生自我控制能力发展的一个主要特点是自我设计、自我完善的强烈愿望。绝大多数学生都勤奋好学、奋发向上、力争成才，他们经常思考"我应该成为一个什么样的人？""我怎样才能成为那样的人？"。学生的许多苦恼、不安以及痛苦的思索和争论，也经常围绕着这两个问题进行。

（三）学生自我意识的类型

每个学生具体的社会生活背景都不同，生活经历、追求目标、个性特点等也不一样，这决定了其自我意识经过对立冲突、转化选择，达到的最终结果也不一样。一般来说，自我意识的统一有以下几种结果或类型。

1. 自我肯定型

自我肯定型是积极的自我意识统一。这类学生的特点是正确的理想自我占优势，其理想自我既符合社会要求，又是通过努力可以实现的；对现实自我的认识比较全面、客观、深刻。这样，现实自我通过积极的努力达到了与理想自我的统一。统一后的自我意识充实而坚强，有明确的生活目标（理想、志向、抱负）和切实的发展规划，既能适应社会的要求，又能确保自己健康成长。

2. 自我否定与自我扩张型

这两种类型是消极的自我意识统一。其共同特点是自我认识不够客观，理想自我不切实际，缺乏实现理想自我的手段。

（1）自我否定型。这类学生对现实自我评价过低，理想自我远远高于现实自我，经过努力仍无法拉近距离；或者虽然距离不大，但缺乏驾驭自我的能力，不能通过坚韧不拔、不屈不挠的努力去实现理想自我。有的学生意识萎靡、情绪消沉、自卑，不仅不能肯定自己的价值、悦纳自己，反而拒绝甚至摧残自己，生活中总是处于一种消极的防御状态。他们只想通过简单的努力实现理想自我，一遇到困难挫折就灰心丧气、悲观失望。其往往是放弃理想自我而迁就现实自我，以求得自我意识的统一，结果更加缺乏自信，更加自卑。

（2）自我扩张型。这类学生与自我否定型相反，他们高估了现实自我，以致形成虚妄的判断，确立了一个不切实际的甚至错误的理想自我，并认为理想自我的实现轻而易举。其理想自我与现实自我的统一是虚假的统一。例如，有的学生常以幻想的我替代真实的我，自认为与众不同，不肯面对现实的自我；有的学生常常自吹自擂，目中无人。由于自不量力，他们在个人所追求的学业成就、友谊和爱情等诸多方面，都因对自我评价过高，实际条件低于客观要求，导致失败概率较大。其盲目自尊、爱慕虚荣、防卫意识过强，心理容易扭曲、变态。个别学生还可能用不正当手段去求得个人欲望的满足，用违反社会道德规范甚至违法犯罪的手段来谋求理想自我与现实自我的统一。

3. 自我萎缩与自我矛盾型

当一个人自我难以协调、自我意识难以统一时，发展结果通常为自我萎缩型和自我矛盾型。

（1）自我萎缩型。表现为理想自我极度缺乏或丧失，对现实自我又极为不满。他们往往认为理想自我难以实现，甚至永远无法实现，于是要么放弃对理想自我的追求，得过且过，消极放任；要么玩世不恭，自轻自贱，自怨自艾，出现自我拒绝心理，自暴自弃，甚至出现理想自我与现实自我的对抗；严重者可导致精神分裂症或因绝望而轻生。

（2）自我矛盾型。表现为理想自我与现实自我无法协调，自我意识难以统一，无法转化出一个新的自我。这类学生自我意识冲突强度大、延续时间长，自我认识、自我体验、自我控制的确定性和稳定性差，内心始终充满着矛盾和冲突，新的自我无从确立，积极的自我难以产生。

学生自我意识发展经历自我分化、矛盾、统一的过程之后，绝大多数人能够确立积极的、肯定的、崭新的自我，自我否定、自我扩张、自我萎缩和自我矛盾等类型的学生是极少数。同时，学生自我意识发展的过程、结果都不是绝对的。由于每个学生从遗传素质、社会环境、成长经验、身心发展水平到主观努力、个性特征等都存在差异，所以每个人自我意识分化的早晚、矛盾的长短、统一的快慢及模式等都会有所不同，这也是很正常的。

自我意识的发展是持续终生的事，自我意识的统一问题如果在高职院校时期没能很好地解决，在进入社会后也可以继续解决、发展、完善，不是到此为止再无机会的。

三、学生自我意识的偏差及调整

（一）学生自我意识的偏差

在学校我们常会看到这样一些学生，他们志向很高，抱负很大，认为自己将来一定会"不飞则已，一飞冲天""不鸣则已，一鸣惊人"，总有一天会"大鹏一日同风起，扶摇直上九万里"；虽然自己学习成绩并不出色，工作能力也不强，既非才高八斗，又谈不上学富五车，但是瞧不起周围的人甚至古今中外的很多名人，蔑视"世俗"的一切，和同学们合不来，认为他们层次太低，不能理解自己，觉得自己是曲高和寡，鹤立鸡群。由于他们总在自我的世界里建筑着幻想的王国，所以与绝大多数同学缺乏交流，常独来独往，形单影只。

与此相反，有些同学却过分缺乏自信，总觉得自己能力上无所长，外表上太平常，学习上也不强，因而总是小心翼翼地避免抛头露面，遇事三缄其口，唯唯诺诺，发不出自己的声音；有的甚至因为过于自卑而自暴自弃，走上自我毁灭的道路。

这两种情况代表了学生自我意识发展的两个极端。从心理健康角度讲，任何过度的心理现象都是有碍心理健康的，自我意识更是这样。较强的自我意识本来是学生走向成熟的一个标志，有助于其自尊、自信、自立、自强，但如果过度，就会变成缺陷，正所谓"过犹不及"。

学生心理尚未完全成熟，其自我意识还在不断地发展变化之中，容易出现各种偏差，需要予以了解和解决，以促进其自我意识的和谐发展。

1. 学生在自我认识方面的偏差

（1）过度自我接受。过度自我接受是指高估自我，对自己的肯定评价远远超出自己的实际能力和表现，用放大镜看自己的长处，很少认识到自己的缺点和短处；用显微镜看他人的短处，很少看到他人的长处。其人际交往模式是"我好你不好""我行你不行"。这类学生一般生活经历比较简单，生活道路一帆风顺，不容易设身处地地理解别人，比较以自我为中心，往往自以为是，骄傲自大；在人际交往中总是居高临下，颐指气使，以为谁都比不上自己，从而给别人带来不愉快感；由于不切实际地高估了自己的能力和长处，对自己的缺点和短处缺乏清醒的认识，一旦遇到挫折，如考试不及格、求爱被拒、竞选干部落选等，总是把责任推到老师、同学身上，认为别人对自己不公平，从而疏远集体和他人，很难处理好人际关系。

（2）过分追求完美。"爱美之心，人皆有之"，追求完美是人类的天性之一，但苛求自我，过分追求完美，就易引起适应障碍。过分追求完美的人往往会不顾自己的实际情况，对自己要求过高，期望自己完美无缺，对自己十分苛刻；只接受自己幻想中"完美"的自我，不肯接纳现实中有缺点、平凡的自我；他们不能容忍自己的"不完美"表现，对自己"不完美"的地方看得过重，甚至把人人都会出现的问题看成是自己"不完美"的表现，总对自己不满意，情绪和自信心受到严重影响，使得对自我的认识和适应更加困难。之所以如此，是因为其没有客观地、真正地了解自己，或过分受他人期望的影响。

无论是过度的自我接受，还是过度的自我拒绝，对人的心理健康都会产生消极影响。如果一个人只看到自己比别人好，别人都比不上自己，就会产生盲目乐观情绪，自我欣赏，自以为是，就不能处理好人际关系，调动主观积极性，而且总会遇到挫折，产生苦闷；如果一个人看不到自己的价值，只看到自己的不足，什么都不如别人，处处低人一等，就会丧失信心，产生厌恶自己并否定自己的自卑感，这样的人就会缺乏朝气，缺乏积极性。

2.学生在自我体验方面的偏差

过强的自尊心和过强的自卑感是自我体验的两极性表现。这两种体验普遍存在于很多学生身上，是一种正常的心理现象。自尊心是人心理活动行为的动力，但古人所说的"知耻而后勇""登高必自卑"也说明像自卑感这样的消极心理现象也会催人奋起。因此，自尊心与自卑感只要不"过"，都是有益无害的。

（1）过强的自尊心。自尊心是自我意识的重要组织部分。它包括自信心、进取心、责任感、荣誉感等多种积极的心理品质。它是一种尊重自己的人格，尊重自己的荣誉，不向别人卑躬屈膝，不容许别人歧视侮辱自己，维护自我尊严的自我情感体验。

其实，某些学生过强的自尊心实际上是极其脆弱的。他们特别在意别人的评价和批评，顾全面子，爱慕虚荣，自尊心受到轻微的伤害便无法承受。如果过强的自尊心屡屡受挫，他们便羞愧无比，感觉没脸见人，无地自容，使过强的自尊心走向另一个极端——过度自卑的消极的情感状态，产生严重的自责、自怨等挫折反应。

（2）过强的自卑感。自卑感是对自己的一种不满的、否定的情感。人在生活中的某些时候产生自卑感是很正常的，自卑感对人的发展不一定是坏事，有时会有增力作用。但过度自卑是不正常的，过度自卑往往是自尊心屡屡受挫的结果。过度自卑者不能客观地认识自我，往往只看到自己的缺点，而忽略了自我的优点；总是不喜欢自己，不能容忍自己的弱点和缺陷，看不到自己的价值，甚至夸大自己的不足，觉得自己处处不如别人，什么都低人一等，对自己求全责备，抱怨、指责、否定自己，不仅损伤了自己的自信心、自尊心，严重的还可能从否定自我到厌恶自我，甚至走向自我毁灭。

大学是人才荟萃之地，从学习到文体等各类活动都存在着比赛竞争的问题，决胜负、比长短、争荣誉是在所难免的。如果从身材、相貌、家世、地位到能力、特长、性格、气质、成绩等，都要去计较长短，没有一个人是全方位的、永远的胜利者。每个人在不同层次、不同方面都有自己的成败经验，己不如人的失败感受以及由此产生的自卑感人皆有之，只不过程度不同，看法不同，对待失败的态度不同而已。

过度自卑会严重影响自我的发展。一个过分自卑的人不但遇到挑战性场合时会逃避退缩，而且在平时的学习、交往中，也往往会过于拘谨、畏缩、敏感，影响能力的发挥和在大家心目中的形象。

过强的自尊心往往是与过强的自卑感互为表里、紧密相连的。自尊心表现越明显、越强烈的人，往往越可能是极度自卑的人。这种人试图用强烈的、无所不在的、过度敏感的自尊心打造一个厚硬的外壳，保护自己极度自卑的、脆弱的心灵不受伤害；有时为了避免心灵再受挫伤，往往干脆避免行动，这就犹如一朵花为了不凋谢，索性不开花一样。

3. 学生在自我意识方面的偏差

（1）"自我中心主义"倾向。学生关注自我是正常的，但如果只从自我的角度、以自己的标准去认识、评价事物以及自己与他人的行为，从自我角度出发采取行动，就容易出现自我中心倾向。这种倾向与不健康的思想意识和心理特征结合时，就会发展为过分的、扭曲的自我中心。一个自私自利、崇尚个人主义又过分自尊的人，其自我中心倾向就很容易发展为过度自我中心。这种人凡事只从自己利益出发，不能设身处地地进行客观思考，从来不知道为他人着想；只关心自己，不在乎别人，任何事先替自己打算，不管他人的感受和需要；与同学相处总以高人一等的身份出现，处事总以为自己是对的，别人都是错的，好把自己的意志强加于人。过分自我中心者很难赢得他人的好感和信任，人际关系多不和谐，生活中缺少知心朋友，做事难以得到他人的帮助，易遭受挫折。

（2）过分的独立意向。独立意向是学生自我意识发展的重要内容和自我完善的标志之一。多数学生表现出的自立、自强、独立思考、善于明辨是非、勇于决断等积极心理品质是独立意向发展和成熟的体现。

但少数学生的独立意向过强，表现出以下极端性的特点。

①以孤立为荣。他们在人际交往中把自己置于别人的对立面，不辨是非地事事、处处与老师、同学作对；视孤立为不落俗套、不盲从，甚至认为孤立是"光荣的"。

②以逆反心理反抗舆论和规范。他们视舆论和规范为压抑自己独立性的外在力量，不加分析地予以抑制和排斥，故意反其道而行之。

③行为具有攻击性、破坏性等非理智的不符合年龄特征和学生角色的倾向。这些倾向本是少年期反社会人格的表现，却在少数学生中表现出来。这一方面说明这些学生的人格也具有反社会性，另一方面说明他们独立意向发展的幼稚性和不成熟性。

（3）过分的依赖心理。高职学生在父母的呵护下生活了近20年，"衣来伸手，饭来张口"已成为动力定型。打破事事时时依赖父母的动力定型不是一朝一夕能够完成的。好在多数学生能主动地靠自己独立意识的发展摆脱依赖心理，一天天成熟和长大，直到完全独立。

但是少数学生，特别是低年级学生依然表现出不符合学生身份和年龄特征的过分依赖性。每年新生入学，都有学生由家长一路陪同（实际是护送）到校，家长代办入学手续，代替安排宿舍的生活，这是学生依赖性的突出表现。正是这些人成了校园中的一群"没有长大的"学生。

（4）不当从众行为倾向。在遇事不能做出正确判断和决策的情况下，便主动地与大多数人采取一致的行动，这种从众行为人皆有之。学生存在这种从众行为不能算作自我意识的偏差。但有相当数量的学生所表现出来的从众行为倾向是有害的。

有的学生保持自幼形成的从众行为习惯，没有独立思考的习惯，习惯与大多数人持相同的态度和采取相同的行动。

还有的学生根据人数来决定自己的行为倾向，他们有一个错误的心理定式——多数人的意向肯定是正确的。

另有部分学生出于自我保护的考虑，他们不想成为少数不服从者，以避开"偏离的恐惧"，他们内心并不想从众，却表面上从众。

学生不当的从众行为倾向的最大危害：缺乏独立思考能力的锻炼，自己的分析能力、判断能力得不到应有的提高，因而成长较慢。甚至由于与大多数人采取了相同的行动，很可能无意中与大多数人一起犯了错误。

（二）学生自我意识的分化与矛盾冲突

学生的自我意识在高职院校阶段得到了迅速的发展，其自我认识、自我体验、自我控制逐步协调一致。但在自我意识逐步成熟、确立的过程中，学生也品尝了酸甜苦辣，付出了艰难代价，并为解决内心的矛盾冲突进行了不懈努力。

学生自我意识的发展从明显的自我分化开始。原来完整笼统的"我"被打破了，出现了两个"我"：主观的我和客观的我，即学生既是观察者又是被观察者。每个学生都为自己设计了一个"理想自我"，而"现实自我"有时又成为实现"理想自我"的障碍和阻力。伴随着主我和客我的分化，"理想自我"和"现实自我"开始分化。自我意识分化是自我意识开始走向成熟的标志。自我意识的明显分化会使学生主动、迅速地关注自己的内心世界和行为，产生新的认识、体验；同时，由此而来的种种激动不安、焦虑、喜悦增加，自我沉思增多，要求有属于自己的一片空间和世界，渴望被理解、被关怀。

随着自我意识的分化，青年学生开始意识到自己不曾注意的许多"我"的细节，主体我与客体我的矛盾斗争也随之产生，"理想自我"和"现实自我"出现矛盾并且冲突不断加剧，从而自我不能统一，自我形象不能确立，自我概念不能形成，表现出明显的内心冲突和无所适从，甚至有很大的内心痛苦和强烈的不安感。他们对自我的评价常常是矛盾的，对自我的态度常常是波动的，对自我的控制常常是果断的。

归纳起来，当代学生自我意识的矛盾主要表现在以下几个方面。

1. 成就期望与现实失望的落差

学生从入学那一天起就立志成为自己所学专业的专门人才，给自己确定了远大理想和抱负，并对理想的实现充满自信和强烈的成就欲望，即设计出了理想自我。而现实自我的能力、知识、经验与理想自我的实现尚有很大距离。面对理想自我的期望与现实自我的失望的落差，学生陷入趋避两难的冲突中：要么积极进取，使现实自我向理想自我趋近；要么自认"志大才疏"，放弃理想自我而自我消沉。

2. 强烈的独立意识与难以摆脱的依附心理的冲突

考上高职院校后，学生往往并没有满足于迈出独立人生的第一步——从家庭、父母的管教和约束下挣脱出来，"理想自我"给自己设计了一个经济、学习、生活乃至心理上完全独立的蓝图，这就是独立意识。但是对学生来说，对学校、家庭、父母、教师、同学的依附心理又是无法摆脱的。在经济上，学生几乎完全依赖父母或学校的资助；在心理上，由于社会经验的缺乏、能力的限制，更无法摆脱对老师、学校、成人和同学的依附；而对复杂的生活环境和人事关系的决策和应变也离不开同学、朋友、老师、父母的帮助。学生带着对独立意向的追求与无奈，在渴望摆脱与摆脱不了依附心理的冲突中徘徊。

3.交往需要与自我封闭的矛盾

学生在人际交往中有追求爱与归属的需要。他们从家庭中获取亲情，从同学和朋友身上获取友情，从异性身上获取爱情。他们愿与朋友分享快乐、分担痛苦、沟通信息和交流情感。但一些学生出于安全的需要，他们为了自我保护而在人际关系中存有戒备心理，常常把自己内心世界的真实想法封闭起来，与他人保持一定的心理距离，"逢人且说三分话，未可全抛一片心"。这种盼望有个好人缘（理想自我）与对社交的恐惧（现实自我）的冲突常常使学生无所适从，饱受孤独感的煎熬。

4.自尊心与自卑感的冲突

很多学生是同辈群体中的佼佼者，社会认同，长辈赞赏，同龄人羡慕，学生本人也由此产生优越感和自豪感，他们审视自己的智力、才能，对未来充满自信与自尊。这就是理想的自我。而考上高职院校之后，他们从布满鲜花的舞台上走下来回到了现实中，这才发现"山外青山楼外楼"，与其他人相比，自己并没有什么明显优势可言。特别是在学习、社交和文体活动中显现出劣势、不足或失误时（如考试不及格、人际关系紧张或体育成绩没达标等），相当数量的学生对自我的认识与评价走向了另一个极端，全盘怀疑、否定自己。这种从自尊到自卑的反差给学生带来的是焦虑、忧郁和悲观。

（三）学生自我完善的途径与方法

1.正确处理好集体与个人的关系，以集体主义带动自我观念的调整

集体主义与个性自由是互不相容的吗？在现实生活中，究竟如何面对个人与集体的矛盾呢？有三种基本的处理方式或价值取向：一是整体主义，这是在古代社会占统治地位的价值取向，它主张个人服从群体，而群体是作为一个固定的整体存在的；二是个人主义，这是近代以来在资本主义社会占统治地位的价值取向，它主张个人是独立的主体，个人的自主、个性、自由和幸福是至高无上的，群体社会对此应加以维护和保证，而不是干涉和限制；三是集体主义，这是在社会主义运动中出现的一种崭新的价值取向，它一方面强调个人利益应服从作为一个集体的群体的利益，另一方面又强调集体应尊重个人的自主、个性和自由。从整体主义到个人主义，再到集体主义，实际上经过了一个肯定、否定、否定之否定的过程。

值得注意的是，由于长期而深远的封建传统的影响，过去在宣传贯彻集体

主义的时候，常常忽视了集体主义与整体主义的区别，简单地把集体主义与个人利益、个人幸福、个性自由等绝对地对立了起来。现在随着思想解放和改革开放的深入，特别是社会主义市场经济体制的逐步完善，正当合理的个人利益、个人幸福、个性自由等越来越受到人们的重视。这本是集体主义价值的自然回归，但不少人感到疑惑，有些人甚至错误地认为集体主义已经过时了，只有个人主义才是适合市场经济体制的新的价值取向，结果产生了不小的危害。事实上，社会认可从来都是人们自我价值实现的最重要来源。中国素有个人价值评判具有高度社会依赖性的文化传统，学生虽然走在时代的前列，但在这一点上也未能改变。一项对学生"个我—集体"取向与自我观念的关系研究表明，个我取向与自我观念总的说来相关不显著，而集体取向则与自我观念呈极显著正相关，说明对学生自我观念有积极影响的主要是集体取向而不是个我取向。作为学生，只有在跳出个人的狭小圈子，并得到班级或学校、社会的接纳和承认之后，才有可能获得真正的自我价值感，逐步达成成熟而稳定的自我同一性。

2.合理运用社会比较策略，尽量客观正确地认识自我

对自己的认识也就是对自己的反思，但其信息却源于客观现实。人们在活动和交往的过程中，可以获得来自方方面面的有关自己的各种各样的反馈信息。而能否正确地认识自己，关键就在于是否善于运用社会比较策略，与各种人进行尽可能全面的比较，既和比自己优秀的人以及相似的人比，也和比自己稍差的人比。不言而喻，如果一味与比自己强的人比，或者一味拿自己的弱点与别人的优点比，难免有损自尊；反之，则可能虚张自尊，盲目自信。作为学生，在衡量和评价自己时，应注意不仅和与自己表现差不多的同学比，还和表现强于自己或不如自己的同学比；既与同年级同学比，又与不同年级的同学比；既与学生比，又与一般青年人群比；甚至既与同龄人比，又与不同龄的人比。只有这样，才能比较客观全面地认识自我。需要指出的是，我国的传统教育总是要求学生"改正缺点、发扬优点""向高标准看齐"，结果强化了一些学生过分追求完美的心理倾向，并带来一系列的心理问题。

3.不断调整目标和行为，保持适中的自我期望水平

自我期望也就是通常所说的抱负，是一个人在做某件实际工作之前估计自己所能达到的成就目标。而个人的成败感实际上就是个人的抱负水平与实际成就之间所产生"负差"（成就高于抱负）与"正差"（成就低于抱负）时的主观体验。一般来说，抱负水平高的学生对待学习和学生工作更为自觉、有信心、有毅力，所以人们才告诫说"志当存高远"。对于抱负水平过低的学生，应适

时提供个人或其所属团体的成功经验的激励，不断提高其自我期望水平。但是，个人的抱负水平也不能太高，不能严重脱离自己的实际情况。如果是这样，就会被人视为自我吹嘘，在现实生活中长期备受失败感折磨，不仅有损自尊，还可能有碍身心健康。对于这样的学生，应把过高的抱负分解为一个个远近不同的具体目标，由近及远，逐步实现。学生正值精力充沛、朝气蓬勃的青春年华，对生活充满着希望和幻想，为自己的将来规划着美丽的蓝图，对学习、工作往往怀有较高的期望和要求，除了对生活中所遇到的坎坷估计不足，对自己的能力、知识水平也缺乏全面的认识，所以一旦遇到不顺利的事情就容易产生挫折感。因此，学生在学习和生活中，应根据自己的实际情况来确定具体可行的奋斗目标，注意保持适中的自我期望水平。

4. 对经验持开放态度，树立独立的自信心

无论是积极还是消极的自我观念，都是经验积累的结果，包括成功的经验和失败的经验。由于个体对自身的经验所持的态度不同，自我观念所起的作用也不相同。自我观念一经形成，就有努力维护自我结构不至于解体的作用，从而使个体表现出只接受与自己的期望相一致的经验的心理倾向。所以常见的情况是，自大者只接受成功的经验，而自卑者只接受失败的经验。这实际上是切断了自己与现实世界的接触，不仅会阻碍自我的顺利发展，还会严重影响个体的心理健康水平。例如，一个成绩一向很好的学生一次考试不及格，面对这样一次失败的经验，他可能为了极力维护自己的自尊而寻找种种借口，拒不承认这次失败；也可能因为这次失败就完全动摇了对自己的信心，自我观念因此而崩溃。这两种反应看似两个极端，但都是没有协调好自我与现实经验之间的关系，都是不健康人格的心理表现。对此，积极而健康的态度应该是承认这次失败，但不会因此就完全改变对自己的看法，而是客观地总结经验教训，并对自我观念做出积极的调整，或重新确立新的发展目标。可见，对经验的歪曲和否定往往会产生消极的后果，而对经验的开放则是自我健康发展的必然前提。自我的健康发展既需要对现实和外界影响的客观认识、正确处理以及灵活适应，又需要对外界影响保持相对独立以及一定程度的耐受性，并与之达到一种协调。

5. 走出自我迷茫的困境，在实践中完善自我

研究表明，一个处在同一性达成的人格成熟状态的人也是一个生活目标明确的人，他既重视现在，又积极地面向未来，并用联系与发展的观点看待自己的过去、现在与将来；而一个尚处在同一性混乱状态的人也是一个在现实生活中还没有确定目的、价值或计划的人，他对现实要求感到无所适从，对未来方

向感到彷徨迷惑，转而试图从在对过去的追寻中找到自身稳定性的支点，他的过去、现在与将来似乎是互不相干的。对于学生来说，来自职业选择、人际关系、学业等方方面面的困惑乃是人生的必经历程，要以发展的眼光看待问题，保持乐观积极的生活态度，既不要因为现实的困惑而屈从于别人的安排，又不要因此而陷入无价值追求的相对主义。正确的做法应该是，努力学习科学文化知识，积极投身于各种社会实践活动，在不断迎接生活挑战的过程中，学会从盲目变得坚定，从不成熟走向成熟，不断完善自我。

6. 正确地认识自我

人对自己必须有一个正确的评价，不可过高，也不可过低，这样才不会出现自负或自卑的心理，应为自己制定一个合理的追求目标，以到达成功的彼岸。如果一个人不正确地评价自己，就会产生心理障碍，表现出对自己的不满和排斥。那么，应该怎样去了解自我、评价自我呢？

（1）以人为镜。从与别人的比较及别人对自己的评价中认识自己。他人是自我之镜。与他人交往是个体自我认识的重要渠道。有自知之明的人能从与他人、与社会的广泛的关系中用心向别人学习，获得足够的经验，吸取充分的教训，按照自己的需要去规划自己的前途，把握自己的命运。学生可以通过与同学的比较，找出自己的位置。这种比较虽常带有主观色彩，但却是认识自我的常用方法。不过在比较时，应该注意比较的参照物。

具体说来，第一，要比最后的结果，也要比行动前的条件，但关注的是结果而非不可改变的条件。第二，要有正确的比较标准和比较内容。标准是相对的而非绝对的，是可变的而非不可变的，内容是有实际意义的。关注的是心灵、努力、才能、品质等，而非先天的、非自己所能改变的、已定的东西，如身材、相貌、家庭等。第三，要针对特定情况选择合适的比较对象。不要只和比自己高的人比，从而觉得自己处处不如人而自卑，也不要只和处处不如自己的人比而自负，一般是选择和自己条件类似的人比，但也不要只选择和自己条件类似的人比，要比较全面、正确地认识自我，既看到自己的不足，又看到自己的优势。

另外，要重视从别人的评价中认识自己。人在生活中都会通过周围的人对自己的评价来认识自己，而且很在乎别人怎样看自己，怎样评价自己。一般他人的评价比自己的主观认识具有更大的客观性。如果自我评价与周围人的评价有较大的相似性，则表明你的自我认识能力较好、较成熟；如果客观评价与你自己的评价相差过大，则表明你在自我认知上有偏差，需要调整。但有时也不全是这样。因此，对待别人的评价，要有认知上的完整性，做到心中有数，不能因自己的心理需要而注意某一方面的评价，应全面听取，综合分析，恰如其分地对自己做出评价和调节。同时，也要能够把握父母、老师、朋友、同学评价他人的特点，准确理解他人对自己的态度和说法。

（2）通过生活经历了解自己。一般的人总是通过自己所取得的成就及社会效应来分析、认识自己。成功和挫折最能反映个人性格或能力上的特点，因此可以通过自己成功或失败的经验教训来发现自己的特点，在自我反思和自我检讨中重新认识自我，认识自己的长处和短处，把握自己的人生方向。如果你不能肯定自己是否具有某些方面的性格、才能和优势，不妨寻找机会表现一番，从中得到验证。

但要注意的是，人们常受成败经验的限制。本来，任何一种活动都是一种学习，所谓"不经一事，不长一智"，但实际上，成败得失，其经验价值常因人而异。对聪明又善用智慧的人来说，成功和失败的经验都可促进其再成功，因为他们了解自己，有坚强的意志品质，善于学习，所以可以避免重蹈失败的覆辙。而对于某些自我比较脆弱的人来说，失败的经验往往使其更失败。原因是他们不能从失败中得到教训，改变策略追求成功，而往往在受挫折后形成恐惧心理，不敢面对现实的困难和挑战，从而失去或浪费成功的良机。而对于有些狂傲自负的人，成功反而可能成为失败之源。他们往往因侥幸成功而骄傲自大，自不量力，从而招致失败；而失败之后又不能正确对待，灰心丧气，一蹶不振。

（3）运用科学的心理测验来认识自己。心理测验是一种标准化、力求客观的测量手段，它的特点是能够在较短的时间内测出一个人某方面的特点，并且是在与某一群体的比较中得出的。这样，通过测量，就能够在短期内在比较中获得对自己较为客观和准确的描述和评价。应该注意的是，要选择适合自己的、科学的心理测验，另外，还要准确理解测验报告。

（4）通过自我反省认识自己。古人云："吾日三省吾身。"通过反省认识自我是自我认识的重要渠道。可从下面几个方面去认识自我。

①自己眼中的我。自己实际观察到的我，包括生理自我、心理自我、社会自我。

②别人眼中的我。由别人对自己的态度、情感反应了解自我。这里的别人不是个别人，如与自己关系好的人，当然也不只是与自己关系不好的人，而是大多数人。

③自己理想的我。自己对自己的期望。

（5）通过专家咨询认识自我。到就业指导中心、专家咨询机构进行咨询是一种认识自我的有效而快捷的方式。咨询人员会用他的学识、经验以及科学的咨询技术给人提供帮助。在咨询过程中，个人会获得大量的知识和信息资料，获得对问题的重新认识。而更重要的是，通过专家咨询，可提高自己的决策能力。

7. 积极悦纳自我

悦纳自我是发展健全自我的核心和关键。每个人都知道"自我"是最重要的，但不是每个人都能正确接受自己、尊重自己、爱惜自己。有些人可以喜欢自然、喜欢知识、喜欢他人，却不愿意喜欢自己，结果生活得很不快乐。悦纳自我首先是要无条件地接受自己的一切，包括好的和坏的、成功和失败、缺点与限制，欣赏自己的优点；其次，要无条件地喜欢自己，肯定自己的价值，对自己有价值感、愉快感、满足感和自豪感；再次，要接纳自己的不完善和失败，这是自信的表现，是自我完善的起点，每个人在身材、外表、能力、性格等方面都有一定的限制，对于过去的失败不要耿耿于怀，要吸取教训，总结经验，大胆尝试；最后，要珍惜自己的独特性，建立实际的目标，扩大社交圈子，不对自己有过高的要求，不为讨好别人去做事，多对自己的成就进行鼓励和奖赏。

8. 有效控制自我

（1）正视现实，理智地对待面临的问题。俗话说"不如意事常八九"，可见，挫折人人会有，它会导致各种消极不良情绪的产生，形成身心创伤，我们也可以依靠理智，将挫折压力变为激励奋发向上的动力，越是遇到挫折，越应冷静理智，控制自己的情绪。在遇到挫折时，不妨冷静地问问自己，这事最坏能到什么程度？即使到了最坏的程度，也没有什么了不起，自己也能应对。还可以从另一个角度想一想，任何事情都有好坏两方面，这件事难道没有好的方面吗？塞翁失马，焉知非福。这样一想，自己的焦虑、悲伤、烦恼就会减轻。人们的不良情绪如果是暂时的、轻微的，身心一般会很快恢复正常，对健康影响不大。如果不良情绪过分强烈，或者持续时间太长，就可能造成肝脏功能失调，引起身心疾病。现代研究证实，持久的、强烈的不良情绪，特别是烦恼、忧郁等不良情绪会通过神经内分泌系统影响机体的免疫功能，使人们对疾病的抵抗力下降而影响人的身体健康。因此，理智地对待挫折，变压力为动力，保持健康乐观的情绪，同样可以有所作为。

（2）适当地宣泄。向亲友、同学宣泄不良情绪、倾吐心曲是减轻和缓解不良情绪的有效方法之一。许多人都有这样一种体验，当自己心情不好的时候，向亲人、知心朋友诉诉苦、谈谈心，就会觉得心里舒服了许多。这是一种比较好的排泄不良情绪的办法，亲友的关怀、同情、劝告、开导可以大大减轻自己的烦恼和忧愁。哲学家培根说过，如果你把快乐告诉一个朋友，你将得到两份快乐；如果你把忧愁向一个朋友倾吐，你将被分掉一半忧愁。如果将烦恼闷在心里，老钻牛角尖，不仅不能排除自己的不良情绪，还往往会造成新的痛苦，加剧烦恼。

（3）转移的方法。当你遇到让人烦恼、焦急、悲痛的事件时，不要老想这件事，可以把心思转移到其他方面去。如果你爱好文艺，不妨去听听音乐、看看戏、听听相声；如果你喜欢写文作画，可以写诗、做文章、画画、练习书法；如果你爱好体育，可以打打球、游游泳；如果你比较好静，那也可以读读小说、看看书报杂志。总之，一旦不良情绪来了，就要有意识地将其转移开，根据自己的兴趣和爱好，参加自己喜爱的活动，这样紧绷的神经就可以松弛一下，不良情绪就可以得到减轻或排解。

（4）正确地对待来自各方面的压力和责难，抵御来自外界的不良刺激。家长和教师的失望、周围人们的议论所形成的种种压力都会导致烦恼、忧虑和不安。要增强自己的独立意识，在现实中寻求榜样的力量作为支撑，以及采用自我暗示等方法，增强自尊和自信。

（5）正确地评价自己。也就是说要有自知之明。一些不良情绪，如烦恼、焦虑、悲伤、自卑、灰心丧气等，常是因不能正确评价自己而产生的。既不要对自己估计过高，又不要估计过低；既不要因为自己有某些长处而骄傲自满，又不要因为自己的某些缺点短处而自卑自责。应正确地看待自己的能力和水平，减少烦恼，保持乐观、奋发向上的心态。

（6）用顽强的意志战胜不良情绪的干扰。一句话，要做自己情绪的主人。许多人面对人生的巨大挫折或者身体的残疾，仍保持着乐观主义精神，整天高高兴兴，朝气蓬勃；有些人没有遇到什么挫折，可总是烦恼生气，情绪低沉，怨天尤人，牢骚满腹。

（7）总结经验教训，做出合理的选择。要冷静分析导致失败的原因，在总结经验教训的基础上，客观地分析自己的长处和不足，对今后的努力方向做出合理的选择。总之，越是失利，越需要勇气。懦弱的绝望将导致更大的身心创伤。

9. 不断超越自我

超越自我是对自身能力或素质的突破，这是心理潜能的激发，更多的是人性的完善、境界的提高和智慧的凝结。

潜能是指人具有的但又未表现出来的能力。正是因为潜能的隐蔽性，许多人并不能够有效地认识和开发自己的潜能。潜能分为生理潜能和心理潜能。提高认识、学习技巧、培养感受力和领悟力、坚强意志等方法都能够发掘人的生理、心理潜能。因此，从广义角度看，任何潜能都属于心理潜能。

对于心理潜能，人们一般都狭隘地理解成意志的激发。的确，意志最能够体现人的意识能动性，有恒心、有毅力、有信心的人往往能够做到很多看起来不能做到的事情。但是，心理潜能不仅仅是意志，各种心理活动都还有相当多的能量没有被挖掘。也就是说，在一般情况下，任何心理活动都存在着潜能，这些潜能往往能够通过特殊的训练逐步释放出来。

人在改造自然、构筑社会的过程中，会逐渐形成一些规范、感觉和认识，这些经验和教训的结果有利于个体适应环境并且与环境互动协调。但是由于人的认识层次不够，信息（或联系的刺激在人脑中的反映）不足，人的认识往往带有片面性，这是谁都不能避免的。片面带来的规范异化、认识异化（成见）或本能误导对人适应环境是不利的，甚至会成为人存在和发展的障碍。突破就是针对异化和误导而来的。

例如，羞怯是人的自我收敛、自我保护意识的体现，是积极的、有利于维系人与人之间关系的。但是，过分的羞怯或不分场合、不适时宜的羞怯却常常成为人前进或地位、关系拓展的障碍。

有时候，自我超越和自我调节并不能很严格地进行区分。自我调节可以看作是短期的行为，以暂时应对心灵的失衡与变化。自我超越的效应则更倾向于长期，其不仅依靠心理调适，还融合了充分的知识、条件，是心态的提升，是水平、境界、资源和能力的提高。可以说，自我超越少不了自我调节，原因是个体需要磨合，需要不断调整、不断感觉，与自然和社会相适应；但是自我调节未必能够促成自我超越，原因是自我超越复杂得多，其往往以自我突破为表现，并且再上一个台阶。

超越自我需要人们积极不懈地努力，坚持和积累比素质和技巧都重要得多。水滴石穿的道理是通用的。效率也可以通过学习改善，对于同一件事，效率高就能进展快，但如果坚持和积累不够，离成功也许永远都有一步之遥。对于大多数人来说，智力和能力的差距并不大，知识和技巧也差不多，这时自我超越的重点更应该倾向于坚持和积累。

四、学生的自我教育

自我教育即主体自我按社会要求对客体自我自觉实施的教育过程，是自我调控的最高阶段。一般的自我调控着眼于"克制"，而自我教育则强调在克制自我的基础上设计自我、完善自我，最终达到自我的充分发展。自我教育的实质就是积极努力地把现实自我与理想自我统一起来的过程。自我教育是个体自我意识进步到一定程度后出现的高级自我调控形式，是个体对自身的主动积极的调节。自我教育模式一旦形成，可以终身跟随个体，时刻对主体进行目标调节、行动控制、自我激励，帮助个体总结并促进自身的终身可持续发展。加强自我教育，可以充分发挥人现有的智慧，培养人特有的创造精神，使个体学会与他人和睦相处，更好地生活和享受人生。

自我教育从本质上来说，是人们自我认识、自我改造的过程。在自我教育过程中，人们先要认识自己，即人们在工作和生活实践中，从观察分析客观环境、认识他人的过程中，逐步发现自己，认识自己与环境、自己与别人的关系，并用新的标准要求自己、教育自己，使自己的认识和行为更符合社会的需要。在实际的自我教育活动中，虽不能也不可能事事通过实践，但如果没有对自己和环境的准确认识，就不可能有正确的自我教育。高职学生应在接受教育的同时，重点培养和提高自我教育能力。

（一）正确地认识自我

"人啊，认识你自己。"这句早在几千年前就已刻在古希腊德尔菲的阿波罗神殿石柱上的话已被西方人公认为现代心理学最早的起源，人们认为心理学就是一门人类认识、了解自己的科学。人类社会进步到今天，我们仍然面临着一个最大也是最永恒的课题——认识自我。所谓认识自我，就是要客观地评价自己，既不高估自己，又不贬低自己。认识自我，就是要认识自己的生理特点，认识自己的理想、价值观、兴趣爱好、能力、性格等；认识自我，就是要认识自己的优势、劣势、与众不同之处和发展潜力。高职学生要想形成良好的自我教育能力，先要做到的就是正确客观地认识自我，做具有较好自我认识能力的人，大脑中关于自己要有一个积极的、可行的、有效的行为模式。只有对自身有了准确的认识，才能正确设计自我的发展道路，选择适合自己的美好而又充满希望的职业生涯，寻找与自己契合的人生伴侣，积极采取适当有效的措施改造、完善自我，最终走向自我的充分协调发展，发挥自身的最大潜能，达到自我实现的人生最高境界。

高职学生一般可以通过以下几个途径来认识自己。

1. 依据他人对自己的态度认识自己

个人对自己的评价往往是以其他人的评价为参照，人们在相互交往中，不断地深化对自己的认识。高职学生一般很在乎别人对自己的看法，尤其是有影响力的评价者。别人的评价往往引起他们两方面的反应：一方面，积极地接受别人的看法；另一方面，认为别人的评价不符合自己的实际。评价者的特点、评价的性质都会影响他们对评价的接受程度。开展同学之间的互评、教师给予具体而有个性的评价都有助于学生自我意识的提高。当然，大学生应正确对待他人对自己的评价，应注意评价的准确性、全面性、公正性，在听取他人的评价时不能全盘接受或全盘否定，要进行取舍，应注意与自己关系密切的人对自己的评价，应注意人数众多、异口同声的评价，应注意分析评价者所持的态度、观点，然后有选择地接受，形成关于自我的正确概念。应从分析他人对自己的评价的过程中进一步认识自我，而不应因别人指出自己的缺点而耿耿于怀，更不应对自己的优点沾沾自喜。

2. 通过与他人比较来认识自己

一个人对自己特点的评价总是在不断地与同龄人或类似于自己的人的比较中获得的。人们有一种心理倾向，总是不由自主地用别人的形象或某种特点来衡量自己，并据此对自己做出某种评价，或因自己优于别人而沾沾自喜，或因自己不如别人而自惭形秽。社会比较理论认为，当个体发现自己对自己的评价与类似于自己条件的他人对自己的评价一致时，自我评价的信心就增强了，安全感也大大提高了；相反，如果发现和这些人对自己的评价差距很大，自己的内心就会感受到极大的威胁。学生在与他人进行比较时，既要学会欣赏他人，寻找他人身上的优点，又要寻找自己身上的不足，从而看到"我的另一面"，并通过自我控制，对自我进行某些调整和改进，使自己不断进步，自我不断完善。

3. 通过评价自己的活动表现和成果来认识自己

个体在与外部世界的接触中，会不断表现出自己的体力、智力、情绪、意志和品德，个体完成任务的效果与成就程度都与个体的这些特征有关。有意识地观察和总结自己的活动表现及成果可以令个体充分了解自己的优缺点，对自己形成更深入的认识。当然，个体在对自己进行评价时要尽量以客观评价为依据，避免因为个人认识或个人动机而出现较大误差。例如，有的人成绩一般却能自我欣赏；有的人成绩显著却自感不如他人，自信心不足。自我要求过高者或完美主义者往往表现为对自己要求过严过高，一旦遭遇挫折就容易对自己及社会现实产生失望心理，严重者会出现心理障碍，直接影响自身的心理健康。

4. 借助外界工具来认识自己

除了上述方法，现代社会发达的信息来源也为大学生了解、认识自我提供了现代科学化的途径，即通过各种测验、量表、仪器来了解自己。通过生理的测量或检查，我们可以了解自己的生理状况，对自己的生长发育有正确认识。许多学生的外表、身高本来属于正常甚至良好水平，但由于一些商业媒体的夸大宣传，他们对自己提出了过高的要求，许多人甚至发展到要去整容或产生心理障碍。可见，对自己外表生理状况的认识对于建立客观的自我形象有很重要的意义。心理测量包括纸笔测验、面谈、情景测试等。通过心理测量可以了解自己各方面的心理特征，如智力水平、性格特征、气质类型、心理适应状况等。

（二）客观地对待自我

客观地对待自我包括两个方面：积极接纳自我和有效控制自我。积极接纳自我是发展健康的自我体验的关键和核心，就是对自己的本来面貌抱认可、肯定的态度，正视自己。尽管自己有缺点，与理想有较大差距，但仍可以从本质上接受而不感到真正忧虑。"尺有所短，寸有所长"，每个人都有短处和缺陷，其中有的是无法补救的，或只能做有限的改善。在这种情况下，应该正视自己，坦然接受这种缺陷，并不为此羞愧，不在别人面前加以掩饰，不采取其他防御行为，平静而又理智地看待自己的短处和缺陷，冷静地对待自己的得与失。只注意自身不足的人容易产生自卑心理，往往片面夸大自身的缺点，对自己持悲观态度，甚至否认自我存在的价值，从而极大地阻碍了正确的自我意识的形成。自尊者则对自我充满信心，乐于接受对自我的教育和要求，从而有利于促进正确的自我意识的形成。

有效控制自我是健全自我意识、完善自我的根本途径。一般来说，大学生要想有效控制自我，就应该确定合乎自我实际情况的抱负水平，确立合适的理想自我，即面对现实，确定自己的具体奋斗目标，把远大的理想分解成一个个远近高低不同的具体目标，由近及远、由低到高，逐步加以实现，避免长期遭受失败感的折磨，产生损害自尊甚至身心健康的结果。有效控制自我还要注意发展坚持性和自制力，增强挫折耐受力，使自己能自觉主动地认清目标，为实现目标而努力排除干扰、克服困难。一个心理健康的高职学生应能对自己的能力、性格和优缺点做出恰当的、客观的评价，给自己确定的理想目标也较为符合实际情况，即使在最困难的条件下也能理智地对待自我，使自己的心理状态在运动变换中达到平衡。

（三）积极地改造自我

高职学生不断改造自我的过程事实上是自我意识走向同一的过程。高职学生在面对社会发展需要、即将进入社会接受挑战的情况下，既要注重自我，又不能固守自我，要根据社会要求不断改造自我。在改造自我之前，应当先确定要改造的内容，然后确定实现改造的程序和方法，找到方向后还要善始善终。要保证自我改造的经常性，随时随地注意纠正自己的缺点，直到形成良好的习惯或将之内化为自己的价值标准。要注意不良习惯的反复，不良习惯非一朝一夕形成，其改变也是一个漫长的过程，高职学生必须充分调动自己的意志、情感，坚定不移地贯彻自己的决定，这样才能达到自己想要的效果。高职学生改造自我还需要克服外界环境的不良诱惑。随着社会的进步和物质、信息资源的不断丰富，校园越来越走向开放与多元化，形形色色的价值观充斥其中，要想实现自己心中的理想自我，必须克服许多不同观念的困扰，这样才能对自己实现正确而有效的改造；否则就会"画虎不成反类犬"，良好的习惯没有形成，反而增添了更多不良因素。事实上，小至时下流行的减肥、健身，大至有关前途的专业学习、考研等，都是个体自我不断改造、走向完善的过程，其真正实现都需要个体发挥顽强的意志品质。

（四）不断地完善自我

自我教育的心理实质是个体在认识自我、认可自我的基础上，自觉规划行为目标，主动调节自身行为，积极改造自己的个性，由现实自我走向理想自我，实现自我的完善发展以适应社会要求的过程。

自我完善的过程包括以下三个环节。首先，要确立正确的理想自我。对于高职学生来说，来自职业选择、人际关系、学业等各方面的困惑是人生的必经历程。个体必须正视这些问题并做出自己的选择，这种选择的过程也是高职学生逐渐实现自我同一、走向理想自我的基础。正确的理想自我是在自我认识、自我认可的基础上，按社会需要和个人的特点来确立自我发展的目标。其次，要努力提高现实自我。高职学生在确立了基于现实的理想自我的目标后还要为实现理想自我做出实际的努力，这是一个长期而艰苦的自我改造和磨砺的过程，需要完善自我控制机制，包括制订计划、实施监督、自我协调等环节的具体实行，需要意志的努力、情感的激励和认识上的不断自我反思。最后，要努力实现现实自我和理想自我的和谐统一。在实现两者统一的过程中，要反复分析和确认理想自我的正确性和可行性，然后与现实自我相对照，有针对性地、有计划地解决两者之间的矛盾，缩小差距，在不断解决矛盾、自我提升的过程中实现自我价值与社会价值的统一，走向完善的自我。

自我教育是提高大学生自我意识发展水平的有效途径和方法。只有自觉地把客观要求与影响内化成自我需要的人，才能达到自我期望的思想境界，这种思想境界一旦与原有思想水平形成思想矛盾，就会成为自我教育的新内容，成为良好自我形成的内驱力。高职学生只有将外在社会对人才的要求转变成内在自我要求，转化为自我教育，才能够真正形成良好、成熟的自我意识机制，使自己成为一个身心健康、和谐统一的现代社会人才，才能够逐步自我完善、发展，走向人生的美好境界。

第三章　高职学生职业生涯规划的方法

第一节　培养职业素质

一、职业素质的概念

职业素质是劳动者对社会职业了解与适应能力的一种综合体现，其主要表现在职业兴趣、职业能力、职业个性及职业情况等方面。影响和制约职业素质的因素很多，主要包括受教育程度、实践经验、社会环境、工作经历以及自身的一些基本情况（如身体状况等）。一般说来，劳动者能否顺利就业并取得成就，在很大程度上取决于其自身的职业素质，职业素质越高的人，获得职业成功的机会就越多。[①]

素质包括先天素质和后天素质。可以说，素质是在人的先天生理基础上，受后天的教育训练和社会环境的影响，通过自身的认识和社会实践逐步养成的比较稳定的身心发展的基本品质。

对素质的这种理解主要包括以下三方面的内容。

（一）素质是教化的结果

素质是在先天素质的基础上，通过教育和社会环境影响逐步形成和发展起来的。

（二）素质是自身努力的结果

一个人的素质的高低是通过自己的努力学习、实践，获得一定知识并把它

[①]　祝文燕. 高职大学生职业生涯与发展规划 [M]. 北京：现代教育出版社，2018：33-34.

变成自觉行为的结果。

（三）素质是一种比较稳定的身心发展的基本品质

这种品质一旦形成，就相对比较稳定。比如，一个品质好的学生，由于品质稳定，他总是能正确地对待别人、对待自己。

职业素质是人才选用的第一标准，职业素质是职场制胜、事业成功的第一法宝。

二、职业素质的特征

（一）职业性

不同的职业对职业素质的要求是不同的，如对建筑工人的素质要求不同于对护士的素质要求；对商业服务人员的素质要求不同于对教师的素质要求。

（二）稳定性

一个人的职业素质是在长期执业过程中日积月累形成的。它一旦形成，便具有相对的稳定性。比如，一位教师，经过三年五载的教学生涯，就逐渐形成了怎样备课、怎样讲课、怎样热爱自己的学生、怎样为人师表等一系列教师职业素质，并保持相对的稳定。当然，随着他继续学习、工作和受环境的影响，这种素质还会继续提高。

（三）内在性

从业人员在长期的职业活动中，通过自己学习、认识和亲身体验，判断怎样做是对的，怎样做是不对的。这样，有意识地内化、积淀和升华的这一心理品质，就是职业素质的内在性。例如，"把这件事交给小张师傅去做，有把握，请放心"。人们之所以放心他，就是因为他的内在素质好。

（四）整体性

一个从业人员的职业素质是和他整体素质有关的。我们说某人职业素质好，不仅指他的思想政治素质、职业道德素质好，还包括他的科学文化素质、专业技能素质好，甚至包括身体素质、心理素质好。如果一个从业人员，虽然思想道德素质好，但科学文化素质、专业技能素质差，就不能说他整体素质好。相反，一个从业人员科学文化素质、专业技能素质都不错，但思想道德素质比较差，我们也不能说这个人整体素质好。所以，职业素质一个很重要的特点就是整体性。

（五）发展性

一个人的素质是通过教育、自身社会实践和社会影响逐步形成的，它具有相对性和稳定性。但是，随着社会的发展，人们为了更好地适应、满足社会的发展需要，总是不断地提高自己的素质，所以素质具有发展性。

三、职业素质的构成

（一）思想政治素质

思想政治素质是指人们在政治上的信念或信仰，包括世界观、人生价值观。思想政治素质是职业素质的灵魂，它对其他职业素质起着统帅的作用，规定着其他职业素质的性质和方向。

世界观是人对世界总体的看法，包括对自身在世界整体中的地位和作用的看法，又称宇宙观。哲学是其理论表现形式。世界观的基本问题是精神和物质、思维和存在的关系问题，根据对这两者关系的不同回答，划分为两种根本对立的世界观类型，即唯心主义世界观和唯物主义世界观。

人生价值观是关于人生目的、态度、价值和理想的根本观点。它主要回答什么是人生、人生的意义、怎样实现人生的价值等问题。其具体表现为苦乐观、荣辱观、生死观等。人生观是一定社会或阶级的意识形态，是一定社会历史条件和社会关系的产物。

作为高职学生，应树立科学的世界观。为此，一方面，要认真学习和掌握马克思主义哲学，认识人类社会历史发展的总趋势，顺应时代发展的潮流；另一方面，要在改造世界的实践中经受各种磨炼。

人生价值观是每一个人必须面对的问题，世界观和人生价值观是相互联系统一的，有什么样的世界观，就会有什么样的人生价值观。科学的世界观告诉我们：人生的真正价值在于对社会的贡献或创造，只有在为人类创造幸福的过程中，才能获得个人的幸福。作为当代青年，应该树立这样的科学人生价值观——在职业活动中，正确处理个人利益和社会利益的关系，树立为人民服务的人生价值观。

理想信念是思想政治素质的核心，它是推动和鼓舞劳动者不断进取的精神动力。我们的理想就是建设中国特色的社会主义，把我国建设成为富强民主文明和谐美丽的社会主义现代化强国。

（二）职业道德素质

职业道德素质是指劳动者在职业活动中通过教育和修养而形成的职业道德方面的状况和水平，它包括劳动者在职业活动中表现出来的职业态度、职业道德修养的水平等。[①]

1. 职业态度

职业态度是指人们对待自己职业的看法和行为表现。它包括人们对职业的兴趣、爱好、责任感以及对待劳动成果的态度等方面的内容。作为职业技术学院的学生，要树立正确的职业态度，把职业当成事业，以培养自己健康的职业情感，通过职业为社会奉献自己的聪明才智。

2. 职业道德修养

职业道德修养是指劳动者在学习、实践职业道德过程中所达到的一种精神状态。在职业活动中应认真按照职业道德规范要求自己。社会主义职业道德的基本规范是爱岗敬业、诚实守信、办事公道、服务群众、奉献社会。即使是在缺乏监督的情况下，也要严格按照职业道德的规范要求自己。

（三）科学文化素质

科学文化素质是指人们对自然、社会、思维、科学知识等人类文化成果的认识和掌握的程度。具体包括科学精神、求知欲望和创新意识。

1. 科学精神

科学精神主要包括求实、创新、进取、怀疑、协作、献身等。同样地，对我们普通人来说，也只有具备了一定的科学精神，才能在职业生活中脚踏实地、勤于探索、勇于创作、善于合作。相反，缺乏科学精神，工作方法就难以创新、工作质量就难以提高，而且还难以抵制伪科学和反科学思想的侵袭。

2. 求知欲望

未知欲望表现在许多方面，如不耻下问、质疑，在实践中发现问题。

3. 创新意识

创新是一个民族的灵魂，是一个国家兴旺发达的不竭动力。作为 21 世纪

---

① 丁长峰. 高职学生创新创业与职业生涯规划 [M]. 北京：国家行政学院出版社，2018：83-84.

的建设者，必须要有意识地培养自己的创新能力，这既是为社会多做贡献的需要，又是个人展现自我能力、实现自身价值的途径。创新蕴含着深刻的科学精神，必须以深厚的科学文化功底为基础。

一个人的科学文化素质如何直接关系到职业素质的优劣。

（四）专业技能素质

专业技能素质是指人们从事某种职业时，在专业知识和专业技能方面所表现出来的状态与水平。主要包括扎实的专业知识和熟练的专业技能。

1.扎实的专业知识

专业知识是指建立在一般科学文化知识基础之上的与其所从事的职业密切相关的知识。而扎实的专业知识是指熟练掌握了这些相关的知识。

2.熟练的专业技能

熟练的专业技能是指在领会专业知识的基础上，经过反复训练而形成的技术能力。专业知识和专业技能是相辅相成的，专业技能的形成是以专业知识的理解内化为基础的，而专业技能又是实际运用并不断获取专业知识的必要条件。从业者只有具备了扎实的专业知识和熟练的专业技能，才能有效地拓展自己的生存空间，增强自身的竞争实力，实现人生价值。

（五）身心素质

身心素质包括身体素质和心理素质。身体素质是指人体各器官的机能状态和水平；心理素质是指人的个性心理品质的状态和水平。良好身心素质的具体内容是健康的体魄与健全的心理。

1.健康的体魄

（1）体格强健。

（2）身体健康。

（3）动作协调。

（4）人体的耐力好。

2.健全的心理

（1）健全的能力。观察力、记忆力、想象力等和从事某种专业活动所必需的特殊能力等。

（2）健康的情感。人们的活动是在情感的直接驱动下产生的，积极健康的情感能使人思路开阔、思维敏捷,身心处于活动的最佳状态,能有效地完成工作任务。相反,负面的、消极的情感体验则会抑制人的积极性、降低工作效率。健康的情感有利于我们适应社会。

(3)坚强的意志。意志是人类所特有的心理现象,凡是人有意识的活动都含意志成分,都需要意志的参与,坚强的意志是成就事业的基石。此外,能经受挫折,善于控制自己,也是健全心理的重要内容。

身心素质是从事职业活动的重要条件,也是幸福生活的依托,是成就事业的基础。一个人在事业上能否成功的首要标志就在于他的心态。如果一个人能心态积极,乐观地面对人生,敢于接受挑战和解决问题,那他的事业就成功了一半。

(六)劳动者的素质还有鲜明的时代特征

1. 创新精神

创新精神是人们在社会实践中,勇于冲破传统观念的束缚,积极探索,开拓进取,不断有所发现、有所发明、有所创造的个性品质。主要由好奇心、求知欲、创造欲、冒险精神、怀疑精神、进取心、自信心、恒心和毅力等组成。

2. 综合职业能力

综合职业能力是劳动者职业素质与能力上的集中和综合的表现,它是在职业实践的基础上,经过劳动者个人多种能力的组合而形成的一种职业能力。一般认为综合职业能力由专业能力、方法能力、实践能力和社会能力组成,是劳动者多种能力的融会贯通。

总之,职业素质是一个有机的系统的整体。其中,思想政治素质是灵魂,职业道德素质是保证,专业技能素质是本领,科学文化素质是基础,心理素质是关键,身体素质是本钱,较强的创新精神、创新能力和综合职业能力是事业成功的根本。[①]

四、培养职业素质的方法与途径

培养提高学生的职业素质是高职院校的既定目标之一,也是社会赋予高职院校义不容辞的责任。为此,高职院校要努力实现满足社会需要和自我发展的

---

① 陈雄.大学生职业生涯规划 高职高专版 [M].北京:国家行政学院出版社,2018:99-101.

双重目标，培养出具有全面职业素质、受到用人单位肯定的人才，获得社会对高职教育的认可，进而得到健康、稳定的发展。职业素质是综合素质的体现，需要学生在校期间不断学习、不断积累、不断提高。较强的职业素质将有助于提高学生择业、就业、创业的能力和拓宽自我发展的机会。培养职业素质的方法与途径主要有以下两个方面。

（一）学院方面

1.将职业素质教育纳入专业人才培养方案

当前高职院校专业人才培养方案虽然已经涵盖了一些职业素质的内容，但更多的还是职业技能方面的内容。职业素质教育只体现在教育教学过程中是远远不够的，应该把职业素质内容纳入综合素质教育的系统工程中。培养方案和教学计划中除了安排必需的专业知识和专业技能的学习，还要合理安排职业素质教育课程。培养学生具备良好的职业素质应成为高职院校人才培养目标的特色之一。

2.把培养和提高学生的职业素质作为德育的目标

（1）实施全程德育，强化育人效果，将职业素质培养贯穿于育人的全过程。从新生入学开始，就要努力培养学生正确的职业意识：一是要对学生进行专业、行业形势教育，使学生关心行业发展大事，关注专业发展方向，激发学生专业学习兴趣；二是要积极开展学生职业生涯设计活动，使他们憧憬未来职业，树立职业理想，勾勒职业蓝图，端正学习态度；三是要把职业道德教育置于重要地位，使学生懂得职业义务、崇尚职业良心、追求职业荣誉，将职业道德培养落实到课堂学习、课外活动、专业实训、顶岗实习等环节。

（2）深入思想政治理论课的课程改革，发挥课堂主渠道作用。思想政治理论课教师要充分利用德育的主阵地优势，采取多种措施，创新授课模式和内容，发挥课堂主渠道作用。可以根据学院、企业和学生实际，编写以培养和提高学生职业素质为目标、以职业生涯设计与规划为途径的校本教材，有针对性地实施基本理论知识的教育教学。

（3）加强各专业学科教学过程管理，培训学生的职业素质。各个学科在教学过程中，要贯彻培养和训练学生职业素质、实施职业生涯设计与规划的要求，尤其关注学生的职业技能、职业形象、职业态度、职业道德方面的要求，注重学生在课堂学习中每一个良好行为和学习习惯的养成。

（4）严格常规管理，强化学生职业素质的养成。辅导员、班主任、教师要以课堂秩序、宿舍秩序、活动秩序的强化训练，培养学生良好的生活习惯、行为习惯和学习习惯，塑造高职学生良好的职业形象和树立高职学生良好的职业态度。

（5）发挥学生干部在职业素质教育中的表率作用。学生中的团干部、学生会干部、班级干部是我们做好高职学生育人工作的可靠基础。要相信他们、依靠他们、培养他们，使他们成为职业素质教育中的榜样和表率，成为联系学生的桥梁和纽带，让他们带动学生实现自我教育、自我管理和自我服务。

（6）发挥企业和家长的教育协同作用。通过多种形式，以请进来、走出去的方式请企业管理人员和成功人士做职业生涯规划指导，以教学实习、就业实习等方式让学生到企业进行职业生活的体验。同时，改进学院与家长的沟通方式，通过召开家长会、请企业人力资源领导与家长座谈等形式，让家长了解企业的规范化要求，明确职业素质的养成和提高对学生成长、就业、成才的关键作用，取得家庭的全面配合和支持。

3.开展丰富多彩的校园文化活动

在用人单位的用人标准中，文化课学习成绩与表达能力、应变能力、岗位适应能力、学习能力、职业发展潜力相比，后者更被看重。因此，我们要着力全方位开展以弘扬主旋律、活跃校园文化氛围、提高学生人文科技素养为目的的校园文化活动；要打造好名家名人进校园的主题讲座活动；要开设好学生的三个论坛，即学习论坛、成长论坛和创业论坛；要建设好三个中心，即学生心理辅导中心、勤工俭学服务中心和就业创业指导中心；要继续开展丰富多彩、积极向上的学术、科技、体育、艺术和娱乐活动；要主动占领网上思想文化阵地，鼓励和指导各类学生社团正当有序地开展活动。

4.搭建多种平台，注重学生职业素质和能力的提升

（1）搭建校企合作育人平台，将企业文化引进校园。职业教育的特殊性决定了高职院校在建设校园人文环境时，要将与学院专业设置有关的企业文化引进校园。[①] 只有将企业文化的精髓作为高职院校文化建设的一种源泉，高职院校的学校文化内涵与特色才能真正创立和形成。同时，将企业文化引进校园，一是引进企业的精神文化，以讲座、论坛、联谊、主题班会等形式，将诚信、人本、尽职的道理灌输到学生的思想中，培养学生的纪律观念和职业道德修养，

---

① 姜力源，张镝.职业生涯规划与就业创业 [M].北京：中国医药科技出版社，2018：33－35.

培养学生的爱岗敬业精神，提高学生的综合素质；二是引进企业的管理文化，通过参观、学习、实习、讲座等形式，将企业严密的组织纪律性、规章制度等与学生学习及生活中的严谨态度和安全意识结合起来，建立起富有企业特色的学校管理模式。

（2）搭建就业与创业素质教育平台。就业是民生之本，做好高职毕业生就业工作不仅关系到毕业生的切身利益，还关系到高职学校的生存与发展。培养就业素质，要注重培养毕业生良好的就业心理素质，树立正确的择业观。以就业为导向，实施全程就业指导，如安排专职教师上好就业教育课，请政府人事部门的负责人、企业的人事部经理、人力资源研究专家以及往届毕业生为学生举办就业、创业辅导讲座。同时，也要用多种方式开展就业指导活动，一是利用校园网、简报等媒体为学生提供就业咨询指导；二是办好供需双方见面的校园招聘会；三是组织学生参加校外招聘活动；四是到用人单位顶岗实习；五是对已就业的毕业生进行跟踪调查服务，通过邮件、信函、调查表等不同方式与往届毕业生保持联系。培养创业素质，关键要培养学生发现与捕捉机遇的能力，激发他们的创业意识和创业热情。在人才培养模式上，要注意提高学生运用和转化知识的能力；在教学内容和方法上，要加强实践教学，强化与企业的合作，为学生的创业实践提供条件。

（二）学生个人方面

1. 在日常学习生活点滴中树立职业理想

人的素质能在日常的生活习性中得以展现和流露，习惯也是个人素质的真实写照。所以，培养自己的职业素质就必须从日常的生活细节及点滴做起。

2. 在专业学习和实习中培养职业兴趣

职业技术学院的专业教学是一个职业素质锻炼的平台，为在校学生提高专业素质及其他素质提供了良好的实践机会。学生要把握好专业理论学习与实践的机会，不要害羞，不要胆怯，不要怕丢面子，在训练中要做到"胆大、心细、脸皮厚"。

3. 在社会实践中体验和改进职业价值观

大学生可以利用好每个假期去参加社会实践，无论是否从事与专业相关的工作，都是很好的培养职业素质的机会。只要你树立"职业神圣"的观念，你就会从你从事的每项工作中得到自己想要的职业素质并加以培养。同时，你也能从实践中改进自己以前不足的职业素质理念，不断地培养自己、提高自己，使自己的职业素质得到不断的升华。

以上都是从高职学生自身角度来说的。我们知道大学生毕竟是从小在学校度过的，对社会了解不多，对就业信息了解太少，刚出社会对他们来说面临着很多压力，所以大学生职业素质的培养不是仅仅靠自身就能完成的，还需要学校和社会的积极支持和辅助指导。

五、培养职业素质的意义

高职院校的人才培养目标是为社会主义现代化建设培养高素质的技能型人才。在当今市场经济条件下，高职院校需要为市场经济的主体——企业，培养适应现代社会主义市场经济条件的各类高等应用型人才，然而，现实中常常出现这样的情况：一方面，学生进入工作领域后，由于各方面原因，频频跳槽，用人单位不满，自身也难以取得进步；另一方面，学生通过一定的专业技能学习，具备相当的操作技能而很快成为熟练工，但由于学习能力的缺乏，不能通过继续学习进一步提高个人水平，因而失去可持续发展的能力，最终在激烈的竞争中被淘汰。这些状况归根结底还是因为学生缺乏职业素质。培养职业素质的意义，概括起来有以下几点。

（一）有利于提高学生的就业竞争力

职业素质中的职业道德，属于人生观和价值观的范畴，强调的是爱岗敬业、诚实守信。现在的就业难问题不单单是高职学生求职难，其实企业也难。现在不少学生抱怨企业招录新人时强调工作经验，等于是给学生求职设置了一道门槛，但并没有认真考虑工作经验的拥有对企业的意义。一方面，有一定的工作经验意味新人具有一定的工作技能，进入企业后可以很快进入工作流程，而不必消耗企业的额外精力去进行专门的培训，降低培训成本；另一方面，也是更重要的，企业可以通过新人曾经的工作情况，初步了解新人的工作态度、工作表现、工作潜能以及发展意向，掌握新人的职业素质状况，从而做出最终决定。多数企业在招用新人时，尤其是一些管理岗位和技术岗位，更多考虑的是为企业的进一步发展培养和储备后备人才，因此更看重的是录用人员的职业道德，毕竟，没有哪一个企业愿意承担义务的培训机构职能，如果一些新人仅仅是将企业看作人往高处走的跳板，那么，对企业而言，不仅仅是人力资源上的损失，有时更是企业的灾难。因此，如果高职学生能够很好地表现出一定的职业素质，一般都会得到企业的青睐。

（二）有利于培养职业意识和调整职业行为

良好的心态对于高职学生顺利步入职场大有裨益。通过不断的学习主动分析自己的弱点与优势，取长补短，具有良好的团队合作意识，勇于吃苦，勤奋好学，向前辈学习好的工作经验与工作方式方法，能够发自内心认同企业文化，与企业共发展。当今时代存在一个现实问题，就是许多学生认为考取几个证书就可以一劳永逸，不需要再努力，这样的想法大错特错。时代在进步，社会在发展，知识在更新，人只有时刻保持与时俱进的状态，才不会被社会所淘汰。

（三）有助于提高学校、学生本人声誉

学校的知名度与影响力一般取决于两个方面，一方面取决于学校自身的软硬件实力，另一方面取决于学校培养出来的学生所体现的综合实力。如具某一学校的毕业生走向社会后，在社会上的表现得到一致认可与肯定，那么学校的知名度也会随之得到提高，企业也愿意与这样的优秀院校进行合作，这对于学校而言，既能帮助学校解决就业问题，又能为学校引入资金支持。与此同时，学校的毕业生走向社会在企业当中，也会凭借学校的知名度与影响力，给自己带来实质性的待遇提升。可以说，从学校到学生再到企业，最终实现"三赢"。因此，通过积极培养学生的职业素质，提高学生的职业技能与专业水平，是不断提升学校知名度与美誉度的有效途径之一。

第二节　培养职业能力

一名职场人士工作能力的高低是衡量其能否胜任工作的重要指标之一。职业能力也是个人发展的必要条件。一般情况下，工作能力越高其岗位胜任度更高，综合能力发展的空间也越大，在为企业创造更多价值的同时也可以充分体现出个人价值。

可以说，职业能力对于高职学生而言至关重要，是大学生走向职场安身立命的根本。要想提高职业能力，就要先清楚职业能力的概念。

一、职业能力的概念

职业能力是指人顺利完成职业活动所必需的并影响职业活动效率的个性心理特征。它要在职业活动中形成和发展，并在职业活动中表现出来，同时又是从事某种职业的前提。职业能力是职业素质的重要内容，也是影响未来就业的重要主观因素。在当前时期，大学生的就业压力越来越大，加强对大学生职业能力的培养不仅能缓和当前的社会压力，实现和谐就业，而且对大学生的成长成才，以及提高大学生的就业能力都有重要的意义。

二、职业能力的构成

职业能力是多种能力的综合，一般来说，我们把职业能力分为一般职业能力、专业能力和职业综合能力。

（一）一般职业能力

一般职业能力主要是指一般的学习能力、文字和语言运用能力、数学运用能力、空间判断能力、形体知觉能力、颜色分辨能力、手的灵巧度、手眼协调能力等。此外，任何职业岗位的工作都需要与人打交道，因此人际交往能力、团队协作能力、对环境的适应能力，以及遇到挫折时良好的心理承受能力都是职业活动中不可缺少的能力。

（二）专业能力

专业能力主要是指从事某一职业的专业能力。在求职过程中，招聘方最关注的就是求职者是否具备胜任岗位工作的专业能力。例如，你去应聘教学工作岗位，对方最看重你是否具备最基本的教学能力。

（三）职业综合能力

职业综合能力主要包括以下五个方面。

1.跨职业的专业能力

以下三方面可以体现出一个人跨职业的专业能力。

（1）运用数学和测量方法的能力。

（2）计算机应用能力。

（3）运用外语解决技术问题和进行交流的能力。

2.方法能力

方法能力就是掌握一定方法与工具解决问题的能力。包括以下几点。

（1）信息收集和筛选的能力。

（2）制订工作计划、独立决策和实施的能力。

（3）准确的自我评价能力和接受他人评价的承受力，并能够从成败经历中有效地吸取经验教训。

3.社会能力

社会能力主要是指一个人的团队协作能力、人际交往和沟通的能力。在工作中能够协同他人共同完成工作，对他人公正宽容，具有准确裁定事物的判断力和自律能力等，这是岗位胜任和在工作中开拓进取的重要条件。

4.职业道德修养能力

随着中国经济体制改革的深入、法制的不断健全完善，人的社会责任心和诚信将越来越被重视，假冒伪劣将越来越无藏身之地，一个人的职业道德会越来越受到全社会的尊重和赞赏，爱岗敬业、工作负责、注重细节的职业人格会得到全社会的肯定和推崇。

5.创新能力

创新能力是运用知识和理论，在科学、艺术、技术和各种实践活动领域中不断提供具有经济价值、社会价值、生态价值的新思想、新理论、新方法和新发明的能力。[1]创新能力是民族进步的灵魂、经济竞争的核心；当今社会的竞争，与其说是人才的竞争，不如说是人的创造力的竞争。

三、培养职业能力的方法

高职学生在培养职业能力之前，首先要认清自己的职业能力倾向。因为人的能力在发展水平、表现早晚和结构类型三个方面存在着明显的个体差异，而能力和人的职业工作活动是密不可分的。每一类职业活动都要求特定的能力组合。具备这种能力组合，就能很好地胜任这种职业工作。因此，只有认清自己的职业能力倾向，我们才能找到最能发挥个人能力倾向的职业活动领域，以便更好地工作。

---

[1]　胡慧远，吴健.大学生职业生涯与发展规划 [M].北京：中国言实出版社，2013：55-56.

（一）树立人生志向，明确奋斗目标

由于西方资本主义社会一些低级、庸俗的文化意识和错误的社会思潮大量涌入，"主观为自己，客观为别人""人的本质是自私的""一切向钱看""为个人主义正名"等形形色色的以个人主义为核心的资产阶级价值观往往会给高职学生的人生价值观带来错误的影响，同时绝大多数家长对孩子在学业上有极高的期望，但对孩子的道德品行要求却不甚重视。这一切都严重影响了高职学生人生志向和奋斗目标的确立。

为此，当代高职学生必须摒除错误的思想观念，树立正确的人生志向，并明确自己应该为之奋斗的究竟是什么。

（二）优化知识结构，强化专业知识

要想通过优化知识结构、强化专业知识来获得专业能力，有必要对专业知识的含义和专业能力的含义进行一定的了解。专业知识是指在特定行业、环境、工作、活动等特定条件下，履行岗位职责，完成工作任务所必需的知识。与所从事的职业密切相关，具有一定的针对性和适用范围，包括专业理论、专业技术等方面的知识。专业能力是职业能力中的核心内容，随着职业的日益分化、细化，无论从事何种工作，都必须具备过硬的专业能力，否则就无法履行自身的岗位职责。一个人的专业能力越强，在职业活动中所发挥的作用就越显著。专业知识是职业能力，尤其是专业能力形成的基础，那么高职学生应通过怎样的途径和方法来优化知识结构、强化专业知识呢？

1.要努力学习专业课程

虽然目前在就业时已经淡化了专业的概念，并且在现实中也有很多毕业生从事着与自己的专业不甚相关的职业，但这并不意味着可以不学习或不努力学习专业知识。相反，专业知识的学习和掌握在就业中仍占有重要的地位。第一，专业成绩的好坏仍是专业型用人单位选择的重要标准；第二，当前社会需求的是复合型的人才，毕业生在专业能力的基础上拥有合理的知识结构无疑会在就业市场中赢得更多的就业机会。

2.要加强自己的理论研究能力

理论是系统化的科学知识，是关于客观事物的本质及其规律性的相对正确的认识，是经过逻辑论证和实践检验并由一系列概念、判断和推理表达出来的知识体系。

理论研究能力是对实际工作和生活遇到的问题和矛盾进行思考分析，找出解决问题的方法和途径，归纳总结事物演化发展的规律的能力。其特点就是求真求实。

提高自己的理论研究能力，一方面是利用所学的知识指导自己的工作实践；另一方面就是在自己的工作实践中不断地去发现问题、分析问题、解决问题，形成新的理论知识，以指导今后的工作，成为人类的共同知识。

学海无涯，专业理论的学习绝不能停留在课程学习的层面上，纸上谈兵远不能满足飞速发展的社会对毕业生专业理论的要求。理论研究能力需要在工作和学习中得到体现和提高，只有提高自己的理论研究能力，才能将工作与学习中所遇到的问题加以分析和研究，找出事物发展和演化的规律，找出解决问题的方法和途径，最终将这些研究的成果转化成知识，为全人类服务。

总之，努力优化知识结构、强化专业知识、提高专业能力对于增强自身竞争力和个人发展具有重要的意义。

（三）充实基本技能，掌握专业技能，拥有一技之长

当今职场中，拥有较高职业技能与水平的人往往更能在职场中脱颖而出，受到企业管理层的关注与重视，在未来的职场发展中一往无前。

职业技能的培养需要通过不断的实践活动得以实现，专业实践是应用型人才培养的根本途径与重要组成部分，学生用专业的理论知识指导具体的实践活动，并在实践中逐步地完善与丰富自己的理论知识，修正认知偏差，从而进一步提高自己的职业技能与专业水平。另外，在实践活动中，还可以锻炼学生各方面的能力，比如发现问题的能力、组织协调能力、沟通能力、独立思考能力等。最主要的目的还是让学生在专业实践中更好地掌握专业技能，提高专业水平。

（四）积极实践，勇于创新

南宋诗人陆游有一传世名句："纸上得来终觉浅，绝知此事要躬行。"可见实践对于培养一个人的能力的重要性。对于高职学生来说，社会实践就是青年学生按照职业技术学院培养目标的要求，利用节假日等课余时间参与社会、政治、经济、文化生活等活动。

社会实践活动对于培养一个人的能力具有重要作用。通过社会实践活动能够积累社会经验，提高基本能力；还能够加强实际应用能力，提高专业技能。通过社会实践活动，能够促进学生的专业理论学习与实践更紧密地结合，更系统地了解领域的知识结构，巩固和拓宽所学的专业知识，培养分析问题和解决问题的能力、创新能力，提高专业知识的应用能力、实践动手能力和创业能力，

使之对本专业建立感性认识。参与社会实践活动主要有以下三种形式。

1.参与社团活动

参与社团活动是最主要的社会实践活动之一，学生社团是高校校园文化的重要载体，是高校第二课堂的重要组成部分。参与学生社团是学生丰富校园生活、培养兴趣爱好、参与实践活动、扩大求知领域、扩大交友范围、丰富内心世界的重要方式。

2.参与勤工助学活动

通过勤工助学参与社会实践，不仅能够获取劳动所得，减轻家庭的经济负担，还可以接触社会，为将来就业打下基础，因此是一种重要的社会实践方式。

3.毕业实习

毕业实习是高职学生在校学习期间的最后一次实习作业，是一门必不可少的必修课。通过毕业实习，大学生可以了解行业、单位的业务内容和工作方法，向有经验的工作人员学习丰富的工作经验。

此外，创新是挺进新时代的一张通行证，是一个民族甚至国家赖以生存的灵魂，是成为高新人才所必须具备的素质，创新的重要性绝不容我们忽视。我们要学会创新、敢于创新，在创新思维的引导下走向成功。

总之，职业能力对高职学生有着极为重要的作用，我们要正确认识自我的职业能力倾向，并按照以上四条策略努力培养自己的职业能力，只有这样，我们才能适应未来社会的需求，而不是被社会所淘汰。

四、培养职业能力的意义

（一）有利于学生进行正确的自我认知

对学生进行职业能力培养应以对学生进行职业生涯规划指导为切入点，进而帮助学生进行正确的自我认知，使学生能够正确认识自身的特性和潜在优势，能对自身价值进行准确定位，从而避免在择业过程中出现高不成低不就、眼高手低、盲目就业的现象。

（二）有利于培养学生个性，提高社会竞争力

传统的高等教育是"精英教育"，强调学生理论知识的掌握与共性的发展，忽略学生个性的发挥，因而造成大量高文凭、低能力的"人才"充斥企业，不利于企业的发展，同时导致学生缺乏适应能力。对高职学生进行职业能力的培

养有利于学生结合自身特点掌握知识与能力，提高素质，有利于充分发掘学生的自我潜能，培养学生的创新思维、创新意识，锻炼学生的自主创业能力，从而提高学生的社会竞争力。

（三）有利于加强与企业的衔接，缩短职业适应期

职业能力培养应建立在企业需求的基础之上，根据企业、人才市场对高等职业技术人才的需求情况，设计职业能力培养的课程体系，建立学校教育与企业实训双轮驱动的教育教学机制，从而增强教育的实效性，有效缩短学生步入社会的职业适应期。

（四）有利于学生树立正确的职业观，合理安排时间，增强学习效能

加强对高职学生职业能力的培养与实践，可以使高职学生树立正确的职业观与择业观，正确定位，根据社会及企业需求，更加客观科学地设计自己的职业生涯，合理安排在校的学习时间、学习资源，增强学习效能，实现人与职业的合理匹配，有效缩短从"校园人"到"职业人"转变的时间，实现大学生的成功就业与职业、事业的终生可持续发展。

第三节　职业锚及职业生涯规划设计程序

一、职业锚类型

在职业生涯中，每个人都在根据自己的天资、能力、动机、需要、态度和价值观等慢慢地形成较为明晰的与职业有关的自我概念。随着一个人对自己越来越了解，这个人就会越来越明显地形成一个占主要地位的职业锚。所谓职业锚就是指当一个人不得不做出选择的时候，他或她无论如何都不会放弃的职业中的那种至关重要的东西或价值观。[1]正如"职业锚"这一名词中"锚"的含

---

[1]　王林，王天英，杨新惠.大学生职业生涯与就业指导[M].北京：中国铁道出版社，2018：96~97.

义一样，职业锚实际上就是人们选择和发展自己的职业时所围绕的中心。一个人对自己的天资和能力、动机和需要以及态度和价值观有了清楚的了解之后，就会意识到自己的职业锚到底是什么。施恩根据自己在麻省理工学院的研究指出，对职业锚提前进行预测是很困难的，一个人的职业锚是在不断发生变化的，它实际上是一个不断探索过程中所产生的动态结果。施恩根据自己多年的研究，提出了以下五种职业锚。

（一）技术或功能型职业锚

具有较强的技术或功能型职业锚的人往往不愿意选择那些带有一般管理性质的职业。相反，他们总是倾向于选择那些能够保证自己在既定的技术或功能领域中不断发展的职业。

（二）管理型职业锚

有些人在工作中表现出成为管理人员的强烈动机，承担较高责任的管理职位是这些人的最终目标。当追问他们为什么相信自己具备获得这些职位所必需的技能的时候，许多人回答说，他们之所以认为自己有资格获得管理职位，是由于他们认为自己具备以下三个方面的能力。

第一，分析能力（在信息不完全以及不确定的情况下发现问题、分析问题和解决问题的能力）。

第二，人际沟通能力（在各种层次上影响、监督、领导、操纵以及控制他人的能力）。

第三，情感能力（在情感和人际危机面前只会受到激励而不会受其困扰和削弱的能力，以及在较高的责任压力下不会变得无所作为的能力）。

（三）创造型职业锚

有些高职学生有这样一种需要：建立或创设某种完全属于自己的东西，即一件署着他们名字的产品或工艺、一家他们自己的公司或一批反映他们成就的个人财富等。

（四）自主与独立型职业锚

有些毕业生在选择职业时似乎被一种自己决定自己命运的需要所驱使着，他们希望摆脱那种因在大企业中工作而依赖别人的境况，原因是当一个人在某家大企业中工作的时候，他或她的提升、工作调动、薪金等诸多方面都难免要受别人的摆布。这些毕业生中有许多人还有着强烈的技术或功能导向。然而，他们却不是到某一个企业中去追求这种职业导向,而是决定成为一位咨询专家,要么是自己独立工作,要么是作为一个相对较小的企业中的合伙人来工作。

(五)安全型职业锚

还有一部分毕业生极为重视长期的职业稳定和工作的保障,他们似乎比较愿意去从事这样一类职业:这些职业应当能够提供有保障的工作、体面的收入以及安全健康的未来生活。这种可以安全健康的未来生活通常是由良好的退休计划和较高的退休金来保证的。对于那些对地理安全性更感兴趣的人来说,如果追求更为优越的职业,意味着将要在他们的生活中注入一种不稳定或保障较差的地域因素的话,那么他们会觉得在一个熟悉的环境中维持一种稳定的、有保障的职业对他们来说是更为重要的。对于另外一些追求安全型职业锚的人来说,安全则是意味着所依托的组织的安全性。他们可能优先选择到政府机关工作,因为政府公务员看起来是一种终生性的职业。这些人显然更愿意让他们的雇主来决定他们去从事何种职业。

二、职业锚理论带来的启示

(一)职业生涯规划要进行自我定位

自我分析、自我定位是职业生涯规划的首要环节,它决定着个人职业生涯的方向,也决定着职业生涯规划的成败。求职之前先要进行职业生涯规划,进行职业生涯规划之前先要进行准确的自我定位。先要弄清自己想要干什么,能干什么,自己的兴趣、才能、学识适合干什么。可通过自我分析与量表工具的测量,评估自己的职业倾向、能力倾向和职业价值观,这是职业生涯规划的基础。

(二)职业生涯规划是一个动态变化过程

当今社会处于激烈的变化过程中,高职院校毕业生的就业观念也要相应地改变,打破传统的"一业定终生"的理念,就业、再就业是大趋势,职业生涯规划也随之根据各种变化来调整。所以,环境的变化导致自我观念的变化,反映到职业生涯规划上来,就不能一次把终生的职业生涯的每一个具体细节都确定下来。

大学毕业生职业生涯规划的重点内容是职业准备、职业选择与职业适应。

三、职业生涯设计程序

（一）自我评价

自我评价对于学生进入职场十分重要。自我评价与周边环境的判断是设计有效职业生涯规划的前提条件。做好自我评价，需要从个人的兴趣爱好、特长、智商、情商、逆商等多方面出发。具体来说，就是我能做什么、我应该做什么，以及解决职场中的选择问题等。

（二）确立目标

确立目标是制定职业生涯规划的关键。通常，目标有短期目标、中期目标、长期目标和人生目标之分。长期目标需要个人经过长期艰苦努力、不懈奋斗才有可能实现，确立长期目标时要立足现实、慎重选择、全面考虑，使之既有现实性又有前瞻性。

长期目标的实现有赖于将长期目标转换成短期目标，而短期目标是由一系列小任务组成的，是长期目标的组成部分。短期目标更具体，对人的影响也更直接，只有完成了当前的一个个小任务，才能最终实现长期目标。

（三）环境评价

职业生涯规划还要充分认识与了解相关的环境，评估环境因素对自己职业生涯发展的影响，分析环境条件的特点、发展变化情况，把握环境变化因素的优势与限制，了解本专业、本行业的地位、形势以及发展趋势。

（四）职业定位

职业定位就是要为职业目标与自己的潜能以及主客观条件谋求最佳匹配。良好的职业定位是以自己的最佳才能、最优性格、最大兴趣、最有利的环境等信息为依据的。职业定位过程中要考虑性格与职业的匹配、兴趣与职业的匹配、特长与职业的匹配、专业与职业的匹配等。职业定位应注意以下几点。

第一，依据客观现实，考虑个人与社会、单位的关系。

第二，比较鉴别，比较职业的条件、要求、性质与自身条件的匹配情况，选择条件更合适、更符合自己特长、更感兴趣、经过努力能很快胜任、有发展前途的职业。

第三，扬长避短，看主要方面，不要追求十全十美的职业。

第四，审时度势，及时调整，要根据情况的变化及时调整择业目标，不能固执己见，一成不变。

（五）实施策略

实施策略就是要制定实现职业生涯目标的行动方案，要有具体的行为措施来保证。没有行动，职业目标只能是一种梦想，因此，要制定周详的行动方案，更要注意去落实这一行动方案。

（六）评估与反馈

整个职业生涯规划要在实施中去检验，看效果如何，及时诊断职业生涯规划各个环节出现的问题，找出相应对策，对规划进行调整与完善。

第四节　高职学生职业生涯规划的因素

"知己知彼，百战不殆。"影响高职学生就业成功与否的因素既有主观方面的因素，也有客观方面的因素。因此，高职学生要进行科学的职业生涯规划也必须"知己知彼"。高职学生了解影响职业规划的因素将有助于自己制定科学的职业生涯规划，实现职业理想及较早取得较好的职业发展。

一、影响高职学生职业生涯规划与发展的自身因素

（一）个人内在因素

影响大学生职业生涯规划与发展的个人内在因素有很多，其中主要有自信心、自我认知、自我调节、进取心、责任心、社会敏感性、社会影响力、情绪稳定性以及社会接纳性。它们之间相互作用，并对学生的职业生涯规划与发展产生一定的影响。

（二）兴趣

人们常说"兴趣是最好的老师"，学生只有当对某一事物产生浓厚的兴趣时，他的探索欲与求知欲才会被激发。所谓兴趣是指一个人认识并掌握某种事物，以及积极参与该类活动的心理倾向。它对大学生的职业生涯规划起着至关

重要的作用。

（三）气质

我们将人的气质大致分为四类，即多血质、胆汁质、黏液质和抑郁质。大部分人的气质是兼有多种气质类型的特质。气质类型不能决定一个人能否成功，总的来说，各行各业都有着不同气质类型的人在擅长的领域取得卓越的成就。但是气质类型有时可以影响一个人的活动效率以及效果。一般来说，需要与人打交道，并且具有强大抗压能力的职业类型比较适合多血质或者胆汁质的人；然而在艺术领域中的画家、剧作家等，其性格特征大多比较文静，不善言辞，喜欢在相对安静的环境下进行艺术创造，这类人群中黏液质或者抑郁质的人较多。因此，大学生在做个人的职业生涯规划时要充分考虑自己的气质类型，最终选择出适合自己的职业发展方向。

（四）性格

性格是在气质的基础上形成的。通过一个人的性格可以看到他的气质特征，而性格有时也会改变一个人的气质。两者之间相互作用，又具有不同的特点：气质一般来说是先天性的，受其生理特点制约与影响，可塑性较小；性格更多是后天形成的，受到社会与家庭等多方面影响，可塑性较大。气质的特征在人与动物身上都能够体现出来，但是性格特点却是人类所独有的，性格有好也有坏。性格对于职业的选择也存在一定的制约作用。因此，高职学生在做个人的职业生涯规划时要尽量选择与自己性格特点相符的职业。当然，万事万物总是在发展变化的，性格也是如此，它会随着人生阅历的增长以及人生中某一重大变故抑或是遭遇而发生改变，从而影响着个人的职业生涯发展。

（五）职业能力

一般职业能力与特殊职业能力统称为职业技能。我们将从事职业活动的共同能力称为一般职业能力。其表现形式为观察力、注意力、想象力、记忆力以及思维能力等，它是职业人从事任何工作所需要具备的基本能力，也可以称为智力。而那些从事某一专业领域职业所应具有的独特技能，我们称之为特殊职业技能。比如，从事音乐教学的老师应该掌握基础的乐理知识以及编排音乐节目的能力等。

二、影响高职学生职业生涯规划与发展的职业因素

（一）职业因素

职业是社会分工的结果，由于社会的需求越来越多，职业的种类和要求也随之发展。每一种职业都被赋予了不同的功能，使得各种职业之间在劳动强度、智力水平、收入状况、工作条件等方面形成了差别。职业差别就是通过职业因素表达的，如有的职业风险小，有的需要消耗体力，有的需要消耗脑力，有的需要在户外风吹日晒，有的终年可以在宽敞明亮的办公室工作，等等。这些差别就形成了人们对职业地位的不同看法和态度。

职业地位是某种职业在社会分工体系中所处的位置，它通常以职业声望的形式表现出来。

（二）职业声望

职业声望是人们对职业地位的一种主观反映，是职业所享有的社会评价。职业声望在一定程度上反映了人们职业选择的倾向和标准，它往往通过选取有代表性的职业，对其诸如权力、工资、晋升机会、发展前景、工作条件等方面进行调查，经过综合评判，对职业进行等级排序。一般来说，职业声望与职业地位是成正比的。

一般来说，职业声望包括四个方面的内容：职业社会功能、职业报酬、职业自然条件和职业要求。[①]职业声望是以上各要素的综合反映和综合作用的结果，单个要素不能全面反映职业声望，有的职业从业者收入高，但社会地位并不高。大学生职业声望的形成一方面受社会职业声望的影响，另一方面也有自身的态度因素。值得关注的是，高职学生往往以某一种因素作为判断职业地位的依据，具有很大的片面性。因此，高职学生只有全面了解了职业声望的意义，才能更好地进行职业生涯规划。

三、影响高职学生职业生涯规划与发展的环境因素

（一）社会经济发展水平

在经济发展水平高的地区，企业相对集中，优秀企业也比较多，个人职业

---

① 王为民．大学生职业发展与生涯规划教程 [M]．长春：东北师范大学出版社，2018：45-46.

选择的机会就比较多，因而就有利于个人职业发展；反之，在经济落后地区，个人职业的选择和发展也会受到限制。

（二）社会文化环境

社会文化环境包括教育条件和水平、社会文化设施等，良好的社会文化环境能使个人受到良好的教育和熏陶，从而为职业发展打下更好的基础。

（三）政治制度和氛围

政治和经济是相互影响的，政治不仅影响一国的经济体制，还影响着企业的组织体制，从而直接影响到个人的职业发展；政治制度和氛围还会潜移默化地影响个人的追求，从而对职业生涯产生影响。

（四）社会需求的影响

一般来讲，求大于供，大学生职业选择的范围大，实现的程度就高；求小于供，则选择范围相对缩小，实现程度就低。有的大学生不在社会需求方面发展自己的职业技能，而是盲目地按个人的兴趣、喜好进行培训。这样，虽然具备了某些方面的知识与技能，但不为社会现实所需，也无法凭此实现良好的发展。

（五）家庭的影响

家庭对人们职业生涯规划的影响是多方面的，首先，人从幼年时就会受到家庭潜移默化的影响，从而不同的家庭，人们的职业理想、职业目标、职业生涯路线都不同；其次，一个人的家庭成员会在其择业时进行干预和影响，由此也会对人的职业生涯产生一定的影响；最后，家庭经济条件也是影响职业生涯规划不可忽略的要素，如一些优秀的、想继续深造的学生由于受家庭经济条件的制约，而放弃自己的理想，改变原先规划好的职业目标，选择先就业再择业，以缓解家中的经济压力。

（六）学校教育的影响

学校教育主要指两个类型：一是大学前教育，即基础教育；二是大学教育，即专业教育。学校教育在大学生职业生涯规划中的作用也是至关重要的。每个人都有自己的老师，有小学老师，有中学老师，也有大学老师，他们在不同程度上给学生以楷模作用。[①] 其中，中学老师（特别是那些在学生心目中享有较高威信的老师）对学生的影响尤其大，老师的鼓励与支持可能决定学生终生对某一学科、专业或工种的兴趣，从而走上职业道路。另外，大学的归属和社会地位也影响着大学生的职业规划，名牌大学学生与非名牌大学学生的职业生涯规划就不一样。

① 刘剑飞，戴联华.高职学生职业生涯规划与就业创业指导 [M].广州：暨南大学出版社，2019：51−52.

第四章　高职学生职业生涯规划的步骤

第一节　认识自我

正确的自我认识对于个体职业生涯发展至关重要。客观清醒的自我认识，能帮助个体找到适合自己发展的职业方向，真正探寻自己所追求的职业理想，而不仅仅是活在他人的期待中，只有这样，才能使自己在人生道路上绽放异彩。

认识自我是内在认识的过程。在这个过程中，人们可以认识自己与了解自己。正确的自我认识可以让大学生在求职道路上少走弯路，做出真正适合自己的职业发展规划，制定出最佳的职业发展目标。自我认识的具体内容包括自己的气质、性格、兴趣、技能、潜能、价值观等。这些可以借助专业的职业心理测试进行评定，当然更多的是依靠实际的生活体验得出。

一、职业自我的结构

我们将自我概念在职业选择与发展中的反映称为职业自我，它是个体对影响自身职业选择与发展的各方面因素的综合认识，即个体因素、职业环境因素、社会资源因素。可以说，通往职业生涯成功道路需要经过三个阶段，分别为了解职业自我、接纳职业自我与发展职业自我。职业自我的具体内容为以下三个方面。

（一）生理我

一个人对自己外貌、体能以及身体机能等生理特征的认识称为生理我。它对于个人发展有着极为重要的意义，一个人只有学会取悦生理我、尊重生理我的发展特征，才能有意识地挖掘潜能，以应对瞬息万变的职场环境。

（二）心理我

一个人对自己性格、兴趣、价值观、情感等方面的认识称为心理我。心理我对个体职业生涯发展有着极其重要的作用，它是职业自我的核心内容。如果一个人不清楚自己想要的究竟是什么，那么他永远都不可能获得内心的满足；如果一个人从事的职业与兴趣爱好不相符，那么他的一生将是郁闷的；如果一个人的职业与特长相矛盾，那么他的一生将无所作为。

（三）社会我

一个人对自己所处的职业社会环境，以及与自己职业选择与发展息息相关的各种资源的认识称为社会我。人脱离社会将无法生存，同样，一个人的职业活动也不可能与社会相脱离进行。因此，一个人的职业选择应该是满足社会发展需求的，也是从现实层面出发的。个体能够调动的社会资源也是社会我的重要组成部分，要想取得职业生涯的成功，除了个人因素外，还需要借助其他社会资源或是他人的力量才能实现个人的职业生涯发展目标。

二、认识自我的方法

（一）经验法

经验法是指在人际交往中根据过去的活动结果，由他人或本人对自己进行主观的分析和评价。

1. 自我反省——回顾过去，发现自我

春秋时期，曾子曰：吾日三省吾身，古希腊大哲学家苏格拉底更是说道：未经反省的生活是无价值的生活。通过对自己一些成长经历的回顾，比如过去哪些事情让我觉得做起来非常快乐、哪些事情让我觉得做起来很痛苦、哪些事情让我觉得做起来非常轻松、哪些事情让我觉得做起来比较费劲，等等，可以发现自己的职业兴趣和能力优势。

2. 班级、社团或其他活动——参与活动，亲身体验

许多人往往会存在这样一种思维模式："这事我不感兴趣""我不适合干这事"等诸如此类的标签思维。还没有尝试怎么就知道自己不感兴趣、不适合呢？参与进去，也许里面别有一番洞天。因此，平时我们应该多参加班级、社团或其他一些活动，从这些活动中了解自己的价值观、兴趣、性格、体能及人际关系处理能力。

3.他人评价——旁观者清，指出盲点

"以铜为镜，可以正衣冠；以古为镜，可以知兴替；以人为镜，可以明得失"。他人就像一面镜子，透过他人对自己的评价可以清楚地了解自己不知道但是别人知道的一面——背脊我。他人可以是同学、朋友、师长、父母，也可以是职业生涯辅导人员。

（二）职业测评法

职业测评是心理测验在职业心理测评上的具体运用。心理测验的基本原理是，通过一个人对问题情境的反应来推论他的心理特征，也就是从个体的外在行为模式来推知其内在心理特征。因而，心理测验是间接地而不是直接地测验人的心理特征。通过职业测评可以深入地分析和评价自己不知道且别人也不知道的一面——潜在我。[①]

为了最大限度地发挥职业测评的效用，首先，应该选用一个权威性比较高的心理测验工具；其次，在做测验的过程中一定要按自己的真实想法填答，避免主观情绪；最后，选择一个安静、没有外界干扰的环境。

第二节　职业决策

高职学生在认识自我、评估环境之后，就要根据认识自我的结果和所了解到的职业信息对职业进行选择和决策。

一、职业决策的概念

决策是个人在两个以上可供选择的方案之间挑选、决定的过程。所以，决策是个人在众多可行的方案中，选择令自己最满意的方案的过程。这个历程看似简单，实则不然，因为其中包含许多复杂的决策因素。

决策理论根源于经济学，主要指一个人在面对生涯、职业或升学抉择时，

---

① 凌红，严光玉.高职学生职业生涯规划实践指导 [M].北京：高等教育出版社.2009：66-67.

所做的选择尽量要能够获得最大收益或最小损失。所以整个决策过程就牵涉到客观的可能性与价值、个人的价值观两个方面的问题，心理学上称为"效用—期待论"（utility-expectancy theory）。"效用"除了指可能导致的结果之外，还包括达成决策目标所需成本及冒险性和效用有关的一些考虑。个人在做抉择时，将所有可能影响决策的变项，包括所有可能的方案，如每个方案的可能性及阻碍、个人对决策之后可能导致结果的期望等，逐一清楚地列出来，而个人的最后决策则取决于他自己主观的自我概念及价值观对于这些主观因素的评估结果。因此，最后的决策其实是个人对于价值及可能性二者主观的组合。

但个人的职业决策不等同于经济活动的决策，个人对职业的价值期望，如经济收入、兴趣偏好、自我发展、社会地位等，与经济决策中的效用是不同的；另外，决策者个人的价值观、态度、经验、认知方式等都是影响决策行为的重要因素。只有深入研究这些因素，才能阐明和认识职业决策过程。

在早期的生涯理论中，虽然认为决策是很重要的过程，但是却将此过程视为自然发生的，也就是在所有的资料准备齐全之后，决策过程就自然而然地发生。例如，美国职业辅导先驱帕森斯就认为，职业辅导员在帮助个人选择职业时，只要提供充分且正确的资料，他自己就能做出正确的决定。显然，帕森斯强调资料的重要性，认为决策只是次要的必然结果。但是，从职业辅导的种种经验中发现，并不是提供资料就能帮助个人做好职业的选择，因此许多学者便开始注意决策过程在生涯发展中的重要性。席勒在对于人类冒险行为的研究里特别引导出一个研究取向，那就是重视决策过程中个人的行动，而不是强调决定过程前的资料收集、整理与分析。另外，在目前这个快速变化的社会里，帮助个人"适应"要比帮他做某个特定的选择更重要，所以目前不论是持发展论还是持行为论的生涯发展学家均肯定决策过程的重要性，并且视其为最有效的职业或升学抉择所必备的认知技能。于是决策过程就由刚开始的配角地位，渐渐成为万众瞩目的主角，在生涯发展中占有日趋重要的地位，到后来变成生涯理论里的一个派别。

二、我国高职学生在职业决策中存在的问题

（一）就业期望值过高，就业观念落后

现如今导致大学生就业难或者失业的原因主要是大学毕业生过高的就业期望值。随着社会不断发展，大学生已经不再是职场中的"稀有物种"，其优势地位逐渐减退，但是相当多的大学生仍然保留着优越感，这与人才市场的现实

情况形成了强烈的反差，大学生在择业与就业的道路上屡屡碰壁也就不足为奇。因此，当代大学生在求职就业时应该对自身以及社会有一个清晰与客观的认识，只有这样才能做出正确的职业选择，尽早实现人生理想。

造成大学生就业难的一个重要原因是传统的就业思想与观念。在当今这个信息高度发达的时代，还是有不少家长与学生认为机关事业单位才是好单位，不愿意去个体或者私营单位工作，甚至认为创业并非一个相对理想的选择。这种传统落后的思想与现实的就业形势形成巨大反差，从而严重影响着大学生的择业与就业。

（二）盲从现象严重

当今大学生在择业就业时，经常会受到周围人以及社会大环境的影响，从而做出一些错误的选择与判断，他们中大多数人都有一种较为严重的从众心理，容易出现随波逐流的情况，甚至有的人还会出现举棋不定、左右摇摆的心理状态，这些都与大学生缺乏决策判断能力与经验有关，从而造成他们在择业就业时不能客观理性地进行自我分析，以及做出符合客观实际的正确选择。

（三）犹豫不决

一般情况下，学历水平低、理论基础差的高职毕业生相比较本科生或者硕士、博士来说，综合竞争力相对偏弱，高职毕业生普遍存在自卑心理，导致他们在择业与就业时无法找准自我职业定位，在面对好的职业机会时，往往会因为犹豫不决而与之擦肩，最终错失良好的发展机遇。

第三节　方案实施

高职学生通过认识自我、评估环境所做出的职业决策怎样才能变为现实呢？那就需要通过制定并实施行动方案——职业生涯规划书来完成。

一、高职学生职业生涯规划书的结构与类型

（一）高职学生职业生涯规划书的结构[①]

高职学生职业生涯规划书主要包括以下内容：

（1）题目。包括姓名、年限、年龄跨度、起止日期。

（2）引言。主要写规划的目的以及自己对规划意义的认识。

（3）自身条件及潜力测评结果。

（4）发展环境分析。包括对政治环境、经济环境、学校环境的分析，还包括专业发展前景分析、相关的职业与行业环境分析、所在班级与院系的情况分析。

（5）大学生职业生涯发展方向及总体目标。

（6）目标分解及目标组合。

（7）目标的评估。听取老师、亲人、同学、朋友以及其他一些可能了解或帮助自己的人的意见，征询他们对自己大学生涯目标的建设性意见。

（8）目标与现实的差距分析。即自身现实状况与实现目标要求之间的差距。

（9）确定目标实现或成功的标准。

（10）缩小差距的方法及实施方案。

（11）后记。

不管是高职学生还是员工，他们的职业生涯规划书其实都没有固定的内容与结构，当事人应当从实际出发、实事求是，实用即可。

（二）高职学生职业生涯规划书的类型

撰写高职学生职业生涯规划书其实没有固定的格式，它不过是职业理想、生活理想的文字化和条理化，常见的类型有文字型、图表型。

二、职业生涯规划的论证

只有计划或规划是不行的，制定完职业生涯规划书后一定要进行前期的论证，这样可以避免少犯错误。论证时可以从以下几个方面来考虑。

---

① 马晓慧.高职学生职业生涯规划与就业创业指导[M].郑州：黄河水利出版社.2013：56—57.

（一）具体性

个人职业发展规划必须具体，主要表现在自我探索、目标设定、行动方案等诸多方面。例如，自己究竟有什么特点？长处、短处表现在哪些方面？兴趣与爱好、能力与技能、性格与气质、成长经历与价值观究竟如何？近期、中期、远期的职业目标是什么？准备如何行动和保证行动计划的实施？等等。所有这些内容均须具体化。

（二）可行性

可行性包括现实的主观条件、客观条件和可创造的条件三个方面。一个好的职业发展规划只有具体性是不够的，还必须现实可行。

（三）发展性

社会在发展，职业的种类、发展前景都处在不断变化之中。人也在不断发展，年轻人的知识、技能、社会适应能力都在不断增长，理想、价值观以及追求的职业目标都在发生变化。因此，要以发展的眼光来看待职业规划，将职业发展与生涯发展联系起来，在不断探索、不断进取和不断调整中实现自己的人生价值与社会价值。

三、职业生涯规划的实施

高职学生在制定了自己的职业生涯规划后，必须要付诸实施才能变成现实，根据高职学生在大学中不同阶段学习的重点和心理特点不同，可以分为三个实施阶段：探索期（大一），定向、拼搏期（大二），冲刺期（大三）。由于时期不同、阶段不同，所以职业生涯规划所确定的目标和主要内容也会不同。因此，我们可以将大学三年的生活分为三个阶段，每一个阶段有各自的目标。在大一时期，侧重正确了解大学生活、认识自我，进行初步的职业生涯规划设计；大二时期，侧重夯实基础，拾遗补漏，根据主客观条件和环境的变化进行职业生涯设计的修正；大三时期，侧重培养素质，进行专业成才引导，侧重就业、创业等方面的综合能力和素质的培养。

（一）探索期

实施目标：了解学校，了解职业，了解自我的个性、兴趣、爱好和特长，特别是了解自己未来希望从事的职业或与所学专业对口的职业，提高人际沟通能力。

活动内容：在学习任务不是很重时，应多参加学校举行的各种活动；增加交流技巧，多关注所在系的培养目标，以及所学专业的核心竞争能力的培养；多向学长请教学习经验，等等。

（二）定向、拼搏期

实施目标：以提高自身素质为主，提高求职技能，了解搜集工作信息的途径。

活动内容：通过参加学生会或社团等组织，锻炼自己的各种能力，同时检验自己的知识技能，可以开始尝试兼职、参加社会实践活动。在课余时间从事与自己未来职业或本专业有关的工作，提高自己的责任感、主动性和受挫折能力，增强计算机应用能力，通过英语和计算机的相关证书考试，并开始有选择地辅修其他知识充实自己。此外，还需和同学交流求职的心得体会，学习写简历、求职信，了解搜集工作信息的渠道，主动向已经毕业的师兄、师姐了解往年的求职情况等。

（三）冲刺期

实施目标：参加应聘，找理想的工作。

活动内容：可先对前两年的准备工作进行总结。首先，检查自己已确立的职业目标是否明确、准备是否充分。其次，开始毕业后工作的申请，积极参加招聘活动，在实践中检验自己的积累和准备。最后，预习或模拟面试，积极利用学校提供的条件，了解就业指导中心提供的用人公司资料信息，强化求职技巧、进行模拟面试等训练，在有准备的情况下进行重复演练。

第四节　评价调整

一、职业生涯规划的评价

很多人以为职业生涯成功就是获得地位和财富的满足，于是为了达到这个标准而拼命努力。一旦没能在期望的时间内达到这一目标，便灰心地以为自己的职业生涯失败了。其实，这种成功观是不正确的。

在有限的生命里，我们很多时候无法达到所有的目标，但这并不意味着职业生涯的失败。那么，怎样的职业生涯才算是成功的呢？每个人的价值观不同、职业需求不同，职业生涯目标也各异，对成功的定义也会有所差别。[①] 因此，成功标准也就不一样。对有的人来说，成功意味着一定数量的金钱或具有较高的地位声望；有的人可能认为成功就是 35 岁前拥有豪宅名车、可意的伴侣和聪明健康的孩子；而有的人或许将成功定义为抽象的概念，例如，和谐工作环境带来的愉悦感、完成具体的成果带来的成就感、帮助别人带来的满足感，等等。

职业规划师总结：职业生涯发展的好坏，早期看锻炼机会，锻炼机会越多越好；中期看待遇，待遇越优厚越好；晚期看价值感，社会价值感越大越好。这种说法有一定的道理。

那么，到底从哪些方面、以什么标准来评价职业生涯发展的状况呢？

（一）评价原则

1.协调一致原则

毕业生是借助就业单位来实现自己的职业目标的，其职业计划必须要在单位目标奋斗的过程中实现。离开单位的目标便没有个人的职业发展，甚至无法在单位里立足。所以，评价职业生涯发展状况时，要注意毕业生与就业单位的目标协调一致性。

2.阶段性原则

不同阶段的大学生有不同的生涯发展任务，评价大学生涯发展必须把握阶段性原则。高职院校各年级学生的主要任务如下。

一年级学生的主要任务是：了解自己的特长与潜能、优势与不足，正确认识自我，树立正确的学习观；了解专业性质、专业要求、专业价值、专业前景等，提升学习动力；适应大学学习生活和人际交往，尽快完成角色转变，初步认识生涯发展规划的重要性，树立正确的职业价值观。

二年级学生的主要任务是：自我拓展，培养较强的责任感、使命感，树立正确的人生观和事业观。通过职业测评、职业咨询等方式了解、认识职业；根据自身条件、职业志向和未来职业的发展进行初步的职业生涯规划。结合职业生涯规划，做好职业生涯决策，并积极参加职业培训、社会实践等活动；拓展职业知识技能，培养责任心和精益求精的精神；提高人际沟通、团队合作和创

---

① 周勤.高职学生职业生涯与发展规划 [M].长春：吉林文史出版社.2020：97-98.

新能力。

三年级毕业班学生的主要任务是：自我发展，树立开拓务实的职业观、创业观和择业观；通过职业生涯规划、职业生涯决策的修正，形成现实而正确的个人职业发展评价，确定合理的职业定位和就业期望标准；通过毕业实习、职业信息的搜集和选择、就业技巧培训等多种形式，提高职业成熟度和职业行为的自主、自尊、自信、自强意识；树立爱岗敬业精神，实现人生发展与社会需要的内在统一，勇于到祖国最需要的地方和行业去建功立业，完成向社会职业人的转变。

（二）评价维度

1.自我评价

按照心理学的说法，自我评价是自我意识的一种形式，指主体对自己思想、愿望、行为和个性特点的判断和评价。它是自我意识发展的产物，其发展的一般规律是：评价他人的行为—评价自己的行为—评价自己的个性品质。人对自己的理想、动机、行为和个性的评价，直接影响学习和参与社会活动的积极性，也影响着与他人的交往关系。一个人如果能够正确、如实地认识和评价自己，就能正确地对待和处理个人与社会、集体及他人的关系，有利于自己克服缺点、发扬优点，在工作中充分发挥自己的作用。同时，实事求是地评价自己是进行自我教育、自我完善的重要途径之一。

大学生自己对个人职业生涯发展的评价是所有评价维度中最重要的方面。大学生一般年龄在 18～25 岁，具有相当成熟的自我意识，他们完全具备自我评价的能力与水平。

2.他人评价

这里所说的他人评价主要包括同学评价、朋友评价和教师评价。同学评价又包括师兄（姐）评价、同学评价、室友评价等；教师评价既包括班主任评价、辅导员评价，也包括任课教师评价、实习指导教师评价、毕业论文指导教师评价等。

（三）评价方法

1.综合测评法

综合测评法是众多高校普遍实施的一种对学生进行德、智、体多方面发展状况进行评比的方法，一般包括多个指标体系，每个指标体系均以量化的方式呈现，便于排名或统计。而且每个指标的最终得分包括多个评价来源，如自我、班级、教师等。正因为这样，综合测评有较高的外部效度。

2.360 度反馈评价法

360 度反馈评价法原本是企业对员工绩效管理时经常要用到的一种评价方法，又可以称为多源评价法，是对上级主管、同事、下属、客户等评价与个人评价的综合，其结果会反馈给被评价者，对个人职业生涯发展也是非常有意义的。

360 度反馈评价法也可以用于大学生的职业生涯发展评价，个人在进行 360 度评价时，应尽可能打开"窗户"，广泛地向他人征求意见，这些人可以是自己的老师、同学、亲人、朋友、室友、校友、实习单位领导、社会工作中的同事等。其中，来自辅导员、班主任和与自己有直接交往的同学的评价信息最为重要。

3. 日记或周记分析法

把一个工作日（周）及一个非工作日的活动如实而无遗漏地记录下来，然后按照活动性质进行分类，如上课、自习、考试、上网、文体活动、逛街、约会、睡觉等，看看用于不同活动项目的时间各是多少，分析时间的分配是否与自己的职业生涯目标相对应。

4."重要人物"访谈法

请自己的同学、朋友、父母、亲戚或其他你认为了解你的重要人物中的两个人对你进行评价，在此过程中你可以提出一些问题，看看他们从旁观者的角度对你有什么看法。最好对这两次访谈录音，通过比较发现自己的变化。

二、高职学生职业生涯规划的调整

（一）目标的适当调整

成功者和失败者的不同在于：成功者可以无数次修改方法，但绝不轻易放弃目标；失败者总是变换目标，却从不或很少改变方法。在职业生涯发展的道路上，只要不放弃目标，每一次挫折、每一次失败都是有价值的。

高职学生的职业生涯规划必须有目标，而且目标不能随便改变，但这不等于说大学阶段的发展目标就一定不能改变。就业、考研、创业都是走向成才，不存在哪个高级哪个低级。确定这些目标的依据是多方面的，既有来自个人自身的因素如兴趣、能力、性格、价值观等，也有来自外部的因素如家庭经济状况、父母期望值、学校层次、专业发展前景、社会就业形势等。

（二）目标实现中的阻力分析

在目标的实现过程中不可能总是一帆风顺的，面对挫折与失败有的人愈战愈勇，有的人却晕头转向。为什么会有这么大的区别呢？究其原因，在于不同的人分析与解决问题的能力不一样。

对目标实现过程中的阻力进行分析是很有必要的，大学阶段目标实现的阻力主要有以下几种情况。

1.目标设置不合理

目标没有好坏、对错之分，合理的就是最好的。如果选定的目标不合理，那就已经失败了一半。比如说某大学生在大学期间，既想学习成绩一流又想当个好的学生干部，既想恋爱成功又想打工赚钱，这显然是不太可能的。但以上目标如果分割成阶段性目标是可以实现的。

就业、出国、创业均可以作为大学期间的发展目标，但必须具体和现实。如选择先就业，那就要想清楚去什么地方就业、在什么行业就业、从事什么职位与性质的工作、希望拿多少工资，等等；如选择出国留学，那就要考虑家庭经济承受能力、个人学习成绩尤其是外语水平，等等；如打算毕业后自主创业，那就必须积累经验，学会分析市场行情、制订创业计划，等等。

2.制定目标的当事人缺乏执行力

性格决定命运，细节决定成败。这话讲得非常有道理。经常听一些大学生讲："我要考研。"可是没过多久，他就改变主意了。还有的大学生说："从下周开始，我要好好学英语。"大家可能会问：为什么非要从下周开始而不是从今天开始呢？

执行力相当于心理学中所说的毅力。宋代范仲淹在吃不饱、穿不暖的艰苦条件下能坚持读书，最后当上宰相，他靠的正是毅力，是毅力使他成功了。

人生就是一场马拉松赛，开始跑在最前面的未必能一直领先，成为一名胜利者；原来落在后面的并不一定就永远不能后来居上。有的人总是在别人的成就和荣耀面前哀叹自己起步太晚，其实每一位马拉松参赛者都明白，迟个三步五步，甚至十步百步也不算晚，关键是能否坚持到终点。

要去判断人生道路上的这场胜负，在于用毅力换来的成绩，正如判断一棵果树的优劣，是看它结的果实是否丰硕，而不苛求它的叶子是否葱郁。

3.目标实现的外在条件不具备或者发生改变

从哲学的层面上讲，目标实现的内在条件相当于内因，外在条件相当于外因。

所谓内因，即内部矛盾，是指事物内部各要素之间的对立统一关系。例如，种蛋产出时已经发育成多细胞的胚胎，胚胎本身存在着同化与异化、遗传与变异的矛盾。所谓外因即事物的外部矛盾，是指一事物同其他事物之间的对立统一关系。例如，没有适宜的温度，种蛋中的胚胎就无法正常发育，种蛋还是种蛋，而时间过长胚胎就会死亡，就更谈不上孵出小鸡来。可见，种蛋与温度之间也是既对立又统一的关系，即鸡蛋变小鸡过程中的外部矛盾。[①]

虽然外在条件有不可控制性，但它毕竟要通过内部条件才能起作用，人是有主观能动性的，人类不仅可以利用与改造外部条件，还可以创造条件实现目标。

---

① 菅浩然，商坤，魏蔚.高职院校大学生职业生涯规划与就业指导[M].成都：电子科技大学出版社.2020：113-114.

第五章　高职学生就业形势与就业去向

第一节　就业形势与职业环境

一、大学生就业形势

（一）就业城市的多选择性

一直以来，北京、上海、广州、深圳等一线城市因其众多的就业机会以及优势资源，深受大学生毕业群体的青睐。但是随着近些年一线城市的人口控制政策以及较高的生存成本，迫使他们深刻感受到就业压力骤增，开始选择逃离这些"大城市"。

虽然目前仍有一些大学生毕业后会首选留在北京这样的大城市工作，但是从近几年的就业调查数据报告不难看出，"北上广深"的吸引力已经大不如前，高校毕业生开始理性选择就业目的地，一些生活节奏适中、环境舒适的城市越来越受到他们的关注与追捧，比如杭州、成都、南京、重庆等。

人社部国际劳动保障研究所所长莫荣表示，近年来，我国东部经济发达地区的部分加工业、制造业正逐步向中、西部地区转移。毕业生就业区域分布的变化体现了我国产业转移、产业结构调整给毕业生就业带来的影响。

（二）"慢就业"与"迂回就业"

各级政府出台了一系列相关政策鼓励大学生创新创业，力图通过高校、政府、社会三方建立有效机制，引导大学生创新，支持大学生创业实践。

与此同时，各高校关于创业创新教育的具体举措和休学创业的规定也逐步落实。值得注意的是，大学生创业成功率低也是一个不争的事实。

（三）就业专业的差异化

根据不同专业的就业状况，那些失业量较大，就业率、薪资和就业满意度综合较低的专业为"红牌专业"，而失业量较小，就业率、薪资和就业满意度综合较高的专业，为需求增长型"绿牌专业"。

1. 红牌专业

本科就业"红牌专业"包括历史学、音乐表演、生物技术、法学、美术学、生物工程。其中，音乐表演、美术学连续三届是红牌专业。

2. 绿牌专业

本科就业"绿牌专业"包括信息安全、软件工程、网络工程、数字媒体艺术、通信工程、电气工程及其自动化、广告学。其中，软件工程、网络工程、通信工程连续三届是绿牌专业。[①]

二、大学生就业影响与机遇

（一）大学生就业的影响因素

1. 经济增速放缓，对就业的拉动效应减弱

中国经济整体仍处下滑周期中，经济发展速度的放缓和结构的调整，客观上会对劳动者就业结构产生影响，同时也会对就业总体规模产生挤压效应，从而对劳动者就业产生影响。尤其是传统支柱产业企业改革的重组加快、淘汰落后产能、部分行业持续低迷及产能过剩将造成结构性失业和转型性失业，就业难度加大。国际经济发展形势仍然不确定，风险和变数依旧较多，欧美主要经济体面临着财政紧缩、主权债务风险上升等诸多问题，新兴经济体面临着经济结构调整、出口下滑等问题，世界经济艰难复苏，影响着出口型经济及就业的发展。

2. 城镇化中农村转移劳动力就业压力大

近年来，我国城镇化建设不断加快，城镇化率大幅提高，农村劳动力向城镇转移的步伐加快，城镇人口快速增加。在城镇化进程中，农村的就业压力减轻，但是转移劳动力就业压力增大。一是城镇对农村劳动力的就业吸纳能力有限，

---

① 马晓慧．高职学生职业生涯规划与就业创业指导 [M]．郑州：黄河水利出版社．2013：33-34.

每年城镇中新成长劳动力、高校毕业生需就业；二是农村劳动力向大中型城市转移的门槛较高。由于户籍限制、素质技能要求高、就业信息不畅通等因素，农村转移劳动力寻找工作难度大。[①]

3.新兴产业的加快发展影响就业水平

一方面，在大力调整夕阳产业和淘汰落后产能时，要对涉及职工的转移安置提供帮助；另一方面，新兴产业在我国具有良好的发展前景，这其中必然导致技术技能人才短缺。此外，科技进步、劳动生产率提高等因素，也使一些企业减少新员工吸纳，甚至排挤出部分劳动力，这也会导致就业的结构性问题。

4.中西部地区加快发展导致劳动力流动新变化

近年来，我国中西部经济发展不断加快，农民工工资不断上涨，与东部地区的差距缩小，如在中西部务工的农民工月收入差距与东部的已经缩小至30元左右。区域就业形势差别明显，东部地区求职人数同比出现大幅下降。随着中西部地区传统劳务输出大省的工作环境好转，返乡就业、创业正成为越来越多外漂农民工的新选择。

5.企业用工成本的承受力与劳动者高期望值的矛盾

当前工资增长和企业承受能力的矛盾已导致许多中小企业和大型劳动密集企业的普工短缺。

（二）大学生就业的机遇

虽然目前国家整体经济发展日渐放缓，人才市场的竞争越来越激烈，但是毕业生也不必过于担忧，国家教育部门以及高等院校针对大学生就业形势推出各种就业创业的优惠政策，为国内毕业生创造了良好的政策环境与发展机遇。高校也逐步重视培养学生的综合素质，加强对学生创业就业的指导与服务，提升大学生的就业竞争力。

1.国家层面高度重视就业工作

党和国家高度重视大学生就业问题。国家主席习近平曾多次强调，要将就业作为民生的根本，认真落实扩大就业问题，尤其是高校毕业生的就业问题更是重中之重，各院校要努力做好职业技能培训，不断完善高校就业服务指导工

---

① 吴鹰，张子睿，王慧秋.高职学生职业发展与就业指导 [M].北京：北京理工大学出版社.2021：52—53.

作，帮助青年早日实现职业理想。

2. 利于大学生就业创业的政策相继出台

就业问题是近年来摆在大众面前不容忽视的问题，为了缓解大学毕业生就业难题，国家相继出台多项扶持政策，具体包括以下几个方面。

（1）鼓励支持高校毕业生面向基层就业的政策。为了解决大学生就业难问题，国家先后出台多项促进就业的政策性文件，比如中共中央办公厅、国务院办公厅印发《关于引导和鼓励高校毕业生面向基层就业的意见》的通知中鼓励大学生到基层、到西部就业，为基层各项事业发展做出应有的贡献。

（2）鼓励毕业生自主创业的政策。为了鼓励大学生自主创业，国家相关部门相继颁布有关文件，为大学生创业营造良好的市场环境与社会环境，比如为大学生创业开办培训班，指导大学生创业，从登记注册到资金再到场地，尽最大可能帮助大学生实现自主创业。全国上下各地区也根据当地实际情况推出相应的优惠政策扶持大学生创业就业。

（3）就业见习和职业培训政策。人力资源和社会保障部、教育部、国家发展和改革委员会、财政部、国家工商行政管理总局等部门推出了"三年百万"高校毕业生就业见习计划、特别职业培训计划、高校毕业生职业培训促进就业、建立青年就业创业见习基地等措施，为提高高校毕业生的就业技能、岗位技能、创业能力等提供政策、基地和资金支持。[①]

（4）就业服务政策。通过开展高校毕业生就业服务月活动、残疾人大中专毕业生就业服务月活动、就业援助月活动、高校毕业生就业服务周活动、公共就业人才服务专项活动，建立全国就业信息监测制度，推进就业信息公共服务网络建设，以及开展高校困难毕业生就业帮扶工作、离校未就业高校毕业生实名登记和就业服务工作等为各类毕业生提供就业帮扶和援助，采取针对性措施帮助其实现就业。

（5）科研项目和服务外包吸纳政策。教育部、财政部、人力资源和社会保障部等先后出台并实施了《关于鼓励科研项目单位吸纳和稳定高校毕业生就业的若干意见》《关于重大科研项目单位吸纳高校毕业生参与研究工作签订服务协议有关问题的通知》《关于进一步加强科研项目吸纳高校毕业生就业有关工作的通知》《关于加快服务外包产业发展促进高校毕业生就业的若干意见》《关于推动服务外包人才网络招聘工作的若干意见》等政策文件，为毕业生开拓更多的就业渠道。

---

① 万秋红，赵丹. 高职学生职业心理素养 [M]. 北京：北京理工大学出版社.2017：63-64.

（6）入伍服兵役政策。国家不断完善毕业生入伍服兵役政策并且加大宣传力度，为应征入伍服义务兵役的毕业生提供学费补偿和国家助学贷款代偿，鼓励高校毕业生积极应征入伍服役，为国防和军队现代化建设奉献力量。

3.高校越来越重视大学生综合素质的培养

随着社会经济发展，就业市场对于人才提出更高的要求，不仅局限于学历与文凭，更看重的是其各方面的能力，其中包括学生的创新能力、解决问题能力、沟通能力等综合实力。为了适应市场发展需求，高校也开始在学生专业技能、职业综合素质以及创新能力等方面加大培养力度。

（1）多项举措齐头并进，提高大学生的创新创业能力。为了培养更多符合当下社会发展需求的实用型人才，全国各大高校开始广泛设置与市场发展相匹配的专业学科以及建立创新型人才培养模式，并通过建设实践基地、设立创新创业奖励基金等措施，积极培养学生的创新与创造能力。南开大学在培养学生创新能力方面已经展开积极的探索与实践。第一，实施教学改革，建立满足社会发展需求的专业学科，适当延长个别专业的学习年限；第二，设立创新创业奖励金，鼓励大学生自主创业，大力培养学生的创新创业能力，并给予适当的资金支持；第三，积极鼓励学生参与到创新实践当中去。设置校园科技园，引进企业资金与项目，鼓励学生积极参与，开展科技创新活动。为了鼓励学生参与科技创新活动，允许部分学生休学 2 年；建立对外开放的科学实验室，组织开展创新科研项目，开办课外学习研究小组等。与此同时，河南师范大学也在创新人才培养模式等方面下足功夫，积极开展全方位、多层次的学科科技竞赛与训练，设立创新创业奖励基金，鼓励大学生积极地参与到创新创业活动中去。

（2）搭建学生实践实习平台，提高学生的实践能力。高校通过一系列措施积极引入社会资源，一方面，学生可以接触到社会时下最前沿的科研项目，并通过具体的科研实践活动得到很好的锻炼，毕业后直接进入到用人单位发挥自己的专长为企业和个人创造价值；除此之外，合作单位也可以选择他们单位所需要的人才，提前做好人才储备。在大学生毕业之后，经过双向选择直接进入到用人单位内部从事相关工作。

（3）完善就业服务体系，为学生提供全方位的就业指导服务。近些年，高校开始逐渐重视毕业生的就业实力与就业率，为了应对日益激烈的人才市场竞争，加强就业引导与职业辅导，从而提升就业创业服务水平。高校普遍开设相关专业学科课程，在校园内举办职业规划大讲堂，邀请相关专家对当今市场形势以及人才需求进行分析，指导其未来职业发展，并通过手机客户端、信息网站、微信等信息平台为学生提供就业服务。为学生提高职业技能，了解创业信息与就业政策搭建平台。

总而言之，当今的高校毕业生应该积极应对各种困境，抓住各种有利时机，不断地发展与完善自己，激励自己摆脱各种困境，转变就业观念，把握政策措施，努力提升自身综合素质，提高职场竞争力，积极地为社会主义事业做出应有的贡献。

第二节　就业去向与未来行业

一、大学生毕业去向类别

大学毕业生的就业去向，总结下来一般为以下几类。

（一）民营企业、私企

民营企业的发展和国家经济增长高度息息相关，GDP 每增长一个百分点就能拉动上百万人的就业，经济的下行势必会影响到此类别的就业问题。我国处于结构调整的重要时期，传统行业面临困境，第三产业成为岗位增长的支柱。

去民营企业就业是很多毕业生的选择，不过随着经济形势的变化，该类就业肯定会一直受其影响。而且除了当年的毕业生外，逐年累计的未就业毕业生以及其他待就业人群也是其中的竞争者。因为更多的影响因素是市场对于人才的需求，所以在专业上会有比较大的偏重，并不是所有专业都好就业。

此外，这其中还有很多企业会设定很多的门槛，"985""211"高校研究生、英语 6 级、户口等，让很多人望而却步，虽然他们中不乏优秀者。当然，相比较来说民营企业这一类别已经是各类别中自由竞争度最大的了，更需要自己的努力和机遇，也是很多有激情的学生的选择。

（二）公务员

在公务员考试中，大量岗位招收本科毕业生，有些岗位并不限定专业。相对来说，国家公务员考试公平公正，因此被誉为"玻璃房里的考试"。参加国考，凭借自己的实力笔试、面试竞争上岗，成为一名公务员，成为不少大学毕业生的优先选择。

（三）国企、事业单位

目前国有企业与事业单位是最需要注入新鲜血液的地方，但是一方面由于企业发展机制问题使得大学生无法进入企业当中发挥才干；另一方面，企业对于目前大学生的负面印象较多，导致招聘方与应聘方之间总是隔着一堵无形的墙。

具体来说，当代大学生普遍认为国有企业、事业单位工作环境差、薪资待遇低、管理体制亟须创新，个人才干发挥受限，因此大学生主观意愿上就不太想进入国企工作；而企业方认为现在的大学生好高骛远，好多工作放着不愿意做，嫌脏嫌累，许多基层工作岗位不愿放下身段去做，即使有愿意学习的，企业又担心培养出来的人才会跳槽，从而给企业带来一定程度上的损失。

（四）外企

外企的优势在于管理规范、技术观念先进以及薪资待遇高，因此更容易受到大学毕业生的青睐，但是就业门槛相对较高。

（五）考研进修

这个类别中主要有两部分人，一部分人是在专业层次的递进，如果专业需求较高，这部分人基本上就业都会有比较好的保证。还有一部分是延缓就业，这一部分其实就有点"混学历"的思路。其实这个通道说白了，最后还是要进入下一个"考虑出路"的循环，因为并不是所有人都适合做科研。[①]

（六）出国深造

随着我国经济的飞速发展，国人思想更加开放、眼界更加开阔，对于教育方式的选择也变得多元化，越来越多的大学生选择出国深造，提高自己的专业水平，完成自我提升与完善。

（七）自主创业

近些年，在国家政策的大力倡导下，许多大学生都满怀着创业热情，投身

---

① 肖化移，等.高职学生职业能力标准与测评[M].长沙：湖南师范大学出版社.2018：96-97.

到了创新创业的浪潮中，有一部分人由于在创业前没有做科学合理的自我评估，出现了创业失败的现象。实践证明，不是所有大学生都适合创业，因此，大学生毕业时要保持清醒的头脑，做出客观理性的职业选择。

（八）其他、自由职业

在就业大军中还有一类人，比如自由职业者、退伍军人以及支教老师，他们需要经历两次择业就业，而且他们的就业通道相对较窄，这就需要他们多掌握一门专业技能，为未来的再就业做好充足的准备。

二、未来就业热门的行业

（一）新兴领域

1.云计算

企业向云端迁移是大势所趋，在政策和市场双轮驱动下，我国云计算产业进入快速发展阶段。

2.大数据

大数据已经渗透到几乎每一个行业，全面实施促进大数据发展行动，加快推动数据资源共享开放和开发应用，助力产业转型升级和社会治理创新。具体包括加快政府数据开放共享、促进大数据产业健康发展。

3.人工智能

2016年被业界称为人工智能的新纪元，几乎所有的 IT 互联网企业，以及那些还在推动互联网＋、数字化转型的传统企业也开始寻求借助人工智能实现自身的转型升级，以人工智能为代表的新技术正在成为新的生产力。

中国政府计划成为全球人工智能领域的领导者，并通过增加经费来帮助人工智能的发展。依据第十三个五年规划的规定，政府在科技研究方面的支出每年内要翻一番。国家发展和改革委员会刚刚批准了一项计划，组建国家人工智能实验室，研究深入学习。

4.3D 打印技术

3D 打印技术目前已经步入了飞速发展的时代，3D 打印被赋予了"第三次工业革命"的大背景，以 3D 打印技术为代表的快速成型技术被看作是引发新一轮工业革命的关键要素。目前，在 3D 打印技术领域，虽然国内与国外存在较大的差距，但是，国内在某些方面已经领先全球，并且从"国家领导人"到"普通民众"都对 3D 打印技术给予了高度的关注和极大的热情，这为提升"中国制造"整体实力提供了一个绝佳的机会，为 3D 打印的普及应用与深化发展提供了一个良好的平台。

5. 无人技术

无人技术起初还主要应用在无人机、无人驾驶汽车等领域。但从 2017 年 7 月到现在，随着阿里巴巴的无人超市上线、亚马逊的无人机、京东的无人仓、百度的无人驾驶、西门子的无人工厂……"无人技术"开始层出不穷。人们在感叹科学技术大迈步的同时也对未来世界充满了焦虑与不确定性："无人时代"的来临，人类能做些什么？

6. 机器人

机器人市场的快速发展，既给经济社会发展带来了机遇，也对经济社会发展提出了挑战。

7. 新能源

新能源（NE）又称非常规能源，是指传统能源之外的各种能源形式，指刚开始开发利用或正在积极研究、有待推广的能源，如太阳能、地热能、风能、海洋能、生物质能和核聚变能等。中国是最大的新能源市场，发展新能源产业是改变我国的能源结构，降低对化石能源的依赖度，同时减少环境污染的必然选择。

8. 新材料

新材料是指新近发展的或正在研发的、性能超群的一些材料，具有比传统材料更为优异的性能。近年来，新材料越来越受重视，国家也开始重视新材料产业的发展。新材料技术是按照人的意志，通过物理研究、材料设计、材料加工、试验评价等一系列研究过程，创造出能满足各种需要的新型材料的技术。新材料料将成为数万亿产值的市场。

9. 互联网医疗

互联网医疗是互联网在医疗行业的新应用，其包括了以互联网为载体和技术手段的健康教育、医疗信息查询、电子健康档案、疾病风险评估、在线疾病咨询、电子处方、远程会诊，以及远程治疗和康复等多种形式的健康医疗服务。互联网医疗，代表了医疗行业新的发展方向，有利于解决中国医疗资源不平衡和人们日益增加的健康医疗需求之间的矛盾，是卫生部积极引导和支持的医疗发展模式。

（二）传统领域

1.医疗服务

2016年医疗服务行业的驱动因素来自药品行业景气度持续下滑，以及药品价格形成机制的变化。在分级诊疗和医生多点执业的推动下，公立医院借助民营资本盘活存量资产、创造增量价值。医疗服务业务为新技术提供了商业化的出口，而新技术给医疗服务业务提供了高附加值的项目。

2.生物技术与生命科学

随着基因组学、分子生物学等基础学科的发展，生物制剂与生命科学技术正在治疗中发挥越来越重要的作用：生物制剂方面，越来越多的单抗药物对肿瘤、糖尿病等疑难杂症产生突破性疗效，"重磅炸弹"级新药频出。

3.健康养老

健康养老产业受需求迫切和政策鼓励双向驱动，将迎来十分确定的发展机会。同时，养老作为"健康中国"的一部分已被提升到国家战略性高度。我们将全面贯彻国家提出的建设以居家为基础、社区为依托、机构为补充的多层次养老服务体系的精神，深入挖掘投资机会。

4.体育

中国各路巨头均开始瞄准海外优质体育标的资产，渐渐向成熟体育的盈利模式靠拢。

5.文化娱乐

消费升级使得人们的消费习惯逐渐向文化娱乐产业进行倾斜，消费人群和消费金额也越来越低龄化和增长化。

第三节　就业信息的集道获取

一、认识就业信息

（一）相关法规政策

就业方面的法规政策是一个社会为了规范劳动力市场的运行、管理而制订的约束性文本，具体包括国家在民众就业方面的相关法律、行政法规、司法解释、地方性法规及其他规范性文件等。认识和了解这些法规政策，是大学生依法求职和在求职过程中进行自我维权的基础和前提。就业的法规政策常包括以下三个层面的内容。[①]

1. 国家层面的法规制度

当前我国已出台的就业相关法律和重要政策文件有《中华人民共和国劳动法》《中华人民共和国劳动合同法》《中华人民共和国就业促进法》《中华人民共和国劳动合同法实施条例》《普通高等学校毕业生就业工作暂行规定》《公务员录用规定（试行）》《就业服务与就业管理规定》等。这些法律文本从国家的层面上明确了用工组织或个人的基本权益、义务，比如对于试用期，《中华人民共和国劳动法》规定最长不超过六个月，《中华人民共和国劳动合同法》规定劳动合同期限在三个月以上不满一年的，试用期不得超过一个月。了解这些法规的主要内容和基本原则，不仅对大学生求职本身有很大的帮助，同时对其在今后工作职场中能坚持依法办事、自我维权也大有益处。此外，为鼓励和支持大学生就业，政府也出台了相关扶持性政策。这些文件虽具有临时性、阶段性特征，但常常也具有更强的针对性，了解这些政策，对把握就业大趋势、大环境具有重要的参考价值。这些法规文件一般都可以通过网络搜索获得。

[①]　何应林. 高职学生职业技能与职业精神融合培养研究 [M]. 杭州：浙江大学出版社 .2019：12−13.

2.地方政府的相关规定

在国家法规政策指导下，各地方政府往往也出台和细化了相关政策，形成了各地关于大学生就业的相关规定。与国家的法规政策相比，这些地方性政策规定具有更强的区域性、指向性和可操作性等特征，其对学生求职行为具有更强的影响。如北京、上海等中心城市对应届毕业生落户制订了专门的政策，重庆市政府也专门制订了鼓励和支持大学生创业、到基层就业的相关政策，以及不少地方政府为吸引大学生而制订的关于普通高校毕业生引进、培养、晋升、待遇优惠政策等。这些政策在不同地方差异较大，其往往也会因为地方政府在经济社会发展、产业结构调整等战略布局上的不同，而在扶持力度、投入重点、时间跨度等方面呈现较大差异。这些信息往往可以在当地政府网站，特别是人力资源和社会保障网、地方高校毕业生就业信息网上获取，对于一些需要"落地"的地方政策，各高校就业信息网、辅导员也常会及时宣传、传达。

3.学校层面的工作制度

针对大学生求职，几乎所有的高校都出台了相关的管理办法，例如，对学生违法行为的限制、对学生推荐次数的要求、对三方协议的管理、对学生实习实训的规定等。这些制度对学生求职行为具有最直接的规范和约束效应，与学校的就业行动息息相关。其信息往往可以通过学校就业信息网或者学生手册等渠道获得，当然，学生也可到学校就业指导服务中心或向辅导员、班主任直接咨询。

（二）行业与产业发展信息

每届大学生毕业求职都处于一个特定的时代背景下，不同的时代就会对应着不同的就业环境、时代趋势、求职规则。在经济社会发展、产业结构调整下，不同专业、不同发展目标的大学生就业必将面对不同的局面。例如，早些年中国通信运营商在短信、语音业务等方面都保持着高水平的增长，然而当腾讯推出微信并被用户大规模接受使用后，通信运营商的传统业务就面临着巨大压力。与之相似的，电子商务的大规模普及，就导致线下实体的业绩下滑，迫使线下实体企业要做出重大战略转型。因此，大学生求职需要宏观地去掌握行业、产业、企业等客观信息，了解外界大势，方能科学地决策。

（三）自我内在需求信息

在求职研究和具体操作中，自我内在需求信息往往被求职者所忽略。事实上，大学生自我内在需求与实际求职结果以及今后的职业满意程度具有较高的相关性。职场如战场，试想，在战场上你明明擅长打狙击，却让你去当冲锋手，结果可想而知。因此在求职过程中，只了解外在因素做到"知彼"还远远不够，理性的求职行为和决策同时更需要建立在求职者"知己"的基础上。求职，作为我们人生发展的重要一步，其决策需要建立在个人总体的人生规划基础之上。大学期间，不少大学生也接受了系统的职业生涯规划教育，并对自己有了相当的了解，但鉴于求职是人生的又一个重要转折点，因此，在做出求职行动和决策前，我们依然需要再次审视和把握自己的真实情况，包括自身的兴趣爱好、个性特征、价值取向、能力素质、薪资要求、地域选择以及可利用的人脉资源、学习状况等。我们相信，你只有真正尊重了真实想法和实际需要，最终的结果才能更满意。

（四）实际招聘信息

具体的招聘信息对求职者行为选择具有更具体、更直接的影响，它往往也是应聘者在求职过程中最为关心的一类信息。这类信息常包括用人单位基本信息、岗位基本信息、招聘安排信息三方面内容。具体而言，单位基本信息包括单位类型、主要业务、单位规模、单位地址、发展前景、企业文化、社会声望等内容；岗位基本信息包括工作内容、工作环境、素质要求、薪资待遇与福利保障、是否满足自己的兴趣等；而招聘安排信息就是具体的招聘过程安排内容，包括招聘计划、招聘流程、笔试面试等。招聘信息可以通过网络、招聘单位宣传资料、宣讲会等途径获得，其掌握和运营情况往往对求职者的求职结果具有最直接的影响。

以上四类信息，前三类更为宏观，稳定性、持续性强，是属于需要求职者长时间留意、准备和收集的。第四类信息则是大学生求职过程中最为关注的信息，表现具体且具有很强的时效性，需要在求职过程中随时收集整理。

二、获取就业信息的渠道

（一）求职渠道选择的趋势

1.就业渠道多样化

当前大学生就业形势更趋严峻，求职竞争更加激烈。在这样的背景下，大学生的求职渠道选择呈现多样化、个性化发展趋势。大学生在求职渠道选择上，除了常见的校园招聘、专场招聘、团队互助、学校推荐、实习求职等渠道外，还出现了登门拜访、电话自荐、个性网站、异地求职、免费试用、曲线求职等特殊渠道。个别学生甚至借助网络等工具进行以个人求职为目的的红人炒作，这些现象的出现，充分体现了年轻人的创新。

2.网络求职成为流行

随着计算机的普及和移动互联网技术的发展，社会对网络的利用更加普遍，网络也成为不少大型企业发布信息、招聘人才的首选方式。美国《财富》杂志报道称，美国企业已经有5%以上的求职和招聘都是在网络上完成的。对大学生而言，网络求职也因其具有便捷、低廉等优势而得到了大学生的普遍青睐。利用网络"足不出户找工作"，成为个别学生特有的求职方式。当前，虽然网络招聘也还存在操作不规范、信息陷阱等问题，但我们相信随着网络监管体系的逐渐健全，网络求职也将会进一步得到运用和发展。

3.不同群体有不同就业渠道

在招聘活动中，不同层次的企业常采用不同的人员招聘、选拔方式，即使是到校招聘，大型企业也常有自己较为固定的目标院校。因此，从学校的角度而言，不同性质的高校往往面临不同的用人单位群体，而不同层次、特性的学生群体也往往具有不同的求职主渠道。例如，"985""211"院校的学生，到校招聘单位数量庞大，学生就可以不出校门就能落实就业，因此校园招聘就是他们的主要就业渠道；而对于高职学生，利用实习实训促成就业的比例相对就较高。[1]

4.求职中社会关系的地位

在就业的大环境里，往往有人脉资源的求职者可以赢得机会。当前大学生在求职过程中也更加注重人脉资源的开发与利用，这对促进顺利就业提供了帮助。

（二）求职渠道的常用类别

随着信息技术的进步，大学生求职信息的获取渠道也越来越丰富，可以来自学校就业主管部门、社会公共就业服务机构、市场经营性就业服务机构。这些机构发布信息的目的不同，信息类型也有所差异，但对求职大学生而言都有一定的利用参考价值。

---

[1] 周薇，王秋芳，尹华副.高职学生职业发展与就业指导[M].天津：南开大学出版社.2017：86-87.

1. 招聘会

根据招聘主体不同，分为校园招聘会和社会招聘会两种形式。

（1）校园招聘会。校园招聘会是经学校就业指导中心或相应机构同意由招聘单位直接进入学校举行的现场招聘会活动。对毕业生而言，这种招聘会具有安全、经济、针对性强的特征，其规模、层次往往因为学校影响力等不同而存在较大差异，如"985""211"院校每年到校招聘的单位数量大、质量高，而一般院校到校招聘的单位质量、数量都相对差一些，因此对于求职学生而言，关注和直接参与重点大学校园招聘会是一种不错的选择。不同单位进入学校举行招聘会的时间差异较大，但整体有提前进入学校组织招聘会的倾向，个别单位甚至会借用赞助学生活动等方式将人才选拔活动向低年级延伸。一般而言，每年9月下旬至12月上旬及次年3月上旬至5月中旬成为企业进入学校招聘的两个高峰期。世界500强企业往往将校园招聘时间确定为冬季，个别企业春季时也针对考研落榜学生进行补录，但名额相对有限。企业到校招聘一般包括信息发布、现场宣讲、接收简历、笔试、面试、录用签约等环节，对求职者而言，每个环节都不容错过。学校在校园招聘会的组织上，逐步向小型化、经常化方向发展，不少学校更欢迎企业到校举行专场招聘活动，因为这种招聘形式往往具有更好的针对性。但为了减轻多场招聘会组织的压力，每年依然有不少学校采用集中组织数百家单位的校内大型双选会形式，这些双选会对应届毕业生而言很有价值，毕业生们应及时收集信息并积极参与。

（2）社会招聘会。社会招聘会主要是由政府机构或者专业人力资源公司等统一组织的招聘活动形式。招聘会面向的群体有社会人群，也有应届毕业生，招聘会一般会选择在交通较为便利且场地较为开阔的地点举办。通常来说，由政府部门主办的招聘会带有一定的公益性质，招聘对象以应届毕业生为主；而由专业人力资源企业主办的大型招聘会一般需要收取一定的费用，且面向的招聘对象层次差异较大，场次也较多，岗位数量也相对充足，但是对于应聘者的工作经验要求较高，因此对于高校应届毕业生来说较为不利，需要毕业生慎重选择适合自己的工作岗位。

2. 互联网

在这个信息高度发达的时代，网络应聘成为越来越多求职者的首选。只要打开手机App，各种招聘软件应有尽有，应聘者不仅能够在招聘软件中了解近期相关岗位的职业信息，同时还能随时掌握国家最新的政策法规、市场动态，针对性更强，内容也更加丰富，无论是对应聘者而言还是招聘方来说，都变得更加方便与快捷。

3. 实习

一般而言，大学生进入一家单位进行实习，都想通过优异的表现留在实习单位。但是由于专业差异以及学校的不同，尤其是师范类高校、医学类高校等，其实习期一般都比其他专业时间要长，或者一些学校与企业已经达成定向委培协议，因此部分学生毕业就能顺利就业。也有一些企业通过实习时选拔适合本单位的人才。对于那些实习期满无法留在实习单位的学生来说，实习期对于个人成长来说都是大有裨益的。

4. 学校推荐

大学生毕业的就业方式多种多样，除了参加各类招聘会、通过实习实现就业之外，部分学校与单位保持着一定的联系，这些单位会通过学校小范围的推荐方式找到合适的人才。比如委托学校就业指导服务部门、班主任或是辅导员等进行定向推荐。这种就业方式针对性较强，由于学校、企业以及学生三方彼此之间相互了解，对学生的就业极为有利。因此，这种通过学校推荐就业的方式是最具竞争优势的。

5. 报纸杂志

一般来说，在各大招聘会现场的出入口处，都会提供刊有招聘信息的报纸杂志可供应聘者参考。它也是求职者获取就职信息的渠道之一。刊登求职信息的报纸一般分有两种，一是综合性的广告类信息，另一种是专门的人才类报纸。除此之外，在大众报纸中也能看到刊登招聘信息的专栏。但是在众多报纸中，也存在着一些鱼龙混杂的企业，需要大学生擦亮眼睛辨别真伪，以免上当受骗。

6. 关系网

中国是一个讲究人情的社会，十分注重人事关系的协调。因此每年都会有一些学生通过各种各样的关系实现就业，这样的情况不在少数。在这里并不鼓励学生通过关系进行不公平的竞争，而是希望大学生可以充分认识现实，合理运用有效资源，以便在求职过程中能够获得更多有效支持与帮助。

7. 其他渠道

除了以上几种常见的求职方式外，还有其他的求职渠道，比如互助求职、个性化求职等，只要求职者用心，总能找到适合自己的工作。具体来说，大学生内部相互推荐、信息共享就是一种极为有效的求职方式。

第六章　高职学生就业求职策划

第一节　求职策划的概述

一、求职策划的概念

（一）求职策划的内涵

求职策划是指面对就业市场或在一定的职业环境中，为寻求未来的职业目标，所进行的分析现状、设计方案、择优选择的具体的研究操作过程。

求职策划需要事先明确以下几个问题。

（1）每个人不可能适应所有的职业环境和环境中的所有岗位。

（2）未来的目标都追求美好，必须以胜任为前提。

（3）根据现状判定是否必须重新求职？方案有几个？最优的方案如何操作？对此必须有清醒的认识和合理的做法。

（4）大学生求职策划不是一朝一夕、一劳永逸之事，职业生涯过程中每一次工作岗位的变换，都需要进行求职策划。

（二）求职策划的分类

第一，初次求职策划和重新求职策划。初次求职策划是指大学生第一次选择职业并成功完成求职目标所进行的求职策划。重新求职策划是指大学生已有一次成功求职之后，在职业生涯中需要重新求职的过程中所做的每一次策划。

第二，系统内求职策划和系统外求职策划。系统内求职策划是指现在工作的公司内部工作部门和工作岗位之间的调整、选择做的策划。公司内部经常有职业升迁机会和自己需要在更合理的岗位上发挥自己作用的主观需求，因此会产生不断升迁和调整自己的求职过程。[①]

系统外求职策划是指从现在公司工作中跳出，为寻求新的工作所进行的求职策划。任何公司的工作都可能发生自己难以适应的情况和社会上出现更适应自己发挥个人能力的机会，因此会产生系统外求职的需求和过程。

第三，职务升迁的求职策划和职务调整的求职策划。职务升迁的求职策划是指在现在的工作系统内针对职务级别提高的机会本人所做的求职策划。职务的升迁从某种程度上讲是个人价值提高的标志，在职业生涯中应该抓住每一次升迁的机会，化可能为现实。

职务调整的求职策划是指在现在的工作系统内根据个人能力的自我评定和客观环境的需要分析，在不同岗位上进行调整所做的求职策划。

（三）大学生求职策划的特征

（1）盲目性。将所学专业与不同行业的专业工作岗位进行表面浅层次联系，追求文字上对应而不是工作内容与个人个性特征是否相融合。设计出千篇一律的简历，"广种薄收"地投放，消极地等待求职。

（2）临时性。缺乏过程性设想和前期基础准备，不注意个人特长和综合能力的培养和提高，养成做事"临阵磨枪"的习惯。

（3）模仿性。缺乏自我创新，养成懒惰习性，简单模仿别人，是在求职时典型的从众行为的体现。

（4）随意性。有较高欲望却伴随敷衍了事的行为，尤其在细节上缺乏精雕细琢的意识。

（5）冲动性。经常是在情绪冲动下做出求职的选择，难以清醒地进行现有的和未来工作岗位的对比分析以及个人个性与岗位融洽度的分析。

（四）求职策划的内容

第一，主动、经常、超前分析现状和分析自己。大学生第一次求职策划应该是从进入大学开始，求职策划内容首先应包括：主动去分析就业现状、就业趋势；经常弥补对现有教学计划的欠缺，提高自己追求的职业所需要的能力；超前预估困难和寻找解决困难的方法。

任何职业的寻求都需要牢固的基础条件，需要充实的心理准备，需要出色的能力展示。大学生在工作中每一次重新求职都应该是打有把握之仗，都是经

[①] 王东平 . 高职学生职业素养与职业精神 [M]. 成都：四川大学出版社 .2018：25-26.

过深思熟虑地审视自己和工作环境、岗位现状，来决定是否应该求职、如何求职、求职细节等。任何一次求职设计都需要做好心理准备，即使失败也要设计出补救措施，化失败为成功。

第二，认真、细致、求实地完成过程操作和细节设计。包括：认真研究每一次求职关于有规范性的程序和非专业非主流因素外的比拼；细致设计过程操作和细节；求实完成大家都注意并具备的专业能力、采取的方法、关注的项目、注意的问题等，除此之外，还有与求职有关、能额外引起自己注意的各方面因素。

大学生容易抱着不求甚解的侥幸心理，易犯华而不实、浮躁粗糙等错误。非专业非主流因素的比拼是指由于人的智商越来越接近的缘故，越是较好的工作职位，面临的竞争者多是各方面的优秀者，专业的主流因素往往因为各有所长难以鉴别时，非主流因素会起一定的决定作用。

第三，精炼、清晰、有效展示自我准备的材料。包括：求职必须具备精炼语言文字的功底；清晰描述个人的相关经历成果；有效地展示自我。

每一次求职面试之前，经常有材料筛选过程，尤其是目前刚毕业的大学生进入人才市场，每一个受欢迎的公司都会收到小山一般的求职材料。让招聘人员认真阅读每一份材料几乎是不可能的，于是，大概扫一眼成为初选的流行做法。参加工作后重新求职的人员，面试之前依然是求职材料的审核。

第四，稳重、机灵、特质风格的求职形象塑造。包括：研究如何稳重地通过形象反映自己的职业气质、工作态度；机灵地应对考评人员、工作环境中人群的集体倾向性；所谓的特质是指形成针对岗位工作性质的不同，对人的一般性考核要求之外，会有其不同的特殊要求，根据特殊要求塑造自己的特质。

每一次求职面试的衣着打扮、言谈举止，将直接影响第一印象的好坏。

二、大学生求职策划的现状和步骤

（一）求职策划的现状

目前大学生将求职策划局限于离开学校获得第一个职业这一阶段，而且基本处于一种模糊的盲目的状态。大学生求职过程是一个复杂的心理变化过程，也是一个自我摸索、认识提高的过程。

临近求职前夕，大学生普遍陷入各种心理忧虑中。接受就业指导之后，面对更加严峻的就业形势，会劝告自己降低标准，"先生存后发展"。

进入求职现场，面对各项招聘条件，与个人期望不符，左顾右盼进行对比，又屡屡犹豫不知所措。

找到工作之后，总能找出不随心之处，于是好高骛远心理萌发，冲动地选择跳槽。

单位内有优势的工作岗位和工作角色能引起求职者的内心向往，而求职者多停留在自叹不如或怀才不遇的认识和情绪阶段，没有任何准备去面临竞聘机会，于是继续维持内心的自叹。

大学生多是从一次次挫折过程中，逐步地认识自我、认识就业市场变化，积累出求职经验教训。

（二）求职策划的步骤

第一，求职目标确定。不是所有工作岗位都适合自己，甚至所有的与本专业对应的岗位自己也不可能都具有优势。求职目标不是以争夺成功为目的，而是能在此岗位上最佳地展示自我、实现自己的价值。要把目标最优和求职成功率最优相结合，公认的最优不等于自己的最优。

第二，求职环境分析。求职环境是影响求职成功的关键因素之一，与自我主观因素同等重要。无论大学生第一次就业求职还是工作中重新求职，对环境因素做到完全掌握都是不可能的，但是疏忽对重要信息的掌握，是最不可原谅的失误。

第三，求职可行性方案思考、设计。任何一个目标的实现都会有不同的途径，每一个途径都会有各自的成本、效果等，尤其细节上会有不同的方法使用。求职的可行性方案应该悉心设计，并都要仔细推敲。

第四，求职择优方案选择。择优顾名思义择取最佳者，求职策划的择优则是按照一定的准则进行决策的行为。但是，求职不等于非最优不择，我国报考公务员出现有的岗位千人求一岗和有的岗位无人报考现象，而千人求一岗之人多数是精英。失败的最优只能重新再找工作，非最优的岗位至少可以"骑驴找马"。

第五，求职活动过程。这个过程是求职行动、操作过程。既要在预先策划好的方案指导下进行，又要能灵活机动应变环境做出及时调整。

第六，求职结果分析。无论求职成功或失败，这一阶段非常关键又非常容易被忽略。由于成功容易喜出望外不去总结，而失败容易悲观失望而选择放弃总结。即使是参加工作后的重新求职，理想的岗位目标没有实现，不等于过程是失败的，也许正是这次失败的展示和冷静总结后的行为依然积极，更快速地让上司关注到自己。

三、求职策划的意义

（一）避免求职的盲目性

年轻的大学生，现场快速反应能力有限，在面对复杂的求职环境时可能不能理智地做出正确的决策。[①] 有些大学生在求职过程中，求职材料投放的单位和工作岗位，自己预先并没有策划目标，简单地将感觉"待遇不错"作为投放选择目标。

（二）防止求职的情绪化

求职情绪化是指受现场各种因素刺激或生活周围各种暗示影响，脱离理智思考求职问题的行为表现。外观表现主要是冲动性、模仿性、固执性，打乱了自己原有的求职思考。

求职情绪化是当今大学生的一个显著特征，强化求职策划，可以帮助大学生事先冷静地思考，全面对比进行主客观的研究，有针对性地提醒自己最容易发生的情绪化表现，一定程度上可以避免发生求职现场情绪化。

（三）合理设计职业生涯

求职策划可以帮助大学生从用人单位工作需要的角度出发，防止凭主观欲望行事，按照求职所针对的岗位要求，合理地、结合实际需要和自我能力个性来设计职业发展。

大学生做事浮躁已经在社会用人单位形成一种"定势看法"，其做事浮躁习惯不仅是出于年轻缺乏社会阅历的原因，大学扩招之后，高质量的师资力量匮乏，很多专业知识不得不停留在"都学过了""都考完了"的层次上，在客观上一定程度误导了大学生，将"学过了"与"会做"等同起来。由于工作中不仅要求"会做"而且需要"出色"，不仅需要专业理论而且需要脚踏实地的操作经验，仅仅靠"学过""考过"难以满足工作需要。

（四）防止职业发展的挫折

高职学生工作以后，会从基层做起，"拾级而上"地逐步提高职务，提高自身价值。

[①] 蒋丽芬，郑宁扬. 匠心养成——高职学生职业精神修炼 [M]. 北京：高等教育出版社 .2018：45-46.

　　"拾级而上"的内涵强调的不仅是一步步上升，而且要每一步脚踏实地，否则，稍有闪失会跌下很多台阶。通过严谨的求职策划，认真研究每一次职务提升机会是否是自己的最佳机会，认真研究抓住机会的关键因素，认真研究求职程序、细节，包括求职考评人的特性细节、考评方法等，即使要在一个台阶上停留，也不要在盲目竞争中跌下几个台阶。

第二节　求职的心理准备

一、消除就业焦虑

（一）就业焦虑的含义

　　就业焦虑是大学生个体感觉对就业缺乏安全感，而觉得无能为力而产生的自然情绪反应。

（二）就业焦虑的危害

　　就业焦虑实质上是一种惰性，是出自一种类似恐惧的原始情绪，过高估计困难，又缺乏战胜困难的决心和信心，进而沉湎于自怨自艾之中，陷入心理焦急、行为坐立不安的状态。于是表现为回避走向社会，害怕参与竞争，寻找到退却的借口。就业焦虑名义上源自就业，实际上无明确的具体引发对象，即模糊地为就业而焦虑，而不是明确了本人具体在哪方面有差距而焦虑。

（三）就业焦虑的表现

　　就业焦虑的大学生，其行为表现是烦躁、忧郁、无心学习、寝食不安、忧心忡忡以至于出现头痛、消化不良等现象。随之而来，其行为后果是对择业无益而有害，就业之前先在精神上打败了自己。

　　就业焦虑与个性心理特征有很大的相关性，主要是抑郁质气质、性格内向型的大学生发生就业焦虑的概率更高。

（四）就业焦虑的消除

消除就业焦虑是每个大学生应该注意的事，千万不能因求职不顺利，而使精神过度抑郁，生活中因焦虑最终导致神经衰弱或者精神失常的事件时有发生。

消除就业焦虑的方法并不难，关键在于自己战胜自己，认真投入地采取合理方法并进行相关调整。

第一，行为测定。连续记录一周之内所焦虑的与就业相关的事情，同时记录每天的行为表现，想一想自己的焦虑产生了什么积极结果？对比以前在精神上、行为上都发生了什么变化？设想发展下去的可能性是对就业有利还是于事无补？最后得出结论：焦虑有益还是有害？

第二，自我肯定。就业焦虑属于心理自卑的一种表现，是过分关注自己的弱点、缺点而产生的。"对症下药"应该采取自我肯定的做法，放弃对个人弱点、缺点的思考，专门寻找自己的优点、长处。可以根据就业的职业需求，找出自身哪些方面比较适应。[1]与生活周围的人相比较，找出自身比较成功的方面。甚至可以对照一位心理放松、就业乐观的人，用自己的优点比对方的弱点，肯定自己与乐观的人互有优势。

消除就业焦虑相当于心理按摩，要有针对性地主动进行，可以对不必要的焦虑起缓解作用。

二、心理减压

（一）心理减压的含义

心理减压是根据人的心理压力过大导致的紧张、烦躁、意乱的表现，有意识地、主动地寻找一些方法、采取一些措施，达成身心的平衡、情绪的放松、动作的和谐为目的的做法。

（二）心理压力的影响作用

大学生就业行为，在有一定压力的情况下，会更激发个人热情和斗志，能专心地研究自己的就业取向，激励强化自身的能力，即化压力为动力。

计划经济时代，无任何就业压力，才形成了"等、靠、要"的社会性格。虽然人人不愁工作，但存在许多个人"难尽其才"，公司"无权选择合适人才"，

---

[1] 陈亚鸿，沈新华，陆亚玲.高职学生职业发展与就业指导[M].3版.南京：南京大学出版社.2018：88-89.

工作积极性、主动性难以发挥的消极作用。

如果就业压力过大,尤其将社会压力在个人心理上产生"自我膨胀",一旦超出个人的心理承受能力范围,对就业行为将不再是动力,而可能是破坏力。

（三）心理减压的方法

就业心理压力一定要保持在合理的水平上,心理压力过高应该适当"减压",减压的方法可采取期望降低法和换位思考法。

第一,期望降低法。期望是指大学生对自己的就业行为和努力能否导致所企求结果的主观估计,即根据个人的经验判断实现目标可能性的大小。

期望降低法是指根据目前大学生期望过高具有普遍性的现状,适当降低个人期望实现期望趋向合理的方法。期望过低对人的激励力量小,即太容易实现的目标,大学生就会不认真努力去争取而是静等结果。期望过高,经过努力无法实现其目标,就会遭受心理挫折。

期望是主观估计,必须与客观环境相适应。客观环境并不直接作用于大学生的就业行为上,而是通过大学生的感受即知觉而影响他的就业行为,大学生错误估计就业形势就会对不利于个人就业的客观现实置之不理,盲目地提高期望,若不成功就会产生强烈的失落感,而期望降低可以预防不必要的心理挫折的发生。从最坏方面着想向最好方向努力,降低期望取得高一些的成功,会产生惊喜,进而积极影响下一步的行为与效果。而过高期望,取得与上述同样成功,会产生心存遗憾之感,会消极影响下一步行为与效果。

第二,换位思考法。换位思考是人对人的一种心理体验过程,是达成理解共识不可缺少的心理机制。

在目前的就业形势下,任何人都无法肯定个人不会遭受择业失败。关于失败如何定义对个人就业行为影响很大,如果站在成功者角度考虑,他被聘用而你落选,那么他是成功者。但是,失败不应该只与成功相对,通过对失败重新定义,即换位思考,可以使个人情绪上得到放松,从成功者角度换位到自己的角度。如果此次竞聘是因为某个方面没准备好,也可以认为自己是一次"成功"即"成功地找到这样做不行的证明,下次不会再犯"。如果择业目标失误,可以认为自己"成功地证明自己不适应做这种工作,可以重新全力进行定向设计,可以不再犹豫不决"。

三、就业挫折预估

（一）就业挫折的含义

就业挫折是指大学生在就业活动中，遇到了障碍和干扰使其需要和动机得不到满足时所产生的情绪状态。

（二）就业挫折的作用

就业挫折直接作用于大学生下一步就业行动，尤其是初涉复杂社会环境的大学生，挫折的作用会更大。

就业挫折有积极作用，也有消极作用，威胁不在于挫折本身，而在于当事者如何承受与反应。

如果在挫折本质上，大学生本人增加另外的象征性的认识，挫折感会大大加强。如就业时遇到的失败，不要认为挫折是专为自己而设计，碰到困难就当是锻炼自己的一次机会，挫折感就会削弱。反之，认为自己比别人倒霉，挫折感就会"倍增"。

（三）挫折预估

挫折预估是指大学生在每一次求职前预先估计出最坏的结果发生的种类和相应的影响，预先做出心理应对措施的过程。

挫折预估可以在心理上做好抵御失败的准备，从最坏的角度预想往最好的方向努力，可以防止因心理准备不足，不能冷静面对求职而失败。

总之，就业挫折感是大学生个人主观的感受。挫折感的强化有时来自周围的刺激，并被主观接受，如恶意传播、添油加醋、语言暗示，极可能使心理本来可以承受的挫折变为异常严重无法承受的主观认知，从而在心理上对自己产生沉重的打击。

（四）就业挫折预估的方法

心理学上列举了各种心理防卫机制的措施，指导人们事后对挫折的消除，化消极为积极的动力。[①] 目前大学生就业行为策划中，对应聘时的挫折，应防患于未然。预先考虑防范措施，分析就业形势，将可能发生的困难多想一些，

---

① 王丽娇.就业导向背景下高职学生职业素养培养研究 [M].北京：台海出版社.2018：21-22.

可以增加对挫折的容忍力。

第一，挫折预防。将个人就业中可能出现的挫折列出，然后假定可能出现的最严重的后果，一一对应。最后对应列出挫折合理化防卫的最佳措施，事先估计可能出现的措施，给心理打"预防针"，结果不出现挫折会产生惊喜的感觉，出现了则在预先设想之中。

第二，"珍惜挫折"总结法。"挫折、经验是人生的宝贵财富"，这是诺基亚公司奉行的信条之一。在国外专有挫折教育，避免养成"只许成功，不能失败"的"骄子"。

就业中的挫折是造就强者的必由之路，挫折不仅能锻炼意志，也是增强就业能力的好机会，还是未来担任一定职位工作时，教育别人的最好案例。

挫折珍惜总结法，就是每出现一次挫折，千万不要埋怨自己，而是祝贺自己有了一次学习总结的机会，然后加大力度分析这个挫折，假如发生在今后工作中会带来的更大风险，总结出可以为今后带来的"好处"，总结得越多越好。

求职出现挫折，绝不能把它与失败等同，既要把求职看成是人生中的一件大事，又要看作一件十分平常的事。挫折仅意味着需要再试一次，再做一次努力，如果主观调整合理，挫折出现时，主观感受不是沮丧和懊悔，而是考虑采取有效的方法去预防下一次失败。

第三节　求职的行为准备

一、专业岗位细化分析

（一）专业岗位细化的含义和必要性

专业岗位细化是指大学生根据自己的专业，有针对性地寻求更适合自己个性的岗位、有效地发挥自己能力的行为过程。

专业岗位细化很有必要，社会划分不同的职业，职业中又包括许多单位，单位里又分为不同的岗位，就业前所学习的专业可选择的目标多而杂，就业后的一定阶段只能从事某个岗位的工作。由于不同的专业也可以从事相同的职业，相同的专业也可能面对众多的单位和众多的工作岗位，所以，就业行为也是职业选择、单位选择、岗位选择的活动。

（二）岗位细化分析的作用

1．有利于就业的"有的放矢"

专业岗位细化分析包括了解职业的工作内容、知识要求、技能要求、经验要求、性格要求、工作环境、工作角色等。细化分析后，可以比较自己与所期望的工作岗位之间有多少差距，权衡不同单位、不同岗位细化差别的存在，与个人选择的利弊得失，做到就业"有的放矢"。

注意：专业细化分析要防止按照个人主观欲望脱离实际进行。

2．有利于求职文件的合理设计

目前的大学生过多依赖学校、家庭，对就业简历、求职信不是依据个人自身特点去设计，而多是采用网上现成模板或在他人帮助下完成，对应聘不同单位的不同工作，千篇一律的设计，"广种薄收"般的投放，既无针对性，也无法体现个人特点。也有个别大学生任意发挥设计，不仅不规范，内容很难引起招聘主管的兴趣，甚至会造成招聘单位的误解。

注意：在专业岗位细化基础上的求职文件设计，会更合理准确。

3．有利于面试时回答问题更适宜

应聘面试官发问时有一般性的提问，该类问题适用于对不同职业工作的发问；也有比较具体的提问，适用于对具体某类工作的发问，如从事技术工作，可能注重专业知识、技能发问。如果对方想确定某个人是更适合做技术开发还是加工车间现场生产技术工作，就需要更有侧重点地发问。

注意：根据所选择的岗位要求特点，在面试回答问题时能更有效地推销自己。

4．有利于提高工作中的适应性

大学生对某项工作的适应性，对其完成工作及取得的一定绩效有直接的影响。

没有求职经验的大学生，之所以经常在谋职中失败，或经常易职，总也找不到适合自己的工作，其中重要的原因就是不了解自己的职业适应性。

注意：首先要了解自己，同时也要了解专业岗位细化后的特点，二者达到统一。

二、求职能力分析

（一）个人能力结构的判断

1. 凭自己的直觉判断

直觉是未经充分逻辑推理的感性认识，由于个人在已经获得的知识和积累的经验基础上，形成了对自己某些方面的认知，因此，可以凭自己的直觉判断自己某些方面的能力。

2. 与别人的比较进行判断

"有比较才有鉴别"，应聘是与他人竞争，通过与别人比较，知道自己与他人相比存在的能力空缺和强弱，进而可以了解自己的一些能力特征。

3. 从别人对自己的评价来判断

每个人存在别人了解而自己不了解的一部分自我，如同自己的后背一样，属于自己看不到，而别人看得很清楚。通过别人的评价，可以了解到自己具备或欠缺的能力。

4. 借助能力倾向测试来判断

由于大学生缺乏社会经验，所以评价自己的能力结构比较困难，往往失之偏颇。采取比较成熟的能力测量表，既可以判断具有什么样的能力优势，也可以测定未来的工作潜能。

（二）职业能力测量表

1. 各种职业能力的解释

第一，语言能力是指对词及其含义的理解和使用能力，对词、句子、段落、篇章的理解能力，以及善于清楚正确地表达自己的观念和向别人介绍信息的能力。

第二，数理能力是指迅速而准确地运算以及在准确的同时，能推理、解决应用问题的能力。

第三，空间判断能力是指对立体图形以及平面图形与立体图形之间关系的理解能力，包括能看懂几何图形，对立体图形的三个面的理解力，识别物体在空间运动中的联系，解决几何问题。

第四，察觉细节能力是指对物体或图形的有关细节具有正确的知觉能力，对于图形的明暗、线的宽度和长度做出区别和比较，看出其细微的差异。

第五，书写能力是指对词、印刷物、账目、表格等材料的细微部分具有正确知觉的能力，善于发现错字和正确地校对数字的能力。

第六，运动协调能力是指眼、手、脚、身体迅速准确地随活动的动作做出精确的运作和运动的反应，手能跟随眼所看到的东西迅速行动，进行正确控制的能力。

第七，动手能力是指手、手指、手腕能迅速而准确地活动和操作小的物体，在拿取、放置、调换、翻转物体时，手能做出精巧运动和手腕的自由运动能力。

第八，社会交往能力是指善于人与人之间的相互交往、相互联系、相互帮助、相互影响，从而协同工作或建立良好的人际关系。

第九，组织管理能力是指擅长组织和安排各种活动，以及协调参加活动中人的人际关系能力。

2. 各种职业能力的测量

职业能力的评定采用"五级量表"："1"为强；"2"为较强；"3"为一般；"4"为较弱；"5"为弱。[1] 评定等级可能有小数点，例如，等级 2.2，表示此种能力水平稍低于较强水平，高于一般水平。每级评定都有相应的权重参数，将评定等级乘以权重参数，然后把六项数值加起来，再除以六即为最后得分。

三、求职形象分析

（一）求职形象的含义和作用

求职形象是指大学生在求职过程中给他人留下的外在感知，以形成在职场中对自己求职有利的主观印象为目的的行为表现。

求职过程不仅是能力、资格、阅历的比拼，具体还包括外在形象、品德修养、专业能力和知识结构四大方面。

首先，在求职现场，所有人都对你的外表的变化显示出比平时更加的敏感和在意。社会学者普遍认为一个人的形象在人格发展及社会关系中扮演着举足轻重的角色。

其次，日常表现的种种形象特点，构成个人职业生涯的特质。

再次，求职是为了不断晋升，职业形象会影响个人晋升的概率。获得上司的认可是晋升的核心要素之一，如果因为在上司面前的职业形象问题导致误会、

---

① 祝文燕. 高职大学生职业生涯与发展规划 [M]. 北京：现代教育出版社.2018：26-27.

尴尬甚至引发上司厌恶，在同事同级层面上因为职业形象问题导致离群、被孤立、被排斥，那么会直接影响晋升。

最后，无论在什么岗位上工作，如果自己的职业形象不能体现专业度，不能给工作对象带来信赖感，那么所有的技巧都是徒劳，所以，职业形象非常影响个人业绩。

（二）求职形象设计原则

（1）个性化原则。根据自己的个性特质，打造一种与众不同的效果。既非大众化，又有大众化做基础的独具一格。行为举止违背自己的个性会让人感到故意做作，言谈能与自己的个性相协调，就能达到求职"加分"效果。

（2）协调性原则。在求职目标、环节、方法、技巧等方面，合理衔接、协调配合。但求职过程也会发生"短板效应"，因某一方面的缺陷导致对全局产生影响。

（3）和谐性原则。就业求职是竞争过程，人与人之间、事与事之间存在矛盾。求职人与公司之间是交换关系，存在利益矛盾。在各种矛盾中，个人外在形象的和谐性强调与周围各种事物相辅相成、互促互补。

（4）完整性原则。强调求职过程中没有欠缺、遗忘，将自己的信息完整地展现给公司，但不是面面俱到而是突出重要信息。

（三）个人形象分析内容

1.工作岗位特性：分析自己最适合做什么

求职工作岗位都有一般性的共同要求，也有各自的特性要求。一个公司中可能包含销售部门管理人员、公关部门职员、办公室内勤人员、财会工作人员，而某个大学生可能学过与各项工作相关的专业课程并成绩合格。这很容易误导初涉社会的大学生以为做什么工作都可以，求职外在形象、言谈举止按照文员职业装饰、通用性语言即可。其实，稳重与爽快、简洁与细腻、干脆与斯文，每一个特殊点都可能成为某个岗位的优势表现，也可能成为另一项工作岗位的弱势反映。

2.外观设计：分析自己怎么做能产生最佳效果

相同的服装穿在不同的体型、肤色的人身上，不同脸型搭配不同的发型设计，以及以不同特征的行为语言作补充，都可以产生不同的第一印象。求职前最好认真研究，免得失去协调性。

在有形的外观设计的同时，也要注重应该带有的表情。相由心生，表情与心态紧密相关，因此，要研究如何保持一个良好的心态。

3.求职表达演练：将设计好的个人形象进行行为预演

借助镜子技巧和他人帮助，在模拟的求职现场结合自己的形象进行演练，增加熟练性、寻找遗漏点。

第四节　求职资料的准备

一、求职资料准备简述

（一）求职资料准备的含义

求职资料准备是指在求职过程中，与求职相关的文字材料的设计、制作和使用的策划过程。

（二）求职资料准备内容

求职材料包括个人简历、求职信、推荐信和证明自己在大学期间的奖励证明、实践成果证明及作品等。

个人简历是求职者给招聘单位的一份个人简要介绍。包含自己的基本信息：姓名、性别、年龄、民族、籍贯、政治面貌、学历、联系方式；自我评价、工作经历、学习经历、离职原因及本人对这份工作的简要理解。

求职信是求职者向招聘单位表示求职愿望的文字说明，它与普通的信函没有多少区别，又不同于"公事公办"的公文函。求职信起到毛遂自荐的作用，目的是让对方了解自己、相信自己、录用自己，它是一种私人对公并有求于公的信函。

推荐信分为两种，一种是正规的毕业就业部门的推荐，其栏目比较多，详细填写之后需院系在规定栏内盖上鉴定公章。推荐信的另一种是个人向月人单位推荐，如导师、曾经在应聘单位任职的精英、朋友。

（三）求职资料易出现的问题

第一，追求表面华丽。注重封皮设计，花里胡哨甚至自己都难以看清其含义。求职材料只为了显示自己的与众不同，哗众取宠般写各种标题，暴露出华而不实的特征，只会引起招聘者的误解和反感。

第二，从众模仿性强。没有认真研究自己的个性和优势，没有研究内心向往的工作特征，不是认真设计符合自己的求职材料，而是从网上下载或借用别人的模板或请人帮助制作。尤其是一份标准模板下载后做出来的简历应用于多种行业、多个职位的求职，仿佛自己什么行业、什么岗位都能适应。

第三，缺乏细节研究。一份好的简历内容应该清楚易读，形式、内涵都要注重优质，然而如今很多大学生求职材料暴露出不注重细节的毛病，如错别字都不认真审阅，闹出笑话。

有人在简历中这样写自我评价："我是一个非常感性的人，挺适合贵公司的职业规划师一职，不知你对我的感觉如何……"给人莫名其妙的印象。

二、求职资料的要求及作用

（一）个人简历

1.个人简历的基本要求

（1）篇幅适中。字数最好不超过一张纸，要使招聘人能在几分钟甚至几十秒钟内看完，并留下一个深刻印象。

（2）布局得当。结构、逻辑、层次清晰，避免把所有信息掺杂在一起，让人理不出头绪。

（3）用词准确。少用虚夸的形容词和副词，既不要夸张，也不要消极。

（4）内容真实可信。不可随意抬高身价，求职资格和工作能力要有根据。

（5）有明确的求职目标。使招聘人员觉得你的各方面情况与你应聘职位的任职资格相符合，与招聘条件相一致。

2.简历的作用

简历的根本功能在于尽可能地吸引招聘单位的注意力，要能让负责招聘的人为之怦然心动，必欲先睹之而后快，并对求职者产生兴趣和好感。

个人简历也是自我推荐的一部分，不能仅从自己的需要角度出发。作为就业双方，是特殊的价值交换过程，证明自己能满足对方的需要应该放在首位考虑。

简历写得好坏，是决定你能否获得面试机会的最重要的因素之一。

（二）求职信

1.求职信的基本要求

求职信带有一定私人信件的性质，应有一定的感情色彩，行文要简明流畅，晓之以理，动之以情，既要有说服力，又要有感召力，使人相信你的资格、能力和人品。

目前求职信往往采用电脑打字，方便中也容易带来失误，错别字必须杜绝。如果能够把潇洒的签名放在后面，对于一些工作岗位的应聘，也会收到意外的效果。

2.求职信的作用

求职信与个人简历的相通之处是，都要引起招聘人的注意，获得好感和认同，争取面试的机会。

求职信与简历的不同点在于，求职信是针对特定个人而写，主要表述求职者的主观愿望与特点，突出个人的求职意向，打动招聘人的心，是对简历的简洁概述与补充。

求职信是给应聘者提供展示个人风格、优势及个性的机会，不要做华而不实的表面文章，不要有大话、空话的豪言壮语。

（三）推荐信

1.推荐信的基本要求

因为推荐表具有代表校方用人单位推荐毕业生的作用，故而推荐表具有唯一性，每个人只有一份原件。如果是在导师承担的课题或在科研项目辅助完成过一定的任务，具有一定的业务水准，导师给予的客观评价可以起到推荐作用。其他朋友、业内精英等，也可以实事求是地推荐。

2.推荐信的作用

目前很多大学生忽略推荐信的作用，尤其是大学扩招和所谓的提前就业，导致很多大学生与导师之间失去了彼此深度交流的机会，匆忙地选择就业，官方推荐表又有唯一性，造成真正拿到毕业证时，寻找到理想单位却没有校方的推荐。而导师的个人推荐作用，更局限于那些好学校优秀学生碰到了有合作项目的精英教师之间。

导师的推荐信对应聘有很大的参考价值，甚至教师的社会关系能够对一些大学生就业起到帮助作用。[①] 如今的高职学院里，大学生毕业了连老师的姓名都不知道的情况一点都不少见，显然是因为大学生根本没有意识到导师的推荐作用。无论在计划分配还是市场调整下就业，有知名度人的推荐信都有极为重要。

推荐作用不是否定大学生个人奋斗的能力，而是防止大学生优势因为应聘会人群拥挤、时间有限而被埋没。

（四）相关材料

相关材料是指证明个人以前成果和荣誉，请招聘方注意的各类证明，相关材料的提供，必须与所聘职位具有正相关作用，相关材料一般如下。

（1）毕业证书、学位证书。

（2）各类奖励证书。

（3）英语、计算机等级证书、职业资格证书。

（4）实践活动成果等。

（5）发表过的文章等。

（6）有关的专长证明材料。

三、简历设计

（一）简历的基本内容

简历的基本内容如下。

（1）标题。

（2）个人资料：姓名、性别、年龄、电话、地址等。

（3）申请目标：写明要申请的职位。

（4）工作经历：写清工作过的单位、时间、担任过的职务、主要业绩。

（5）学历及资格证书：所读学校的名称、所修专业及通过考试的结果和资格证书。

（6）培训情况：写清接受培训的时间、地点及证书。

（7）语言能力、特别技能及出版作品。

---

① 丁长峰.高职学生创新创业与职业生涯规划 [M].北京：国家行政学院出版社 .2018：74-75.

（8）证明人。

（二）简历样本

大学生求职简历网上有现成的模板，大学生个人应该合理选择，不要追求华丽。大学生求职往往做成带封面的资料，封面设计也很关键。封面的图案可以自我设计或者网上下载，不要随心所欲。

（三）简历设计的注意事项

（1）个人简历最好自己起草，然后再请有经验的人提出建议，帮助修改。这样既可以突出自身的特点，又可以避免犯一些常规性错误。

（2）主要业绩及工作经历要与所申请的工作相关。

（3）证明人不要选择自己的父母或亲戚。一般选择的证明人对你特别熟悉，且能够联系得上，而且是本人同意做你的证明人。

第七章　高职学生就业上岗策划

第一节　就业起步策划

一、就业起步策划的作用和内容

（一）就业起步策划的内涵

就业起步策划是指大学生应聘并被用人单位录用后，或者学习结束准备就业前的实习阶段，为了顺利融入社会环境，被单位接纳，顺利开展岗位工作所进行的分析、决策过程。

当今的就业与计划分配不同的是，很少"一聘定终身"。无论是提前从校园到用人单位就业，还是先安心完成实践教学环节（实习），其性质是相同的，都是适应社会、适应工作。进入工作岗位后合理的跳槽是应该的、难免的，但是，如今的大学生就业流失率居高不下，并不是都有合理的理由。很多不应该做出的选择，是因为刚从较为单纯的校园环境出来，不适应复杂的社会，心理落差过大，无法接受一些"不合理"的惯例，从而导致情绪化行为发生。因此，被聘用不等于"成功就业"，能顺利地适应环境，并能灵活应对复杂变化，需要提前做好就业起步的策划。

（二）就业起步策划的作用

首先，进入工作岗位虽然有聘用合同，但那是纸面上的"接受"，即使经过严格的面试，用人单位也不是百分之百地认同。岗位上人际环境的接纳、认可程度，直接对就业者形成动力或阻力。就业起步策划的作用之一，就是充分考虑可能出现的阻力因素，有思想准备并灵活应对。

其次，大学生专业理论已掌握到一定程度，但工作经验为零。岗位工作经验的获得，靠个人直接获得较少而且较慢，更多的是间接经验的获得。间接经验来自老员工的传授，如果第一印象引起了老员工的反感，将会失去很多获得经验的机会，就会推迟事业发展的机会。

再次，客观环境对新进入的"外来者"都会有一种排斥倾向。这种倾向在影响人际关系、获取经验的同时，也会影响大学生工作、生活情绪。给大学生造成的心理挫折，往往是导致大学生就业失败的最直接因素。

最后，大学生年轻，难免外显气傲；社会常识匮乏，难免言行浮躁。就业起步策划就是结合自己的个性，提前进行研究，找出扬长避短的方式方法。

（三）就业起步策划的内容

1.预知社会磨合期

大学生就业难以回避"磨合期"，因为与学校相比，人与人之间、环境之间存在不同点，这些不同点犹如各自的"凸凹"，接触、摩擦会产生"冲突"，如常常会有"被排挤""被忽视"的感觉，而且不会排解。发现理想和现实的差距过大，就会"忍无可忍"愤然离开等。一般来讲，就业前几个月属于"磨合期"，就业起步策划目标之一是预知社会磨合期，做好三大准备（心态、学习、意志）。

2.寻求能被快速接纳

由于纸面上的合同并不保证事实上的被接纳，由于客观环境对"新进入者"的排斥性，以及社会对大学生所形成的种种消极的定势看法，寻求能被快速接纳是就业者进入工作状态的重要任务。

3.做好顺利工作计划

顺利工作是所有大学毕业生的所愿，也是用人单位的期待。无论是愿望还是期待，都需要有严密的计划、合理的步骤、周到的细节给予保证。做好顺利工作计划，需要在人际、做事方法、生活习惯等多方面进行合理安排。

4.适时设计事业发展

职业是参与社会分工，利用专门的知识和技能，创造物质财富、精神财富，获得合理报酬，满足物质生活、精神生活的工作。事业是人们所从事的，具有一定目标、规模和系统的对社会发展有影响的经常活动。两者可以统一，也有区别。缺乏事业心，在岗位上会热衷于眼前利益、偏重个人利益。大学生就业后要抓住机会使自己变成事业人，将自己与社会相融，认准自己、认准时机、认准环境，合理安排自己的发展途径，且避免受社会中消极因素的影响，成为"橡皮人"一类的职业工作者。

二、就业起步策划的原则和意义

（一）就业起步策划的原则

1. 有效性原则

有效性原则首先要体现出行为策划的可行性。工作策划不是大学生依据主观的愿望展开计划，不是脱离现实工作岗位要求的空想。有效性的关键在于，符合客观工作需要。

有效性原则就是充分考虑最不利的因素，从"最坏方面着想，向最好的方面努力"，进行合理的行为策划。[①]

2. 适应性原则

大学生怀着美好的憧憬进入工作单位，绝大多数是抱着尽快干好工作的愿望，用人单位也希望所聘之人可以胜任工作岗位。但是，毕竟教学环境与社会环境有很大的差距，复杂的社会环境中会存在许多不如意、不公平，所以要求大学生必须做到"随遇而安、随机应变"。

适应性原则不仅强调个人要适应工作环境，在行为策划上也要注意可调适性。不能因为预想策划与现实发生"冲突"，轻率下"失败性"结论。应以调整自己为主，把存在的、发生的现实先"心安收下"，冷静分析之后，避免因小事的不理解而发生心理挫折。

3. 低位切入原则

由于工作环境中，会有不同学历、不同经历、不同经验、不同专长的人群，"三人行，必有我师焉"，就业是一种新的学习活动，所以，高职学生进行策划时，要坚持低位切入的原则，工作不厌其小，角色不厌其低。按照勤奋学习而设定步骤，按照不耻下问而设定心态。取别人之所长，构建个人的合理能力结构，按部就班地提高个人的综合素质。

---

① 王丽娇. 就业导向背景下高职学生职业素养培养研究 [M]. 北京：台海出版社 .2018：99−100.

4.精细化原则

精细化原则不仅要求自己养成工作精益求精的观念，更重要的是从具体到细节进行行为策划。

首先，体现在工作上精细化。注意细小工作环节的合理安排，通过工作细节树立个人工作认真的形象和提高工作效率。

其次，体现在生活上精细化。注意生活上细节的合理策划，肯定发扬个人优点的同时，寻找大学生共性弱点和个人个性弱点，有针对性地制订改造计划，通过生活细节的优化，赢得良好的人际关系和认可。

最后，注意语言的精细化。语言细节体现在"会说""该说不该说"上，现在的大学生由于家庭环境和学校环境的影响，似乎认为都是平等的社会人，说话也是"平起平坐"。其实，语言细节很重要且更难掌握，需刻意注意。

5.发展性原则

发展性原则要求适应期行为策划要将现在与未来综合考虑。也许所选择的岗位与自己不"匹配"，但不等于公司没有适合的工作岗位。

经常会有一些大学生进入工作环境后，如果只有自己被录取，将自己被安排的工作角色与老员工比好坏；如果是几个人一起被录用，就与同伴争高低；甚至质问"为什么对我这样？"，威胁公司"不安排满意工作我就不干了"。即使公司需要留下你，也会因此产生不好的印象，受影响的其实还是自己。

（二）就业起步策划的意义

1.快速实现角色转换，是迈出成功的第一步

进入工作岗位后，工作、生活环境与以往的校园环境有很大差别，角色、心态、思维方法截然不同。过去是消费型学习角色，有人督促有人帮助；如今是技能创造价值的角色，是在压力下的刻苦努力学习。曾有毕业生疑惑不解，觉得老员工缺乏学校教师的主动热情，这反映的正是个人角色没有改变。

2.顺利适应环境，实现人际融合

社会化分工与协作，决定了工作必然在人际交往间完成。工作岗位间的人际关系与校园内的同学关系不同，提前做好起步阶段的行为策划，可以面对工作环境随遇而安，发生人际冲突时有心理准备。尽快实现人际融合，构建良好的生存空间，对顺利工作大有帮助。

3.减少工作挫折

任何大的工程都是由具体的细小环节构成的，针对大学生的一些弱点，容易出现"大事做不成，小事做不精"的现象。起步阶段的行为策划，其中一点是重视工作细节的策划，而工作细节好坏往往是周围人评价的主要考虑因素。因为细节引起的失误受到指责，大学生心理更容易产生挫折感。

4.为未来的职业快速发展期奠定基础

初步工作带有普遍性的意义，各种企业的各种岗位，有工作技术方法的差异性，也有一般能力的通用性。扎实地做好适应期的工作，养成良好的工作习惯，增加社会需要的各种一般性能力，将是未来发展的资本。

总之，大学生职业生涯是个连续发展的过程，客观上要求不能出现"链条断裂"。就业起步期是第一次走上社会，心理变化反差非常大，一些大学生正是由于这一阶段的失误，延误了整个职业生涯的发展。

三、就业起步的途径选择

就业起步的途径有直接就业（从课堂到实际岗位）和实习过渡就业（学校安排的实践环节），两种途径没有好坏之分，只有个人特点、专业特点不同的灵活选择。如果个人准备不足或者主意难定，不妨先进入实习途径，不急于提前就业。

（一）避免就业"异化"现象

异化在哲学上是指：主体发展到了一定阶段，分裂出自己的对立面，变成了外在的异己的力量。就业本来是帮助学生从课堂进入工作岗位，帮助用人单位解决人力资源需求。如果就业过程出现与这两个目标相悖的行为，就业就会发生异化现象，产生形式上的就业，导致学生本质上不能顺利生存发展，用人单位产生误解和不满的后果。

（二）避免错误认识现象发生

1.认识模糊现象

大学生进入就业准备阶段，所遇到的麻烦不是岗位不足，而是"机会过剩"。所谓的机会过剩，是指摆在大学生面前的是做什么都有成功的案例，犹如面前有各种食物，什么都想吃，结果不知道吃什么好。就业准备阶段机会过剩是一种假象，很多大学生开始时感觉寻找到了个人觉得理想的工作，工作一段时间却总是看不到发展前景，其根本原因是，很多大学生似乎感觉好像都接触到了，但又都停留在一知半解。理论机会化作个人的现实机会，需要一段艰难曲折的过程，而认识模糊在这个艰难曲折过程中往往导致更加迷茫，出现认识模糊、遇挫动摇、三心二意、虎头蛇尾等现象。

2. 行为盲目现象

所谓的行为盲目，就是在与相关就业有关的行为中表现出的无见识、无目的特征。随意选择，盲目跟风，不加分析，盲目听信，急于求成，盲进盲出。比如，一个营销专业女生刚进入实习阶段，就因为不随心的理由，盲目听从男朋友的意见，去一个社区医院做护士，连护士需要的相关资格常识都不懂，又如何能坚持？

急于求成、急不可耐是青年人的一个特征，如果表现在就业准备阶段，往往事与愿违。不知道为什么选择，不清楚选择后的效果，在大学生临近毕业阶段表现非常突出。自古"快"字，多用于褒义，速度大、灵敏、锋利、爽利、高兴等，但是，在很多地方就业应聘会出现拥挤不堪的"抢购式"，此"快"毫无意义。

（三）合理安排，完成实习

实习需要打工，因为只有真实的工作岗位才能掌握工作技能、增加工作经验、增强社会能力。但是，打工不等于是实习，用打工替代专业就业准备是一个认识误区。打工往往以收入作为选择的依据，实习则是借助真实的打工过程，理智地选择打工方向、形式，设计出合理方案，克服种种挫折，系统地进行总结的过程。在实习经验总结的基础上，毕业后更合理地选择就业。而将打工等同于实习，是将实习物化，脱离了就业准备的内涵。

例如，一位在上学期间能够在淘宝上做网店经营的高职生，在实习之前，老师提示他应该去一个有产品生产的公司实习，掌握工作技能、锻炼意志、学会交际的同时，未来可以利用淘宝网的技术经营公司产品，可以为自己设计自己喜欢的工作岗位。高职生开始认为很合理，但由于在实习前该学生遇到一个名牌厨具代理商招旺季兼职，这位学生得知名牌产品进入旺季，可以挣些现钱，于是放弃了老师的建议。在社会一些"平民百姓就得多挣些现钱"的意识误导下，将就业前准备的实习物化为"多挣钱"的行动。

实习需要报酬，高报酬不等于实习。高职培养目标需要一线工作技能，所以借助打工形式。如果完全与打工理念相同，将挣钱放在第一位，培养的是一个优秀的"打工仔"，而绝不会是合格的高职毕业生。当今很多大学生被骗上当，甚至被误导进"传销队伍"，无不与追求金钱第一紧密相关。

第二节　就业三大准备

一、就业心态准备

就业前心态一般是指大学生对即将面临的工作本身、周围环境各种事物与各种关系，所持有的观点和行为取向的原则。每个大学生都无法准确估计会遇到什么人、什么困难，无法准确将解决问题的妙计熟记心中。保持良好的十种心态（"十心"），就是掌握了做事的原则。

第一，安心。即心情安定。严格上讲，社会上没有完全符合理想的工作岗位与环境，面临的求职目标与预先期望大相径庭也不奇怪。大学生羡慕沃尔玛的事业辉煌，更要知道其创始人沃尔顿大学毕业后最初也只是一个小镇连锁店的打工仔，十几年后才开设自己的商店。

第二，诚心。即真心诚意。目前的用人单位对当代大学毕业生抱有缺乏诚心的成见，不是空穴来风。用人单位不论规模大小，都有重要岗位，犹如"家有房屋千万间，睡觉只是三尺宽"的道理一样，即使进入跨国公司，你的工作也只能从事其中的一个岗位。因此，无论去什么公司什么岗位任职，首要的考验指标是诚信做事，并把诚心工作作为提高人格魅力来加以认识。

第三，信心。就业信心是对于尚未从事工作岗位的信念和凭据，它包括相信自我和敢于将自己完全委托他人两个层面，前者通常称为自信，后者通常称为信任。

初次工作，大学毕业生心理既兴奋又紧张，兴奋的是要开始新的生活，紧张的是怕做不好工作。因此，工作之前要树立信心，相信自己一定能干好。不要把自己与老员工对比论成败。

目前的大学毕业生相信"天将降大任于斯人也"的较多，不屑于做好小事、琐事。有信心地工作，应该在小事、琐事上做得精益求精，赢得大家的认同。

第四，耐心。即不急躁、不厌烦、有耐性。大学毕业生身上普遍存在一些具有双重性的特点。如热情来得快，恨不得最短时间工作出成果，这一特点的另一面就是，热情消失得快，工作急躁做不好就泄气。如大学生求新意识强，愿意接受新事物，这一特点的另一面就是，做简单的工作或重复的工作就觉得缺乏乐趣，产生厌烦情绪。

第五，恒心。即坚持达到目的或执行某项计划所具备持之以恒的决心。大学毕业生即将进入陌生的社会环境，一旦缺乏恒心，进入工作状态往往会"常常立志常无志"。[①]

目前大学生就业很少与事先理想期望相符合，最容易让初涉社会的青年产生退意，因此，培养工作恒心，是事业成功不可缺少的一环。

第六，热心。即所谓的热心肠，热忱；干什么就爱什么，对工作有兴趣，肯努力。

在任何单位，不论领导还是同事，最初都在用一种审视的目光观察新进入的大学毕业生，如果工作辛苦，事情琐碎，大学毕业生一旦表现出冷淡的态度，就会引起领导和同事的议论或反感。

工作有热情、有兴趣，也体现在尽全力做好细小问题方面，这对培养认真、细致的工作习惯非常有用。

第七，虚心。即所谓的谦虚，不自满、不自大；不自以为是，能够接受别人的意见。

"三人行、必有我师焉"。即使你是名牌大学优秀毕业生，公司中的普通工作者文化可能低，但并不意味着不可以作为你的老师。事实上，知识本来就分为书本知识和社会知识，书本知识也是来自社会的过去经验总结，人的智力因素大部分靠社会知识来提高。因此，每个人都可以有别人不具备的好经验、好方法。虚心工作，认真求教对当今大学毕业生非常必要。一些大学毕业生表面似乎"怀才不遇"，但实际上普通事情也做不好。

第八，清心。即心神宁静、快乐自处。古人养生注重内心的宁静与和谐，同时强调个人与自然、社会、他人要保持和谐的关系。

大学生做任何工作都会产生矛盾，包括与社会环境的矛盾、与周围人之间的矛盾，不论矛盾是否能尽快解决，始终保持工作清心最为重要。大学生易冲动，对一些环境刺激，心理承受能力较差，情绪化行为较多，不计后果的行为选择经常出现，因此，培养工作清心相对较难。

第九，雄心。即理想和抱负，壮志宏愿。大学生工作雄心与好高骛远有本

① 蒋丽芬，郏宁扬.匠心养成——高职学生职业精神修炼[M].北京：高等教育出版社.2018：77-78.

质区别，工作雄心是在对客观环境条件分析、融合的基础上，为自己未来设定的奋斗目标所确定的主观志向。好高骛远则是对自己能力没有客观分析之前，主观上所产生的不切实际的追求。大学生进入社会会有极端动摇性的表现，开始好高骛远，脱离实际，盲目追求；遇到挫折会走向另一个极端，失去奋斗的雄心，消极颓废。无论哪种极端心态都是就业成就事业的弊端。

第十，苦心。即做事费尽心思、苦心经营。如果想不比别人多辛苦，就不要奢望能比别人多收获。很多工作困难是经常性的，甚至经常会出现山重水复疑无路的状态，因此，需要绞尽脑汁、费尽心思才能寻找出合理的方案。任何事业发展都会艰难曲折，只有苦心经营才能取得成功。

二、就业学习准备

（一）克服认识误区

大学毕业生学业结束等待就业，往往产生一种心理暗示："学习任务告一段落，就业开始工作"。于是，进入一个要全身心忙碌求职的认识误区，其实毕业并不是学习结束，相反学习的内容增加了很多，甚至有些学习内容是迫切的，是没人主动讲授的，需要自我选择。

（二）明确学习任务

第一，学习就业规律。就业过程不是单方面的为所欲为，是双方相互认可的交换。就业目标不是一步到位，是有各自不同的曲折发展。就业规律制约每个人就业发展中的每个环节，因此，抓紧学习就业规律，学会服从客观环境，防止出现"想当然"的思想。

第二，学习社会能力。社会能力一般学校不专门开设，因此导致大学生适应社会、团队协作等方面的能力较弱，而社会能力往往在就业时比专业能力先发挥作用。因此，要主动学习掌握必要的社会能力。

第三，学习工作规则。任何工作都不是原理性的固定模式，每一项工作都有其特殊的可操作性运作规则，懂得工作原理需要掌握"会做"的本领，想要做得出色则需要超众的技巧。这个发展变化过程需要一步步地学习，在就业准备阶段，应该采取各种方法，尽可能地了解所要求职的工作岗位规则，做到有备无患。

第四，学习行为设计。大学生在自己熟悉的学习环境中养成的行为习惯，有些习惯可以继续保持，有些习惯可能不适应社会就业环境。因此，大学生的言谈举止要进行研究设计，争取给招聘单位留下最佳的第一印象。

第五，学习挫折防卫。在一些教育者和大学生的心中，认为学校环境属于社会环境的一部分，似乎每天出校门就是接触社会。加上学生在兼职过程中，网络又使世界变小，能了解很多天下事，以为社会与校园在空间上不存在太大的差异。其实学校的环境不是宏观环境的缩小，而是一种"失真的环境"，俗称"象牙塔"环境。在这个环境里，过去是学生接受经过老师"二次加工"后，对客观世界的认识，回避了消极阴暗面对学生的影响，形成了单纯、片面的世界观；现在是大学生自发、无序地接受各种社会信息，度过的是半失控状态下的人生价值观形成阶段。

第六，学习理解不公平。同样的事情发生在新老员工身上，会出现不同的态度，很多大学生对这种不公平非常气愤。公平与平均不是一回事，资源的有限性、人际的亲疏性，决定了有些不公平要长期存在。其实就业中的"马太效应"经常出现。

（三）懂得学习方法

好的学习方法主要有如下几种。

1. 主动性学习

不要将课堂上绝对服从教学安排学习的习惯带到就业中，社会除了公司安排的强制性学习内容外，真正能使自己能力区别于他人的学习，只能是自己的主动性。实现主动性学习，不是拿出更多的集中时间，而是随时注意甚至睡不着觉也思考问题。主动性学习与校园内考试制约下的强制学习截然不同，而是将学习的任务装在心里，随时学习。

2. 独立性学习

从众是大学生就业中表现较多的行为特征，甚至求职也期望有伙伴陪伴，自然学习也表现出愿意"跟风"。独立性是就业必备的特征，不要寄托于他人的关照，不要取决于他人的强制，不要受制于他人的理解，只要是有利于自我设计好的职业发展，就要学会独立于他人，选择性学习。

3. 针对性学习

世界上没有无用的知识。如果因为知识的有用性，即把不加筛选的知识作为学习的内容，一辈子也学不完。为了工作能够尽快出色地完成，针对工作岗位需要而学习，学会对知识的取舍是很关键的。

4. 强制性学习

时间永远是紧张的，欲望永远是出新的，经常会出现"想学而未学"的现象和现象之后的一次次"时间不够"的解释。强制自己学习，并做好雷打不动的学习计划，是就业前获得有帮助的能力提高的前提。

三、就业意志准备

就业意志是指大学生自觉地树立就业目标，并根据目标支配自己的行动，克服困难从而达到预定目的的心理过程。

就业行为过程犹如"凤凰涅槃"，许多有就业经历的大学生回首应聘就业过程，都会对此深有感触。因此，就业行为离开意志无法成功。整个就业过程都需要意志力，只是工作准备期的意志准备更为重要。

首先，战胜心理惰性。惰性是指无法按照自己的愿望进行活动的一种精神状态。由于大学生很长时间在生活上处于"养尊处优"的状态，好学生绝大部分精力放在学校规定的学习上，差学生把大部分精力浪费在网吧、恋爱等消磨时光上。有些事情已不习惯做，活动反应迟钝。大学生从道理上都知道，参加工作要勤奋，工作要细心，然而在实际行动中或反应不及时，或产生失误后才后悔，并且经常会陷入自责的"情感折磨中"。

其次，克服坏习惯。大学生会沾染一些坏习惯，如贪睡、好玩、讲究吃穿。进入工作单位会因小而失大，引起别人的反感，就业意志力的作用之一可以帮助大学生提前下决心克服坏习惯，避免招聘单位对自己产生误解。

再次，抵制不良诱惑。大学生属于文化水平较高的群体，但并不意味着不会上当受骗，过去曾有大学生让不识字妇女拐卖，今天又有不少大学生被拉入"传销"队伍而难以脱身，其根本原因就是，潜意识里存在片面追求、巧取利益之心，因此被人所诱惑。就业过程中也会被一些不良诱惑所吸引，本来设计好的就业过程，突然出现令人垂涎的"机会"，头脑发热以为是天上掉下来的馅饼，最终吃亏上当。

初次工作的大学毕业生，要抵制不良诱惑，意志坚强，按照理性设计的就业程序不动摇。

最后，克服绝望情绪。大学生的生活和情绪都处在比较动荡的时期，强烈而不稳定，甚至很小的困难都会使其灰心丧气、意志消沉。大一点的困难经过主观情绪加以放大后，甚至会产生轻生的念头，过去就业前大学毕业生轻生的情况并不罕见。所以，当今应该加强大学毕业生就业前意志力的培养。

第三节　最快寻求被接纳

一、被接纳的概述

（一）单位接纳态度的分类

进入工作单位后，会出现不同的状态。大致分为四种：大学毕业生与工作单位互相都不满意的双低状态，公司满意而大学毕业生不满意的低高状态，公司不满意而大学毕业生满意的高低状态，公司和大学毕业生都满意的双高状态。

1. 双低状态（双误状态）

双低状态是双方都从各自需要出发，忽视对方利益而思考问题的结果。这种状态的就业关系会短暂存在，只有相互之间及时认识到问题的严重性，并从对方利益出发，兼顾考虑个人安排，才会有所改变。否则，可能出现的是双误的结果。

2. 低高状态（遗憾状态）

低高状态是公司对大学毕业生能力比较认可，但公司条件、待遇、发展机会等得不到大学毕业生认可，或者公司条件不错，大学毕业生好高骛远造成的结果。这种状态会让公司感到惋惜，而且给大学毕业生自己留下遗憾。

3. 高低状态（隐患状态）

高低状态是大学生对工作单位、工作岗位非常满意，但是，公司对大学毕业生能力不满意，或者因为对大学毕业生第一印象不好，从而影响了公司对大学毕业生能力的认知。说明大学毕业生存在自己没意识到的问题，有隐患存在。

4. 双高状态（理想状态）

双高状态是一种理想状态，双方最佳地发挥了各自的优势条件，并且在行为上都赢得了对方的理解。或者双方虽然都存在一定的问题，但都能从长远的观点看问题，认识到双方发展的潜力，形成一种理想状态。

（二）对不同状态的心态

无论属于哪种初始状态，积极的态度是，尝试改变现状，不轻易否定。目前高职生处于大学生底层，用人单位一般不能轻易发现高职生的潜力，高职生也容易"定位失误"，于是，匆忙选择、匆忙跳槽行为很普遍。也许经过一段时间，双方都能重新认识对方，发现对方的优势，就可以避免盲目放弃带来的损失。

1. 积极改变自我

对于双低状态，即使是属于用人单位的责任，作为高职生采取"有理的抱怨"也是消极的做法。因为我们不能改变别人，只能改变自己。我们能改变自己，哪怕是委屈、谦让、让步，只要是这个工作我们认为值得就业，就要做出最大的努力去说服、证明，甚至用行动感化用人单位。

2. 对比反思自我

低高状态的大学毕业生要反思，尤其是高职学生，因为未来工作角色的特殊性，做"白领"在用人单位眼中不如本科生有优势，作为基层管理者又必须深入一线获得扎实的经验，需要一段艰苦的磨炼时间，一些大学毕业生不愿意接受这样的过程。有时候因为公司存在暂时的困难，但公司又非常需要大学毕业生继续坚持，与公司共同渡过难关。此时此刻，大学毕业生有必要自己思考一下，自古有"士为知己者死"，我们有没有必要证明一下自己对公司的忠诚度；摆脱"急功近利"的习惯，成为公司扭转困境的中坚力量；如果公司条件不错，是因为好高骛远，就更应该反思自我。

3. 快速提高自我

对于高低状态，大学毕业生应该毫不犹豫地做出决策，提高自己。无论从为人还是做事角度，都要观察用人单位需要的人是什么样的。如果是存在误解，不要争辩，更不要寻找理由。

4. 趁机升华自我

对于双高状态，是一种难得的状态，大学生应抓住机会，不可忘乎所以，争取在工作中来证明自身价值。

二、个人形象被接纳的分析与策划

（一）形象被接纳的分析

1.受欢迎的形象

由于个人内在素质的优良和平时良好的生活习惯，再加上精心的策划，会在工作单位得到良好的"第一印象"，留下受欢迎的形象。

对于留下受欢迎的形象应采取以下措施。

保持：任何事情的成功都"贵在坚持"。

警惕：人们对他人的要求不是静止的，出色的表现也会令别人产生更苛求的要求。如果个人忘乎所以而产生失误，会被人认为"前一段时间的表现是装出来的"。

2.可接纳的形象

大学生到单位主要方面表现令人满意，有过个别失态表现。由于失误不大，虽引起周围的议论，却毕竟"人无完人"的道理人所共知，周围的宽容使大学生成为十分满意的可接纳形象。

对于留下可接纳的形象应采取下列措施。

对症下药：对个别失误分析原因，如果是习惯的话，肯定有再发生的可能，所以要有针对性地制订计划，寻找机会，挽回影响。

扬长避短：总结个人长处，注意适时发挥，抑制潜藏的不足。

3.未接纳的形象

大学生刚到单位由于个人准备不足或行为细节不检点，虽没引起周围人的反感，却处于既不被接纳也不被反感拒绝的形象状态。如多花钱穿高档服装既可能被猜疑不像能吃苦做事的人，也可能被误解为华而不实不值得交往的人。

对于留下未被接纳的形象应采取如下措施。

冷静反思：查找个人形象设计的漏洞，有无习惯性、有无易被误解的细节，找出相应的解决措施。

消除误解：尽可能不用语言，而是用行为证明。如知道有劳动机会准备好工作服证明能干，使大家将原来穿高档服装的印象理解为是出于职业形象、工作需要，而个人是什么场合干什么工作，懂得穿合适服装的人。

4.不受欢迎的形象

由于大学毕业生身上普遍的弱点事先被大家所认知，产生了"刻板现象"，即对一类人所进行的固定化判断的心理倾向。还有这个人言谈举止令人感觉太狂妄，说话口气太大。于是，联想狂妄之人的种种表现与结果，在一种"似曾相识症"的错误知觉作用下，把不那么严重的行为放大，产生不受欢迎的认知。

对于不受欢迎的形象应采取如下措施。

无怨反省：不受欢迎就扬长而去是错误之举，类似的事件还会发生。无怨，即使是对方心理认识之错，我们也无法决定"对方应采取什么，不该采取什么"。无怨不是不该怨，是怨之无用，不如冷静反省。大学毕业生个人行为的错误，影响的不仅是本人，如果我们不反省自己，恶性循环会不断延续。

放弃讲理：由于大学毕业生懂得道理总想"以理服人"，这在学校是无可非议的。生活中反映的是心理认识问题，总想"道理上应该如何""事情应该怎样"效果会适得其反，因为环境不一定给予平等说理的机会。而且心理认识有时无法用语言说服，与其讲不明，不如不讲。只要没有"逐客令"，日久自然明白。要用行动让别人改变看法，一旦努力达到一定"度"自然会产生形象认识的突变。

（二）个人形象设计途径的策划

大学毕业生初到工作单位，既有生理上、心理上、环境上的不适应所引发的好奇、惶恐、担忧和顾虑，又有急于表现、旗开得胜的渴望，提前设计好个人形象是必要的。

1.服装整洁、注重仪表

大学毕业生刚到新的工作单位，领导和同事都会比较关注，有些人还喜欢评头论足。所以，应注意衣着整洁、大方，并与自己的身份相符，与单位的习惯协调。衣着不一定要高档，但一定不能穿那些花枝招展的奇装异服，应当始终保持整洁。仪容，女性不要过分浓妆艳抹，可适当淡妆点缀，以朴实、庄重为最好。男性应该注意修饰边幅、定期理发刮须，不宜蓬头垢面或油头粉面，一般以整洁、干练为好。

2.举止得体、言谈亲切

初到工作岗位，一个人的言谈举止极为重要。对于大学毕业生来说，切忌"傲气"，夸夸其谈、目中无人；也不能自卑、缺乏自信，过分腼腆与拘束。一定要注意举止文明、彬彬有礼、落落大方、言谈亲切。

首先是要落落大方向大家做简要的自我介绍，然后态度真诚地请教有关工作事宜。最需要注意的是，由于年轻人富有追求真理的精神，不世故老到，到一个新单位往往很快地发现这样那样的问题，对一些社会现象看不惯，看到一些表面现象就大发议论，事事都要"较真"爱钻牛角尖，结果往往会碰钉子。

3.虚心好学、不耻下问

大学毕业生在大学期间的确学到了不少基础理论和专业知识，但走上工作岗位，必须树立"从零开始"的思想，从一点一滴做起。学校内许多知识是在对动态事物静止化后，剔除一些复杂的干扰，老师有条理性讲解后的模拟式解决问题的方法，而工作中遇到的事不是靠定义背诵就可以解决的，老员工经验的作用是书本知识无法替代的。

4.遵章守纪、遵时守信

单位规章制度的执行，相对校园的校规显得更为严格。校园以教育为主，迟到很少有处分。而大学毕业生到单位后懒散懈怠、大大咧咧的表现，不仅会引起领导的不满，受到制度惩罚，老员工也会嗤之以鼻表示反感。"言必信，行必果"是大学生参加工作前应注意培养的行为信条。

5.团结同事、待人真诚

初到工作单位的大学毕业生，切记不能拉帮结派、搞小团体，不要随意参与单位或同事之间的纷争，更不要背后议论和评价同事。同事相处，以诚相见，待人不卑不亢，既不能自惭形秽，也不能傲慢无礼。

三、就业细节设计

（一）印象细节设计（简称"十个一"技巧）

1.一句问候语

早晨上班与同事见面，上级领导到来、外来客人到来，必须先有一句问候语："您好！"事先设计好，反复熟记，并提前照镜子练习表情、音调的感觉。

2.一句告别话

下班前不要忘记告别话，下班时间到了，千万不要不打招呼走人。诸如"今天还有什么事吗？""主任，我可以走了吗？""师傅，我下班了，还有什么事需要我下班后做的吗？"等。

3.一件备用工作服

职业装必须整洁、庄重，但每天早上打扫卫生，穿职业装打扫容易弄脏衣服，影响形象。预备一套工作服随时干活随时用，既显得勤奋，又显示出良好的生活习惯。

4. 一些常用小物品

生活中有常用的小物品，如针线，随时准备为同事的衣扣松弛使用；如面巾纸、手帕随时可提供给别人的帮助等。自己可针对工作岗位特点认真思考准备一些小物品，在同事心中形成热心、细心的形象。

5. 第一时间了解环境

第一时间了解环境是工作的开端，提醒自己记住所在岗位的第一手资料，并尽快消除陌生感。

6. 记住"一号人物"

行政"一号人物"是工作的领导，人际关系"一号人物"是非正式团队的"领袖"，技术"一号人物"是提高技能的"师傅"，"脾气""一号人物"是防止产生工作矛盾的注意点。记住"一号人物"，避免见到领导不打招呼，张冠李戴，或引起人际关系紧张。

7. 准备一个记事本

俗话说："好脑筋不如烂笔头。"记下领导布置的事、他人委托的事、应该注意的事、一会儿该干的事等，培养办事认真、稳妥的形象。

8. 一天情况的总结日记

其作用不可小视，每天发生的事，有经验可学习，有教训可吸取，有想法可研究，有情绪可调整。

9. 物品"一步到位"

什么东西该放在哪就放哪，养成习惯，就能办事井井有条。

10. 一杯水

一杯水包括客人来了送上一杯水，自己渴了别忘记给别人也倒一杯水。有时，别人正忙着工作想要喝水，此时主动送上一杯水是办事周到的表现。

这十个细节看似简单，使用得好对提高形象有重要作用。

（二）工作细节设计

1. 尊重上司"将小事做大"

记住：上司的时间比你的更宝贵。

当他交给你一项特殊任务时，请记住：不管你正在忙什么，上司交代的工作更重要。如果正在打电话，请马上挂掉。让上司等候哪怕一秒钟都是一种缺乏尊重的表现。如果是正与客户谈重要生意，上司出现时你要做出反应，用目光交流或用嘴形告诉他正谈生意或快速写张纸条说明一下。

记住：粗犷的上司也需要细心的问候。

一位性格、行为具有粗犷特征的经理去广州与厂家谈判前几天，腿部有疾却停止使用有效的风湿膏。助手问其原因，他说面对面谈判，什么都要想到细处，人家反感那股气味怎么办？在路上，一位细心的员工，路上常询问经理"是否有些不舒服？""是否找地方坐一会儿？"，上车特别提示经理注意点腿等，给经理留下办事细心的好印象。

千万不要以为刚强的人不需要温情；粗犷的人不需要问候。

记住：尊重不一定来自语言。

上司来检查工作，有时需要用语言打招呼，而有时用目光、笑容更好，如在营销现场，正与顾客洽谈，此时停下打招呼问总经理好，实质上是工作的停顿。上司不但希望尊重，出色的工作更是他们的需要。

2. 热爱工作，慎说"不"字

记住：将"那不是我分内的工作"这句话从你的行为字典中删掉。

当老板要你接手一份额外工作时，请把它视为一种赞赏。这可能仅是一个小小的考验，看看你是否能够承担更多的责任。那些不愿做额外工作的雇员，事业将会停滞不前或被那些任劳任怨、热情而勤奋的同事淘汰。

记住：千万不要对你的上司说"不，我没有时间"。

在虽然你手中还有几件工作要做但新分配的工作又不是你的任务的情况下，你所使用"不，我没有时间"这句话，从道理上讲无可非议，但上司听起来就像是你不愿服从他一样。你应该用"我真的很想做这项工作，但是你想让我先完成哪一项工作呢？"来回答。

记住：棘手的工作是一种"幸运"。

常摊上棘手的工作，似乎是一种"倒霉"，如果表现出无能为力或无从着手的样子，那可真要倒霉。对棘手工作的每一次完成，将是证明个人能力超群的机会。我们应该笑对棘手工作，当作是挑战的来临，想方设法做好它。这也许就是你的幸运，公司通常会保留并提拔那些工作总是显得游刃有余的人。

3. 培养主见，要敢于负责

记住：紧急状况，更需冷静。

老板和客户都非常欣赏那些在困难或紧急情况下能出色完成工作的人。如果你始终保持从容冷静，那么一旦发生问题，面对喧闹干扰、无理纠缠，你也能很快找到解决办法，而且能在老板和同事之间表现出应付自如、信心十足的样子。

记住：亡羊补牢，不要问老板"怎么办"。

一旦工作出现失误，要快速对情况做出评估，制订出控制损失的可行性计划，然后直接找老板告知问题所在以及你准备采取的解决方法。绝不可以没有准备好自己的建议就带着"我该怎么办"的问题去找老板。

记住：当机立断，不要事事请示。

表面看，事事请示是尊重上司，如果有喜欢你这样做的上司，那一定不是出色的上司。下属都有成为大小决策者的机会，必须培养当机立断的能力，不要优柔寡断或过于依赖他人意见。小心谨慎地权衡意见，及时迅速地做出决定是成功决策者的必要条件。

4. 表达窍门，注重小节

记住：不要奢望能被人理解你心中所想。

有的人自觉不自觉地帮最好的朋友讲话帮腔，似乎觉得是正常的。而站在对面角度观察，可能认为是互相扶持的小团体。经常多与距离较远的同事说话，好朋友、知音更多地用于私下交流或体现在工作上的相互配合。

记住：表达注意小技巧。

开会时，在靠近会议桌中间的位置选一个座位，不要坐在容易被忽略的角落。

尽早发言，这样在与会者感到"疲劳"之前，你已受到了注目。

陈述观点时，只需说出主要事实就可以了，切忌罗列与主题不太相关的细节、末节。

避免使用模糊、让人们缺乏信心的词汇，例如，"我猜可能是因为……""这种观点可能不对，但我觉得……"。

在发言时不要急躁，只要你说的内容有意义，人们会一直倾听的。

记住：交浅勿言深。

大学生毕业后到新单位，与老员工关系不太熟悉，即使工作一两年，也无法像老员工一样有深入的交往，交浅言深是人际交往大忌。即使所说的话完全正确，也可能会引来消极影响。

记住：少插话少犟嘴。

在他人讲话中突然插话，这样有喧宾夺主、自以为是之嫌。尤其面对长者、上司，更易引起他人反感。

犟嘴是指"没理争三分，得理不让人"。大学毕业生一般不犯前半句所说的错误，但有理争三分对于大学毕业生也不合适，法律规定人人平等，佢生活中有时不给同等发言机会。"得理不让人"是大学生常犯的毛病。即使你完全有理，但说出来除了会让对方生气，也会让旁观者觉得你不谦让。

（三）工作习惯设计

第一，早来晚走：不是简单的吃苦耐劳，早来是防止头一天忘掉什么事或应该完成的事没完成，可以弥补过失。晚走可以检查是否有没做完的事或有不妥之处（如忘记关灯、安全隐患等）检查一遍。

第二，随时记录：一方面可以防止遗忘，另一方面是办事认真、尊重领导的举动。

第三，重复一次上司指示：防止遗漏，防止误听误记，导致工作失误。

第四，当天事当天毕：防止做事养成拖拉习惯，因为寻找理由非常容易，提示自己再好的理由也是借口。无论需要克服多大困难，都要当天事情当天做完。

第五，开大会坐第一排是自信的一种表现，同时可以听得清、不溜号。

第六，不懂的事，一定先问清楚再做：不懂装懂虽维护了面子，却极可能劳而无功甚至效果会适得其反。

第七，办事有始有终：不干则罢，干就干好。防止做事虎头蛇尾，更要纠正工作中华而不实的作风。

第八，做事动作利索，应答痛快：即使手头有工作，也要马上应答，防止引起上司的不满而发火。这些都是良好的工作习惯，良好的工作习惯无论换到哪个工作单位，都是非常有用的。

第四节　岗位工作策划

一、岗位工作策划概述

（一）岗位工作策划内容

建立人脉关系，俗称"广交朋友"，但不是无原则的滥交。在大学毕业生走上工作岗位之后，建立人脉关系，包括有计划地掌握常用的交际礼节，对工作可能遭遇的排斥心理进行适应，对发生的人际冲突寻找缓解方式。

由于大学生走上工作岗位后即成为"社会人"，只有在社会中才能发展自己。而个人能力的判断，并不仅由个人自我认知，社会周围其他人的判断更为重要。由于人与人之间交往多带有"以我为主"的主观意识，大学生只能主动、热情地与人交际。

（二）提高工作效果

提高工作效果的做法包括日常工作有计划性，养成良好的工作习惯。

新参加工作的大学生做不好重要工作，完成不了繁重、复杂的任务，可以得到谅解；而细小环节的不重视，自恃理论深厚而轻视现场经验的表现，以及生活上不拘小节、语言上的"狂妄"，则易引起周围的领导和同事的反感，甚至发展到对大学生整体误解的地步。

（三）应对生活挫折

生活挫折包括生活中可能遇见的寂寞、单调、孤独、不公等情境，而产生的挫折可能是由于环境的消极误导，更易加重挫折感，所以必须有针对性地制订应对措施。

（四）工作策划程序

1.树立目标

在合同期限内为个人制定目标或从时间上确定三年奋斗目标。

2.进行目标分解

纵向分为前一年和后两年，横向可以分为几种能力分批提高。

适应期的前一年，是了解公司、岗位、工作方法阶段。后两年重点培养技能或在公司内换岗调整的适应期。

3.制订计划与措施

要明确今年学什么、怎么学、向谁学、达到什么标准、明年学什么等，也要明确起步怎么干，如何培养工作乐趣，以及工作效率如何提高。

计划与措施越详细越好，还要考虑到补救措施。制订计划不能纸上谈兵，要及时付诸行动、及时总结。

二、人脉关系建立

进入工作岗位后，希望风平浪静、工作配合、相互无猜忌是大学毕业生的主观愿望，也是正常的要求。然而，身在复杂的社会，大学毕业生是无法选择周围人际关系的。遭遇到令本人内心不快、反感之事，甚至毫无瓜葛而被株连的冤枉，无故被猜测、误解的委屈，对于初涉社会的大学毕业生，尤其是很少受过委屈的独生子女一代，心情可能马上变得沉重，表情立刻有了反应。为了更好地适应社会，大学毕业生要学会建立人脉关系，具体可参考如下方式。

（一）强化自我

1.认知自我

主要是识到自己身上存在的人际交往方面的优劣势。优势有哪些？运用于什么场合？什么时间？劣势有哪些？在什么场合下会发生什么后果？尤其是劣势必须要心中有数。

个人存在"背脊的自我"和"潜藏的自我"。所谓"背脊的自我"是别人知道而自己不知道的特征表现，可以借助他人的力量认知后记在心上。所谓"潜藏的自我"是别人不知道自己也不知道的自我特征表现，就需要在一露苗头加紧改正并且以后必须记住的内容。

2.设想可能发生的事情

从生活中已知发生过的人际矛盾分析，设想个人可能会遇到哪些事情？在什么情况、什么时间最容易发生？可以通过上网浏览大学生就业的行为叙述，了解工作适应期发生的令人不快的事例。

3.设计反应方式

针对设想可能发生的事情，通过征求师长意见，听取参加过工作的大学毕业生观点或到一些心理咨询机构进行预防咨询。做好充分心理准备，就是为自己打抵制"交际病毒"侵害的"预防针"。

（二）有"礼"走遍天下

有"礼"走遍天下是当今社会人际交往的特点。

1.熟用礼貌用语

礼貌用语要文明雅致、措辞恳切、用语暖人、口气和蔼。

问候的用语：早上好！您早！晚上好！晚安！

致谢的用语：请多关照、承蒙关照。

慰问的用语：辛苦了、受累了、麻烦您了。

赞赏的用语：太好了、真棒。

谢罪的用语：对不起、实在抱歉、请原谅。

挂念的用语：身体好吗？怎么样？还好吧？

迎送的用语：欢迎光临、再见。

道歉的用语：实在对不起、请原谅、打扰您了、失礼了、完全是我的错。

征询的用语：您有什么事情？需要我帮您做什么？

应答的用语：没关系、不必客气、照顾不周的地方请多多原谅。

2.常用客套话

慢走：用于送客人。

留步：用于作为客人时的告辞。

劳驾：用于请别人做事或让路。

少陪：用于对人表示因事不能相陪。

失敬：用于向对方表示歉意、责备自己。

久违：用于好久不见。

恭喜：用于祝贺他人的喜事。

3.养成微笑习惯

微笑即代表个人快乐又给人以快乐。微笑给人感觉温暖如春，面无表情给人感觉冷若冰霜。真诚的微笑在人际交往中寓意为"我喜欢你，你使我快乐，见到你很愉快"。

微笑也是力量、涵养的暗示。目前大学毕业生被许多人误解为"狂"，起因是一些个别大学毕业生不会合理定位而引发误解。因此，进入工作单位后，应充分利用交际礼仪赢得认同。

（三）发现他人的美好

1.赞美他人

任何人都有渴望被肯定、被赞扬的高级心理需要。适度地赞美他人，不仅会拉近彼此心理距离，更可以增加相互理解的沟通。

赞美和奉承有区别，例如，"我太崇拜你了""我真佩服你的能力，太厉害了""我常回忆你对我的关心和帮助""你太正直了"。这是夸张了的赞美，属于奉承。赞美原则是发自内心，适时、适度、合理、具体的。

2.学习他人

每个人都有美好的一面，即使是令人讨厌的人身上也存在可学之处，只是有时这些人把优点潜伏，自暴自弃而已。学习别人的优点不仅能增长才干，也是合理沟通、提高交际能力的最佳方法。尤其当那些让人讨厌的人知道你发现了他身上的优点并真心学习时，他的良知会激发他收敛错误，发扬优点，从内心赞扬、承认你。

（四）人际冲突的缓解

许多大学毕业生在一年之内便离开工作单位重新选择，其中有很大比例是发生了人际冲突的原因。有许多人际冲突起因并不严重，只是由于缺少有效沟通，双方以各自主观臆断对小误解进行"放大"，导致产生双方皆不利的后果。大学生主观想法是，这里人际环境不好，说不定其他地方好，于是重新择业。这种回避方式是人际交往的消极做法。有人群的地方就有人际冲突，想躲避是不可能的，正确的做法是学会缓解人际冲突。

1.适应心理排斥

当大学毕业生初进工作单位，少数时候可能得到客气的对待，绝大多数时候会受到心理排斥。

由于老员工相互熟悉，对新加入者陌生且不了解其个性特征，会在心理上暂不接纳。

由于工作存在竞争，"教会徒弟饿死师傅"的传统观念会使得老人对新人产生本能的心理排斥。

由于对大学生抱有"狂妄""好高骛远"等成见，会在心里产生"不是一路人"的先入为主的观念等。

对于排斥心理可以采取以下心态逐步适应，即"四宽"原则。

宽厚：宽大厚道，首先体现在一个"善"字上。宽厚的对立面是刻薄与奸诈。与人为善体现出的是一种人格，一种道德品质。

宽容：是指有气量，不计较，不追究。宽容比宽厚更近了一层，体现一种待人处事的态度和对不礼貌行为的容忍和原谅。宽容是一种胸襟，一种美德，宽容的对立面是斤斤计较。

宽让：是指宽容忍让。在交往中让着他人，不无端与人争执。宽让不仅是一种美德，而且是一种能力表现。古代的蔺相如就有一种惊人的度量，其宽让气度最终感动了廉颇。

宽恕：是指宽容饶恕，是对人的道德品质、涵养及胸襟的最高要求，是虚怀若谷的品格，又是感化他人、团结他人的有效方法。

保持上述心态，一如既往地安心工作、热心学习，让时间和个人行为来证明一切，在这个过程中，愈想用道理说服人、愈着急解决，愈欲速则不达。

2. 化解人际矛盾

大学生会遇到的人际矛盾有很多种：

个人不善交际：处理问题方法不妥而发生人际矛盾。这种矛盾是由于自身缘故产生，相对容易解决，个人也容易认知错误，会主动和好。

对方品质不好或对方非故意：产生责任全在于对方的人际矛盾。如果对方能意识到错误，即使不主动示好，也不会产生太大误解，只要大学毕业生大度一些，矛盾就不会再发生。

误解：由于大学毕业生与领导、老员工在工作理念、思想意识、个人爱好等方面存在差异，有些方面甚至差异很大。有些事情极可能一方无意，另一方多心，造成误解使大学毕业生感到很冤枉。这种情况解决不好，会使大学生产生非理智行为选择，因为青年人易感情用事，难以接受委屈误解。

"祸起萧墙"：老员工之间存在矛盾痕迹，大学生夹在中间，稍不注意，就会成为双方的"撒气筒"。这类人际矛盾对大学毕业生心理打击很重，最让大学毕业生接受不了。

3. 善于与不同类型的人打交道

生活中可以选择朋友，但无法选择你所处的人际环境，因此要学会与不同类型的人打交道。

4.合理选择沉默

沉默具有消极影响，如果是性格原因，或不适应陌生环境，过度沉默，不但不能得到默默工作、埋头苦干的评价，而且会引起误解。如经常一言不发，易被误解为"傲慢"，交谈中突然一言不发，易被理解为抗议、厌倦，直接影响对方情绪。

沉默的积极作用。在保持适度的礼貌状态下，初到工作单位的大学毕业生，还是少说为佳。青年人由于阅历较浅，凭着血气方刚的热情，发表自己的见解，如果碰上主观的领导或同事，往往会认为你傲慢、偏激、自不量力。沉默多思考，多听取别人意见，可以给人留下厚道、稳重的良好印象，沉默中用无言的微笑代替说话，容易被同事接纳。

三、增强工作效果

（一）工作目标合理

1.简化设定目标

目前专门研究职业生涯设计的专家都提倡同一时期目标不宜过度，重点在一个目标的突破，即目标聚焦。目标过多，会顾彼失彼，最后一个目标都实现不了。

2.目标细化、制订行动方案

一位成功的经理人在与大学生交谈中叙述自己打工期间，给自己制订了"惩罚性"自我激励法。每天销售指标是 30 个产品，如果完成了就肯定自己。如果超额了，就告诉自己是自己低估了自己的能力，所以多干是应该完成的，没有什么超额。如果没完成则是自己的责任，第二天一定要在弥补之后，继续完成 30 个标准。

相反，多数人是自我安慰，用超额平均欠缺来互补。越是这样越会弱化自己的前进动力。

（二）遵循高职特征

高职毕业生工作特征需要记住一句话："下得去、上得来。"道理简单却极为关键，这是高职学生成功的关键点。

1."下得去"的内涵

高职培养目标是既懂技能又懂经验的管理者，"下得去"是指能深入工作基层，安心从简单工作做起。高职就业后与本科的学生相比做技术研究、做白领都不占优势。高职生进入工作岗位要暂时忘却自己是大学生，而是扎进基层从最简单的工作做起，以最快的速度熟练工作，然后通过技术精湛赢得认可。同时，学会建立人脉关系、合作意识、顽强意志、管理方法等，争取在容易被忽略的工作位置脱颖而出。

低调做事是当今大学生不愿意选择，却又是能尽快被单位认同的选择，"下得去"是高职生的明智之举。

2."上得来"的内涵

高职生"下得去"并不是成功就业，经常会有高职生深入一线后，不是按照高职目标发展，而是被基层劳动者"同化"。高职生与基层劳动者的区别，在于高职生有文化基础、专业知识，但缺乏基层技能，需要积累经验，"下得去"不是放弃原有的优势，而是改变自己成为基层优秀劳动者。学透基层在于管理基层。如果不能及时将理论跟进，理论与实际相结合，升华个人综合素质，就相当于"黑瞎子掰苞米，掰一穗丢一穗"。

（三）适应管理

1.理解与服从

工作单位制度比较严格，奖罚比较清晰严厉。必须理解这是工作需要，不理解也要服从，千万不要引用书本理论讲什么"应该""如何"。

学校也有规章制度，但学校侧重于教育，有些小毛病都在允许范围内，而企业不行，细小误差可导致机会丧失，是100%的失败。另外，企业管理人员没有耐心进行说服教育的时间，成本概念浓厚，因此，对违反管理制度的行为往往以惩罚为主。

对制度理解也需要换位思考，不要把自己仅当作被动的、被管制的角色执行制度，那样心态会消极、情绪会低落、抗拒心理会潜在。换位思考是把自己作为未来的管理者，体验被管理的感受，体验管理制度不完善的危害，思考最佳管理思路。今天的被管理是学习体验阶段，是为发展期打基础，这样的思考能够改变心态，而且会产生积极热情的工作态度并喜欢制度。

2. 谦虚而自律

目前大学生去民营企业就业的较多，发现管理手段五花八门，参差不齐；管理者水平各有高低，出身也各不相同，个性更不一样。而学校里讲授的管理策划与方法，是对过去经验的升华总结，在现实中生搬硬套会产生对公司认知上的误解。

例如有的公司既有家族成员，又有同时创业的员工，既有过去国有企业的工作人员，又有靠拼搏逐级上升的实践者。管理理念、方法不仅不同，管理中并不全是理智行为，情绪化行为较多。[①]面对个人看不惯、不理解的管理者，大学生必须谦虚处事。你有理论优势，人家有经验优势，你有理论需要到这里打工，人家的经验能维持公司运营。公司在管理上需要改进，人员素质需要提高，这是毋庸置疑的。问题是从一个打工者口中指出对方不足，不是道理不对，而是情感上不能接受，而我们可能有许多机会暴露缺点、弱点，不仅会增加对方加重处罚的想法，也为被指责为"狂妄"提供依据机会。应该谦虚自律，等到对方发现我们的能力，再认真提出合理建议。

（四）学会计划

1. 日常工作计划

对工作要学会分轻重缓急，培养有条不紊的工作精神。如采取 A、B、C 分类管理卡和工作记录卡。A 类为关键工作，B 类为一般工作，C 类为次要工作。A 类工作在时间上紧迫，重要度较高，所以不能忽略，而 C 类工作可能影响性较小，不太重要，是可推迟完成的工作。

把工作记录下来，一是可以看到个人成功效果，二是为下步改进工作方法、为提高工作效率提供改进方向。

2. 重要工作细节的标注

每项工作在操作之前，首先要弄清此工作要达到的目标，需要的方法、条件。接着找出重要的工作细节，写在纸上或做特殊标记，以提醒自己。

3. 其他工作细节

如工作时间紧迫而接待来访者，如果问题简单，最好站着谈，这就是一个细节；如把最重要的工作放在最佳时间完成（精力最旺盛），这也是一个细节；

---

① 　陈亚鸿，沈新华，陆亚玲. 高职学生职业发展与就业指导 [M]. 3 版. 南京：南京大学出版社 .2018：33-34.

如每天工作时保持微笑，这不仅能提高自己工作的效率，也能影响他人的情绪。

（五）学会学习

学会学习是指有效地学习、高效地学习。在工作中能直接创造价值的不是知识，能创造价值的是技能，所以，适应工作要全身心投入学习工作技能。

1.学成技艺

许多新参加工作的大学毕业生，总发现一些怪事：同样的工作基本方法都已经掌握，就是工作效率与工作结果不一样。其实，这里面有个技能与技艺的差别。过去有个说法："一招鲜，吃遍天。"在专业化分工愈来愈细的今天，把一门技术练到炉火纯青的地步，发展前景就会更加广阔。职业生涯设计，十个目标都做一些，不如聚集一个目标的完成。作为学生，十个复杂问题似懂非懂，不如一个原理掌握透彻。作为工作，十种方法不精，不如一个简单招式练到极致，因为那是绝招。

2.学会励志

学会学习，要做好励志的心理准备。励志即奋发志气。通过坚持每周的励志学习计划，就可以不断为自己输送精神力量。

如学习名人、成功者的成长史，每一位成功者所走过的路，都不是平坦顺利的，而经历的苦难愈多，其成就的事业愈宏伟，这是带有普遍性的常规。

3.消除排斥学习的心理

有许多大学毕业生一方面认为自己不行，另一方面对别人的长处、成功经验又不学习，这种自相矛盾的行为是由一种排斥心理造成的。如成年人走过的路，他以"过去与现在不同了"为由而排斥学习。老员工的经验，他以"我与他不是一个发展目标"为由而排斥学习。同学成功的事实，他以"人与人不一样"为由而排斥学习。由于这种排斥反映在内心，比公开拒绝还有破坏性。

4.激励自我日记

学习《世界上最伟大的推销员》一书中的"成功记录表"，收集对个人成长有益处的激励词，针对自己进行成功激励。

第五节　事业发展策划

一、事业发展概述

（一）事业发展的途径

无论选择何种职业或岗位，无论在哪个单位工作，要达到自己理想的目标，都可以有不同的发展途径。发展途径有长、短之分，难、易之分，但有两点是肯定的：一是任何途径犹如一条线路，中间不能"断链"；二是每个人并不都适应所有的途径。

事业发展策划的合理性要求每个人要依据个人的专业、个性特征（兴趣、价值观、性格、气质、能力等）、人际关系等综合分析，确定合理的发展途径，避免"事倍功半"和"半途而废"的现象。

（二）往职业经理人方向发展

假定去一个经贸公司任职，职业发展目标是担任副总经理。副总经理往往负责几个部门的工作，并且几个部门都必须工作过，比较熟悉相关业务才能胜任高层管理。作为不同专业的人，在逐级上升过程中，往往依据专业对应的工作积累经验，有的部门对专业依赖性很强。个性特征对不同工作的效果有促进作用和弱化作用，对担任不同领导位置也起到适合与不适合的作用，而上级的决定聘用也必然考虑个性特征是否适合。人际关系也要作为个人选择的因素之一，任何工作都是由人来完成的，工作过程从某个角度来看，就是解决人的问题。因此，人际关系与工作成败相关性极强。

（三）往技术专家方向发展

高职的培养目标是在基层既懂管理又懂技术的人才，但不等于不能成为技术专家。

高职学院培养技术专家不是不可能，但非要在理论上跟随本科教育去比拼，往往会事倍功半的。所以说，高职生成为技术专家是有可能性的，但是，必须有正确的培养途径和方法。

（四）往自我创业方向发展

随着社会的进步发展，人们的意识观念也发生了变化。舍弃"铁饭碗"而自我创业，成为真正的事业主人，已经成为越来越多的人的选择。

创业顾名思义是"开创事业"，但凡敢于创业能够创业的人，打工挣钱都不是问题。之所以选择创业，主要是要实现自身价值，挖掘自身的潜能。

创业成功与否，与自己选择的方向、经验、意志、人脉等有直接的关系。

二、事业发展的大忌——橡皮人

（一）橡皮人的含义

有些地方对橡皮人的注解是："他们没有神经，没有痛感，没有效率，没有反应。整个人犹如橡皮做成的，是不接受任何新生事物和意见、对批评表扬无所谓、没有耻辱和荣誉感的人。"

橡皮人的工作状态是：领导骂几句就骂几句；同事们取得什么成绩，我也无所谓；对什么事情都不疼不痒；经常要参加应酬，根本没时间充电；总感觉很累，但是休息下来又觉得很无聊。

橡皮人的前兆是很多大学毕业生好不容易寻求到自己满意的"白领"工作，仅一年之后，开始感到没有方向、不知前途何在，觉得乏味、空虚等。

（二）橡皮人的起因

首先，工作上有了一些成绩，觉得能胜任工作，再提高标准觉得意义不大，感觉上司有些方面还不如自己，新人更不在话下。

其次，对批评产生了一种"不在乎"的心态，自身"免疫力"的增长，让你越来越适应各方面的批评和指责，"走自己的路，让别人说去吧"，这种"免疫"增强的橡皮模式，使自己越来越世故。

再次，不知道给自己合理定位，受到一点挫折，就认为只能维持现状。一方面对现状不满，另一方面又心灰意冷不求上进。

最后，这是初入职场的通病，怀着雄心壮志，却又不切实际。总是用自己的标准来判断整个世界。失败了，就立刻龟缩一角，用橡皮外套麻痹自己。

（三）橡皮人的行为

第一，工作没追求，上班"混日子"。典型语言：工作就那么回事，单位又不是我家开的，干到哪算哪。最关心的已经不再是领导和同事对自己的评价以及在单位里的业绩，只要每个月的工资、奖金按时发给我就好了，别的都无所谓。

第二，抱怨不公平，牢骚四处发。典型语言：我做得最多，成绩最好，效率最高，可是升迁的不是我。这是什么社会，一点都不公平。今后谁能管谁？就是想想自己吧。

第三，定势看工作，不寻求发展。典型语言：我们是国企，看见的生活是单调的，日复一日的。几乎现在的生活怎样，二十年后的生活还是怎样。我的倦怠情绪随着习惯无限加深，没有关系网或者出色的交际能力，就只能原地踏步做同样的事，所以只能郁闷。

第四，不求有功，但求无过。干得再多也无功劳，因为"能者应该多劳"。平平淡淡过得不错，至少没犯错误。干错了自己麻烦，反正我天天上班了。

三、事业发展的条件积累

每个大学毕业生可以根据自己的追求、特点、专业，加上工作中的再学习，寻找个人成就事业的路线，其中在某一层次上，需要横向换岗学习来提高能力，纵向也不可缺少某个环节，如果缺少扎实的基础而急于求成，不是理想的选择。要积累事业发展的资本，资本是能带来剩余价值的价值，个人资本是在未来职业生涯中能成倍增值的因素，包括资金积累、技能积累、无形资产的积累。

（一）资金的积累

未来的事业，不是个人工作的小打小闹，创业离不开资金。所以，发展期的收入要学会合理安排，养成一个"能挣会花"的好习惯。在工作适应期阶段也不乏获取显著收入的年轻人，但是，由于缺乏控制使用资金的能力，结果是挣多少花多少。

无论发展哪种事业，会理财是不可缺少的能力。如果是创业，资金更是不可或缺的条件。大学毕业生不能陷入自以为是的思路：奢望有人会投资，知道借鸡能下蛋。但凡投资都是因为有把握能获取更高的回报，但凡贷款都是因为有风险抵押能安全地让你创造价值。

（二）技能的积累

想要成为管理者，那么对下属技能的提高、纠正、培训等方面工作都要胜任。事业发展期是个人技能升华期，必须练就一番出色的技能。

1.个人创造价值的技能

出色的管理者一定在业务上让下属产生敬佩感，在工作中，一个技能不强的人是无法胜任管理他人的工作的。

2.指导培训他人的技能

个人的技能出色可以成为专项工作高手，可以创造出众的价值。但是，作为管理者，还要具备指导、培训他人的技能，点化他人迅速掌握工作技巧。

3.激励他人积极性的技巧

领导者不仅体现出个人冲锋陷阵的形象，领导者身先士卒是必要的，但不是主要的；还要能调动他人的积极性，尤其从"要我干"改变成"我要干"，是需要领导艺术才能实现的。

（三）无形资产的积累

无形资产包括个人的人格、信誉、宽宏大度等。人格魅力有时发挥的作用很巨大，有许多成功者在困境时，身边不乏同甘共苦者，在利益诱惑面前忠诚不贰，其重要因素不是物质的力量，是人格魅力发挥不可或缺的作用。信誉是事业成功不可缺少的条件，在社会交往中，诚信就是"个人品牌"的重要组成部分，能给一生带来无形的财富。保持宽宏大度是心理健康的一个方面，也是一门做人的艺术，是治理企业之道。宽宏大度要求能容忍别人反对自己，这是创业中难得的美德。

总之，大学毕业生就业后，应在适应期间，就构思发展期的目标，使个人的就业过程最大限度地实现合理。

第八章　高职学生的创业观教育

第一节　创业与创业观

一、创业的概念

高职学生创业是指大学生作为劳动者，利用其现有控制资源和自身能力，在经济环境中寻找并把握机会，通过自主创办生产服务项目、企业或从事个体经营实现市场就业的重要形式。创业观是指有关创业的意识、态度、想法。而态度决定行为，有什么样的创业观，就有什么样的创业行为。高职学生应具备怎样的创业观，如何为未来的创业做准备呢？

二、创业的特征

根据以上对创业内涵的界定，可以概括出高职学生创业的基本特征。

（一）创新性

创业是一种创新活动，高职学生刚毕业时创新能力较强，思维比较活跃，对待新事物接受能力较强。[①]

创新蕴含着从无到有、从小到大、由旧变新的过程。因此，高职学生应了解新事物、新价值、新内容、新功能是创业的本质含义，这意味着要完成创业的过程，就是在满足社会需求的前提下，具备一定的独特性。根据熊彼特创新理论，创新就是要"建立一种新的生产函数"，即"生产要素的重新组合"，

---

① 陈齐苗.高职学生就业指导 [M].北京：北京理工大学出版社.2018：51-53.

就是要把一种从来没有的关于生产要素和生产条件的"新组合"引进生产体系中去，以实现对生产要素或生产条件的"新组合"。

（二）自主性

高职学生应明白创业活动是充分发挥一个人的主观能动性，强调创业者的主体地位和自身价值。在创业过程中，创业项目、计划、人员、资金、场地等相关要素都由创业者自主确定。在体现自主的同时，也给予创业者更多的责任。因此在创业初期，创业的压力是很大的，企业的一切要素都需要创业者来定夺。

（三）风险性

创业是存在风险的活动。创业存在风险，是指创业的结果不确定性。当前的创业大多发生在高科技产业，如信息、生物、新材料、新能源等领域，并且更多的是凭借创业者的高智力劳动进行的。高智力劳动创新过程难以把握，创新结果的不确定性更大，这也加剧了创业风险。很多企业中途破产倒闭，我国企业的平均生存期越来越短。

（四）营利性

创业是为了获得创业报酬。高职学生作为一个创业者，更重要的回报可能是其由此获得的独立自主，以及随之而来的个人物质和精神的满足。对于追求利润的创业者，金钱回报是最重要的。对很多创业者来说，其实都把金钱回报视为成功与否的一个重要尺度。创业者的目标是利润的最大化，当然，也包含了在创业过程中所履行的社会、雇员与消费者的责任。

三、创业的类型

关于创业的类型划分有很多，不过从不同侧面了解创业类型的划分依据和方法，对创业者有效选择最适合自己条件的创业类型具有一定的帮助。

（一）依创业动机分类

依创业动机创业类型可分为机会型创业和生存型创业。

机会型创业是指创业的动机并非谋生或养家糊口，而是为了抓住和利用市场机会，更大限度地实现自己的人生价值。以市场机会为目标的机会型创业，能创造出新的市场需求，或满足消费者潜在的需求，因而会带动新的产业发展。

生存型创业指创业的动机开始主要是为了谋生的需要，从而使创业者自觉或被迫地走上创业之路。这类创业往往是在现有的市场上寻找创业机会，并不一定在市场上创造新的需求，创业模式大多属于追随和模仿型。

（二）依创业人数分类

依创业人数创业类型可分为独创、合伙、收购。

1. 独创

独创企业是指创业者独立创办的企业或公司。由于资源及能力的局限，一般独创企业成功的难度较大。

（1）独创企业的优点。产权归创业者个人所有，产权较为清晰、相对独立，发生产权纠纷的可能性较小；另外创业者可以独享企业利润，不用担心别人分享自己的劳动成果；也没有其他投资合伙人与自己在经营战略上有不同意见。

（2）独创企业的缺点。个人无论从资金还是从能力上都是有限的；独自应对创业道路上的各种难关是非常困难的；独创企业往往会出现个人的意志直接左右公司的发展战略，个人的决策直接影响公司的长远发展状况。

2. 合伙

合伙企业是指与他人共同创立的企业。这种企业的存在基础就是合伙经营协议。一个好的合伙协议可以避免企业可能出现的很多纠纷。

（1）合伙企业较独创企业的优点。资金来源较为广泛，合伙人才能的结合可以保障企业更好地发展；和合伙人共同应对创业道路上可能遇到的风险也使成功的概率得到提高。

（2）合伙企业较独创企业的缺点。合伙企业的产权关系不是非常清晰，合伙人之间的关系较难处理；如果合伙协议规定的内容不够清楚，出现利益冲突的可能性非常大。

3. 收购

收购是指一个公司通过产权交易取得其他公司一定程度的控制权，以实现一定经济目标的经济行为。收购是企业资本经营的一种形式，既有经济意义，又有法律意义。收购的经济意义是指一家企业的经营控制权易手，原来的投资者丧失了对该企业的经营控制权，实质是取得控制权。从法律意义上讲，《中华人民共和国证券法》规定，收购是指持有一家上市公司发行在外的股份的30%时发出要约收购该公司股票的行为，其实质是购买被收购企业的股权。

（1）收购的优点。选择范围广泛，可以进入多种行业，不会受到自己知识的局限；可以迅速进行生产，采用现有的管理人员和管理制度；可以获得被收购企业的市场，减少了直接创业的竞争。

（2）收购的缺点。被收购企业的价值评估比较困难，各种财务信息可信度不高；需要大量的财务资源；在较为广泛的投资项目中选择适合自己的投资项目比较困难。

（三）依创业模式分类

依创业模式创业类型可分为复制型创业、模仿型创业、安定型创业和冒险型创业。

1. 复制型创业

复制原有公司的经营模式，创新的成分很低。例如，某人原本在餐厅里担任厨师，后来离职自行创立一家与原服务餐厅类似的新餐厅。新创公司中属于复制型创业的比率虽然很高，但由于这类型创业的创新贡献太低，缺乏创业精神的内涵，不是创业管理主要研究的对象。这种类型的创业基本上只能称为"如何开办新公司"，因此很少会被列入创业管理课程中学习的对象。

2. 模仿型创业

这种形式的创业，对于市场虽然也无法带来新价值的创造，创新的成分也很低，但与复制型创业的不同之处在于，创业过程对于创业者而言还是具有很大的冒险成分。例如，某一纺织公司的经理辞掉工作，开设一家当下流行的网络咖啡店。这种形式的创业具有较高的不确定性，学习过程长，犯错机会多，代价也较高昂。这种创业者如果具有适合的创业人格特性，经过系统的创业管理培训，掌握正确的时机进入市场，还是有很大机会可以获得成功的。

3. 安定型创业

这种形式的创业，虽然为市场创造了新的价值，但对创业者而言，本身并没有面临太大的改变，做的也是比较熟悉的工作。这种创业类型强调的是创业精神的实现，也就是创新的活动，而不是新组织的创造，企业内部创业即属于这一类型。例如，研发单位的某小组在开发完成一项新产品后，继续在该企业部门开发另一项新品。

4. 冒险型创业

这种类型的创业，除了给创业者本身带来极大改变，个人前途的不确定性也很高；对新企业的产品创新活动而言，也将面临很高的失败风险。冒险型创业是一种难度很高的创业类型，有较高的失败率，但成功所得的报酬也很惊人。

这种类型的创业如果想要获得成功，必须在创业者能力、创业时机、创业精神发挥、创业策略研究拟定、经营模式设计、创业过程管理等方面都有很好的配合。

四、创业的基本要素

创业是另一种形式的就业，在目前就业形势比较严峻的时候，国家和地方政府大力提倡大学生自主创业，以创业带动就业。高职学生准备创业时要了解创业的以下几种要素。

（一）创业项目

所谓项目，说得通俗一点就是你要做什么。总结下来也就三点：

1. 做你自己喜欢做的、擅长做的项目

你可以从创业中获得乐趣，让你快人一步，不用再花更多时间去慢慢摸索别人所没有经历的问题。

2. 做你自己能够做的项目

这是因为客观因素的存在，创业要做自己力所能及的事情，有多大的本事，做多大的事业。

3. 做具有发展潜力的朝阳项目

朝阳项目的意思就是你所在项目是具备发展潜力的，是正处上升期的项目，在未来可见几年或几十年内你的项目是具有市场竞争力的行业。

项目是创业者进行创业的关键因素，也是创业的原动力与推动力。

（二）创业资金

创业的重要因素是资金，作为一个创业者，对于资金的把握要注意以下三点。

（1）资金的筹集。

（2）资金的运用。

（3）资金的分配。在这个过程中，必须要注意到资金风险的存在，必须要保证有足够的运作资金和风险保障金。

（三）创业团队

世界上没有完美的个人，只有完美的团队。高职学生要成功创业，需要有一个优秀的团队。衡量一个项目是否具有发展潜力是由这个市场决定的，而衡量一个公司是否具有发展潜力是由这个团队决定的。所谓成功一定要有方法，失败一定也有原因。

建设好一个团队，首先要用文化来凝聚人心，有句话叫"人心齐，泰山移"，很难想象一个不团结的团队能做出多大的成绩。其次，团队必须要达成一个共同的发展目标，每一位成员也必须认同这个发展方向。

（四）创业市场

市场是创业必备的一个要素。市场是各方面参与交换的多种系统、机构、程序、法律强化和基础设施之一。对于高职学生来说，市场也是创业所必须要考虑到的，你的产品要卖给谁？在哪里卖？有多少人会用？这是创业者在创业之前所必须要想到的，做市场调查是很有必要的，你的产品市场定位必须是准确的，你的任务就是把合适的产品投放到合适的市场让合适的人来购买你的产品或服务。

（五）创业管理

创业期间做好管理工作必不可少，它是指通过计划、组织、领导、控制及创新等手段，结合人力、物力、财力、信息等资源，以期高效地达到组织目标的过程。管理是为了实现组织未来目标的活动，它可以协调人与人、人与事之间的关系，有了良好的管理制度，制订的计划（或规定、规范、标准、法规等）才能得到很好的执行。

（六）创业氛围

由于高职学生缺少社会经验和商业经验，创业总是显得"心有余而力不足"。不如给自己营造一个小的商业氛围，比如加入行业协会，就可以借此了解行业信息，学会借助各种资源结识行业伙伴，建立广泛合作，提升自己的行业经营能力。千方百计给自己营造一个好的商业氛围，这对高职学生创业的起步十分重要。

五、创业的目的与意义

高职学生自主创业是社会发展的内在需求，也是改善就业结构和缓解高校就业压力的重要途径。作为充满活力和生机的一个群体，高职学生蕴含着很高的创业热情和创业的潜能，并且通过创业能提升自己的职业能力，实现自己的职业理想。

（一）有利于实现个人致富梦想

纵观经济社会的发展，财富将更多地被拥有这样两个条件的人分享：一是拥有智慧，受过良好教育和规范训练，又有足够的人生阅历；二是具备创造财富的激情、愿望和善于运用自己智慧的能力。当前，高职学生的就业观念正在悄悄地发生改变，一个鼓励创业、保护创业、崇尚创业的大环境正在逐步形成。原先由政府包揽的就业和创业活动逐渐被市场取代，产业结构调整带来的巨大创业机会，以及政府出台"创业带动就业"的政策，促使大学生创业潜流涌动。

创业是一个复杂的创造性的事业，不仅需要创业的精神、创业的素质和创业的经验，而且需要奉献、长期坚守和不断创新。

（二）有利于实现自我人生价值

所谓人生价值，就是指一个人在社会中所处的地位和作用。它是一个哲学范畴。人生的价值不同于商品的价值，它包括存在价值和活动价值两个方面。一个人要想实现自己的人生价值，必须正确理解和把握存在价值和活动价值两者之间的关系。

成功的创业对于每一位高职学生而言既实现了自己的人生价值也对社会做出了贡献。对于高职学生这个特殊群体而言，他们既有一般社会人的存在价值和活动价值的一般属性，也有其特殊属性。在大学的整个学习阶段主要体现了大学生在社会中的存在价值。

（三）有利于促进中小企业的快速发展

从国际经验来看，等量资金投资于小企业，它所创造的就业机会是大企业的4倍。因此，鼓励大学生自主创业有利于中小企业的快速发展。

（四）有利于培养大学生的创新精神

21世纪全世界将有过半的中专生和大学生要走自主创业之路。因此，我国必须尽快转变整个社会的传统教育理念，深化改革高校人才培养模式，从就业教育转向创新创业教育。当前，我国提倡和鼓励大学生自主创业，并为此出台了一系列包括工商、税务等方面的优惠政策，但更重要的是引导大学生培养勇于开拓的创业精神，把就业压力转化为创业动力，培养出越来越多的各行各业的创业者。

（五）有利于缓解大学生就业压力

随着高等教育从"精英教育"向"大众教育"转化，高校毕业生将呈现逐年增加的趋势，大学毕业生数量将远远超过空缺岗位的数量。因此，今后在很长时期内，大学生将面临更为严峻的就业形势。在这种形势下，强化创业教育，增强大学的创业能力有利于解决大学生就业难的问题。创业能力是一个人在创业实践活动中的自我生存、自我发展的能力。[①]一个创业能力很强的大学毕业生不但不会成为社会的就业压力，相反还能通过自主创业活动来增加就业岗位以缓解社会的就业压力。正因为如此，各国政府在通过公共政策增加就业机会的同时，应把鼓励大学生自主创业也作为一个促进就业的基本政策取向。

（六）提倡大学生创业是高职教育人才培养模式改革的方向

传统教育理念以培养就业型人才为主，是按照社会生产生活的具体岗位需要来培养人才，无论在政策、理论还是实践上，都没有重视由人才创造就业岗位、创造生产生活的理念。

知识经济时代的教育不仅仅是就业、择业教育，更应该是创造、创新、创业教育。职业技术学院应该成为创业型人才培养的摇篮，教会学生创业，为学生走向社会、独立谋生奠定基础。

六、创业观培育的方法与路径

随着社会快速化的发展，各行各业的领域范围也不断持续地扩大，越来越多的新增产业也陆陆续续进入市场，并且占有一定的地位。高职学生面临着严峻就业形势，已成为不争的事实。以创业带动就业，以创业实现自己人生的职业价值，更是高职大学毕业生应该主动思考的命题。应从以下几个方面培养大学生的创业观念和创业意识。

（一）高职大学生应充分了解自己

高职学生要充分了解自己，认识到自己兴趣和长处之所在。当前社会的各行各业人才需求量都很大。当代高职学生不可盲目为赶时代潮流一股脑儿挤到热门专业，其实专业无热冷，只怕学艺不精。不管你的专业是什么，只要你在这个领域确实学有所成，你就一定能利用你在这个领域的知识成就一番事业。高职学生毕业以后能有多大的发展空间，并不取决于他的专业是否热门，而是

[①] 汪泳波，杨丽敏. 高职生职业发展与就业指导 [M]. 长沙：湖南大学出版社 .2018：16-17.

取决于他在专业学习中是否已掌握了分析问题、解决问题的能力。

（二）有积极创业的思想准备以及足够的勇气

创业是艰难的，有思想准备还不够，还要有创业勇气。

择业是起点，创业是追求。创业是拓展职业生活的关键环节。在就业压力较大的社会环境中，创业意识强烈并且思想准备充分就能获得更好的发展机会，甚至还能帮助别人就业。创业需要勇气，高职学生要打破以往旧的观念，树立创新意识，努力提高自主创业能力。

（三）合理定位，明确创业目标

创业成功与否，关键在于有没有正确的创业目标定位。在创业过程中需要清楚地认识自己的优势与不足，合理定位，找准项目，明确自己的创业目标，集中团队力量，整合优势资源，使自己的创业目标得到实现。

（四）审时度势，脚踏实地他工作

认清自己，认清社会，人离不开社会，一个人的工作方向也离不开社会的要求。因此，只有人才能更好地适应社会、改造社会。

（五）改革教学模式，重点激发学生上课热情

高等职业技术教育是一种对实践性、技术性、专业性要求较高的高等教育。职业教育的内容具备较强的实用性和针对性，相应地，职业教育的教学方法具有突出的实践性。但是，创业教育作为一门后起的新学科，在许多高校，尤其是在高职院校的开展仍沿用传统的教学模式，还停留在教师讲、学生听的理论传授模式，学生参与的积极性不高，师生互动少，学生实践机会少，与其他专业课程的授课模式相比，自然提不起学生的兴趣。其导致的直接结果就是，学生的创业热情并未被激发，创业能力尚未被发掘或提高。

高职院校应大胆实施教学模式改革，打破传统的学科课程模式，构建基于工作过程的创业素质教育，充分发挥观摩与模拟、测评测量、游戏、座谈会、研讨会等多种教学形式的优势。注重理论与实践相结合的教学模式，最大限度地培养学生的操作能力，重点评价学生的创业潜能，培养学生的创业精神和创业能力。

（六）学校开展创业的培训课程，积极营造校园创业氛围

大学校园安静祥和的文化环境及漫长的假期容易滋长大学生耽于安逸的心

态。而创业是一种充满挑战、承担冒险的艰辛行为。它需要创业者具备相当承担压力、应对风险、处理危机的能力。由此而言，传统的大学校园环境并不利于培养学生的冒险精神和激发学生的逆商，而这些又是创业者的必备素质。因此，创业教育工作之一就是改变大学生过于安逸的生活环境，积极营造大学校园里的创业氛围。首先，充分利用校园文化设施广泛宣传，如建设有关创业的专题，报道成功创业人士的故事等；其次，大力开展有关创业的各项活动，如创业点子征集、创业设计比赛、征文比赛等；最后，大力扶持学生社团，搭建社团与企业联系的桥梁，为学生提供锻炼机会。

第二节　高职学生创业素质与能力

一、高职学生创业应具备的素质

（一）心理素质

所谓心理素质是指创业者的心理条件，包括自我意识、性格、气质、情感等心理构成要素。作为创业者，他的自我意识特征应为自信和自主；他的性格应刚强、坚持、果断和开朗；他的情感应更富有理性色彩。成功的创业者大多不以物喜，不以己悲。

（二）身体素质

所谓身体素质是指身体健康、体力充沛、精力旺盛、思路敏捷。现代小企业的创业与经营是艰苦而复杂的，创业者工作繁忙、时间长、压力大，如果身体不好，必然力不从心，难以承受创业重任。

（三）知识素质

创业者的知识素质对创业起着举足轻重的作用。创业者要进行创造性思维，要做出正确决策，必须掌握广博知识，具有一专多能的知识结构。具体来说，创业者应该具有以下几方面的知识：做到用足、用活政策，依法行事，用法律维护自己的合法权益；了解科学的经营管理知识和方法，尤其是人力资源管理知识，提高管理水平；掌握与本行业本企业相关的科学技术知识，依靠科技进步增强竞争能力；具备市场经济方面的知识，如财务会计、市场营销、国际贸易、国际金融；等等。

（四）能力素质

高职学生创业者至少应具有如下能力：专业技术能力、决策能力、经营管理能力、组织能力、创新能力、领导能力。

当然，这并不是要求创业者必须完全具备这些素质才能去创业，但创业者本人要有不断提高自身素质的自觉性和实际行动。提高素质的途径：一靠学习，二靠改造。要想成为一个成功的创业者，就要做一个终身学习者和自我改造者。

（五）创造性思维素质

创造性思维素质是指能够以较高的质量和效率获取信息，并能根据市场需求灵活运用所学知识开发出新产品和新技术的思维方式。创造性思维素质不仅注重对知识的学习能力，更强调发现问题和解决问题的能力。长期以来，我国教育偏重于知识的传授、记忆和吸收，而忽略创造性思维素质培养，这对创业型人才的培养极为不利。

（六）经济与管理素质

创业者不仅要精通本专业的知识，更需要具备经济头脑和管理素质。科技必须应用于生产，生产出的产品或服务必须适应市场需要，在这一过程中，开发、生产和销售必须符合市场原则和机制，创业企业才有生存和发展的可能，这必然涉及资源配置、预测决策、经济分析、经济核算、成果转让、成本费用等一系列经济问题；同时，在激烈的市场竞争中，企业目标是要追求利润最大化，在这一目标引导下，企业不仅要靠产品、技术来追求效益，更要靠科学管理来提高效益，正所谓"管理出效益"。因此，创业者必须掌握现代管理的理念和方法，能从系统观念出发，统筹、协调、控制和优化各项资源。

（七）法律意识和素质

市场经济本质上就是法治经济。随着市场经济的逐步成熟与完善，相关法律规范已经渗透到经济领域生产、分配、交换、消费的各个环节和层面。加入WTO、与国际市场接轨、风险投资、企业股份制改造、法人治理结构的建立以及各类新型市场的培育与发展都离不开法律，具备法律素质、懂法并善于用法已是人才素质结构中不可或缺的重要元素。创业者必须熟悉和了解市场、社会和企业等内外部环境的法律法规及其运行机制，更为重要的是要能以法律为武器，规范自己和企业的行为，保护自己和企业的合法权益。

二、高职学生创业应具备的能力

创业能力是指创业者按照确定的创业目标，经过一系列的创业过程能达到实现创业目的的特殊能力，它体现在创业者所开创事业的一系列过程中，是一项综合的能力，主要表现在以下几方面。

（一）专业技术能力

大学生在创业项目中，往往在自己的专业领域中获得成功的概率较高，而想要在自己的专业领域去发展，都是以精通专业技术为前提的，所以专业技术能力在所有创业能力中是最基本的能力。

（二）决策能力

决策能力是创业者根据主客观条件，因地制宜、正确地确定创业的发展方向、目标、战略以及具体选择实施方案的能力。一个创业者必须具备冷静的分析判断能力以及创新能力：大学生想要创业最好选择能够充分发挥自己特长的创业项目，这就需要创业者具有良好的判断能力；而在企业发展过程中，能够从复杂的情况中找出真正问题的所在，从而能够正确处理，这就需要创业者具有冷静的分析能力。

（三）经营管理能力

经营管理能力是指对人员、资金的管理能力，它直接关系到企业活动的效率和成败。高职学生不仅要熟悉市场行情，具备市场调查能力和市场分析能力，懂得销售渠道构建和市场营销策略，还要善于管理，了解生产环节，精通经营核算，等等。

（四）组织能力

组织能力是指能够协调好下属各部门以及各部门成员间关系，能够妥善地处理与政府、媒体、客户与环境之间关系的能力。创业者应该善于团结一切可以团结的人，团结一切可以团结的力量，善于巧妙地将原则性和灵活性相结合，对内搞好团队建设，对外处理好人际关系，只有这样，才能为成功创业打好基础。

（五）创新能力

创业本身就是一种创新，而创新能力是以创业为目标的。创业者应该正确领会别人的创业故事，而不是盲目地模仿或抄袭，对于任何一个成功者而言，成功永远是建立在失败的基础之上，懂得将别人的创业经验融入自己的创业之路中永远是一个成功者必备的素质之一。只有这样，在遭遇困难与挫折时才可以冷静面对，保持一个正常的心态。这样一切都在有精神准备与物质准备下进行，遇到"突发问题"也可泰然处之，这对于一个创业者来说至关重要。

（六）领导能力

作为一个创业者，必须具备一定的领袖气质。要学会驭人、留人，培育结构良好、战斗力强的创业团队。应具备概念分析能力和综合判断能力，要有错综复杂事物的分析与风险投资决策能力。

三、提高创业素质与能力的方法

在市场经济环境下，高职学生将面临越来越严峻的就业形势。如何提高高职学生就业创业能力，已是亟待解决的问题。在明确高职学生就业创业能力的重要性和紧迫性的同时，更重要的是找到解决大学生就业创业能力的方法和途径。[①]

中共中央、国务院发布的《关于进一步加强和改进大学生思想政治教育的意见》明确指出：加强和改进大学生思想政治教育要坚持解决思想问题和解决实际问题相结合，并把"努力解决大学生的实际问题"作为拓展新形势下大学生思想政治教育的有效途径之一，强调思想政治教育既要教育人、引导人，又要关心人、帮助人。

（一）学生自身方面

1.刻苦学习相关知识

（1）知识可以促进素质与能力的提高。任何素质与能力的形成和提高都是在掌握和运用知识的过程中完成的。要学会将学习、思考、实践综合起来，经过自己的消化，吸收转化为运用知识的手段和本领，进而为创业素质与能力的提升打好基础。

---

① 陈齐苗.高职学生就业指导 [M].北京：北京理工大学出版社 .2018：44-45.

（2）学生以自主性学习为主，教师解惑为辅。学生自主性学习即通过教师指导来实现，教师由讲转向导，使学生由被动学习转向自主学习。

（3）优化课程结构，改革教学内容。大学教师的主导作用是通过引导、点拨的方式激发学生的积极性、主动性，提高创新能力。教师既是知识的传授者，也是创造教育的实施者。

2.加强社会实践

在社会实践活动中，学生不再是一个被动的接受者而是活动的主体。在这种情形下，学生的积极性被调动起来。他们对现实的感觉和认识的深度、广度都不是在封闭的环境下所能比拟的。他们身上具备的各种基本素质和潜能会得到发挥，合作意识和组织能力得以加强，因而容易产生创造性火花，表现出创造举动。要让高职学生在实践中培养和提高自己的创新能力。高职学生应该主动参加各种社会实践活动，适当增加实践环节，丰富实践内容。

（1）组织学生参加各种专业竞赛活动。高职学生通过参加各种专业竞赛，如"挑战杯"中国大学生课外科技作品竞赛和创业计划竞赛创业计划大赛，对于增强创新意识，锻炼和提高观察力、思维力、想象力和动手操作能力都是十分有益的。只有在职业技术学院中形成浓厚的科技创新氛围，才能使更多的创新人才破土而出。实践最能锻炼和培养一个人的才能，只有在实践中多看、多思、多问、多记，反复检验，反复调查，不断总结，吸取教训，才能从实践中摸索出真知。

（2）以校内外创业基地为载体，组织学生参加创业实践。创业教育的落脚点在社会实践。学校要建立多种形式的校内外创业基地，以此为载体组织学生参加创业实践。一方面通过实习环节开展创业实践。专业实习是专业理论应用和职业技能的训练过程，更是创业阶段实际操作过程。把校内外实习基地办成创业教育示范基地，让学生在这样的场所边学习、边实践、边创业。另一方面，创业基地与社会建立广泛的外部联系网络，包括各种孵化器和科技园、风险投资机构、创业培训机构、创业资质评定机构、小企业开发中心、创业者校友联合会、创业者协会等，形成了一个高校、社区、企业良性互动式发展的创业教育生态系统，有效地开发和整合社会各类创业资源。

3.曲线创业：先就业打基础，再创业

"曲线创业"——先就业、再创业是时下很多大学生的选择。毕业后，由于自己各方面阅历和经验都不够，能够到实体单位锻炼几年，积累了一定的知识和经验再创业也不迟。先就业再创业的学生跳槽后，所从事的创业项目通常也是在过去的工作中密切接触的。而在准备创业的过程中，可以利用与专业人士交流的机会获得更多来自市场的创业知识。将来在社会上，踏踏实实地做好每一件事情，高职学生创业需要等待时机，创业不能带有盲目性，要理性地去思考问题。

（二）教师方面

1. 更新教学观念、教学方法

教师要从传统的应试教育的圈子跳出来，具备明晰而深刻的创新教学理念；应该改进教学方法，变灌输方式为主动探索式，变学生的被动学习为主动学习，努力创设有利于学生创造性思维发展的教学氛围。运用有利于学生创新意识培养的教学方法，为学生创新意识的培养创造条件；教师要营造和谐氛围，使学生参与创新，培养学生的创新精神。要创设有利于培养学生创新精神的教学氛围，和谐、民主的教学氛围，有利于解放学生思想、活跃学生思维，使其创新精神得以发挥。

2. 重视学生的情感教育、心理教育

在尊重学生个性发展的基础上，教师要做好教育的引导。在和谐融洽的气氛中协调完成教学任务。要实现角色变换，教师由教育的操纵者、主宰者转变为引导者，学生由被动的主体转变为自主学习的主人。放弃严格控制，让学生舒展天性，生动活泼地成长发展。要淡化书本权威和教师权威，鼓励自由思考、自主发现，着力培养学生质疑提问的习惯。要摒弃强制性的统一思维、统一语言、统一行动，鼓励个性和独特，宽容探索中产生的错误和荒诞，培养学生标新立异、敢为人先的勇气。

当代高职学生处于社会急剧变迁的环境之中，社会环境的挤压日益凸显。如生活节奏快、竞争加强、贫富悬殊等造成的人际关系障碍，以及情感调适不良、就业压力大等。诸如此类的问题导致许多大学生心理失调，影响自身潜力的发挥甚至影响正常的学习生活。建设一支具有心理教育能力的教师队伍，重视在课堂教学中对学生进行心理素质培养，并设立"心理咨询室"，随时帮助学生解答心理疑难问题，为他们提出正确的调节方法，使其摆脱心理压力从而以全新的面貌健康地面对生活、学习。

（三）学校方面

1.营造良好的校园文化氛围

学校要充分利用电影、电视、广播电台、多媒体、图书馆、板报、墙报等信息渠道扩大学生视野，引发学生求知欲望；邀请专业战线上卓有成就的人才，与同学们见面谈心，做学术报告，巩固专业思想，吸取经验，培养成才意识；校领导、教师和管理人员要关心爱护学生，帮助他们克服传统保守意识，克服心理压抑感和自卑感，激发学生的创造欲望，不断提高其认知水平，使之具有文明开放观念，懂得交流与沟通，培养大学生的参与意识和能力。

2.改善教育环境

应充分调动学生参与学校管理事务的积极性，鼓励学生参加有关学生管理决策的讨论决定，这样既可以增长学生的才干，又能充分发扬民主，提高学生管理工作的成效。学校在专业设置和课程设置方面既要满足经济社会发展的各种需要，又要迎合学生的多样化职业兴趣，学校要多听取社会各界人士以及教师、学生的反馈意见，以提高教学管理质量，增强管理效能。

3.开展第二课堂

第二课堂活动是对第一课堂活动的有益补充，是培养和提高学生创新素质的重要途径。在课外开展创业计划大赛、创业交流，开设创业教育课讲座等丰富多彩的形式实施创业教育课程，包括"网络教学""航空模拟""实地考察""企业家论坛""创业计划（设计）"等环节，以拓宽学生学习范围和视野，使课程更具启发性和实践性。定期举办对话交流论坛，请创业成功人士直接与学生进行面对面的对话，解答其在课堂学习中和实际创业中的疑难问题，帮助学生分析创业成功与失败的原因，为其提供创业借鉴与指导。

4.加强创业教育师资队伍建设，培养创新创业品质

创业品质有着丰富的内涵，包括敢于竞争、敢于冒险的精神，脚踏实地、勤奋求实的务实态度；锲而不舍、坚定执着的顽强意志；不畏艰难、艰苦创业的心理准备；良好的心态自控能力、团队精神与协作意识等多方面的品质。

高校人才培养的质量和成果价值最终都取决于教师。只有具有较高创造性思维修养和创造精神的教师，才能培养出具有质疑精神、思考能力的学生，学生才敢于冒险、敢于探索，才会突破常规，进行创造性的研究性学习。没有一定数量的创造性教师队伍，就不可能培养具有创新创业品质的学生。学校可以聘请社会上成功的创业人士或校友为客座教授，给学生开展专题讲座，传授创业技能知识，使学生获得实际经验。

第三节　高职学生创业实践

一、创业时机的识别与选择

在创业的道路上，如何识别与选择创业时机，是创业者首先要解决的问题。好的创业时机，必然具有特定的市场定位，专注于满足顾客需求，同时能为顾客带来增值的效果。

（一）创业时机的识别

1.现有市场时机和潜在市场时机

现有市场时机是市场时机中那些明显未被满足的市场需求，往往发现者多，进入者也多，竞争势必激烈。潜在市场时机是那些隐藏在现有需求背后的、未被满足的市场需求，不易被发现，识别难度大，往往蕴藏着极大的商机。

2.行业市场时机与边缘市场时机

行业市场时机是指在某一个行业内的市场时机，发现和识别的难度系数较小，但竞争激烈，成功的概率低。边缘市场时机是在不同行业之间的交叉结合部分出现的市场时机，处于行业与行业之间"夹缝"的真空地带，难以发现，需要有丰富的想象力和大胆的开拓精神，一旦开发，成功的概率也较高。

3.目前市场时机与未来市场时机

目前市场时机是那些在目前环境变化中出现的时机，未来市场时机是通过市场研究和预测分析它将在未来某一时期内实现的市场时机。若创业者提前预测到某种时机会出现，就可以在这种市场时机到来前早做准备，从而获得领先优势。

4.全面市场时机与局部市场时机

全面市场时机是指在大范围市场出现的未满足的需求，在大市场中寻找和发掘局部或细分市场时机，见缝插针，拾遗补缺，创业者就可以集中优势资源投入目标市场，有利于增强主动性，减少盲目性，增加成功的可能。局部市场时机则是在一个局部范围或细分市场出现的未满足的需求。

（二）创业机会的选择

在现实经济生活中，适于创业的机会并不是很多。创业者需要借助机会选择"漏斗"，经过一层又一层筛选，才可能在众多机会中筛选出真正适合自己的创业机会。

1.要筛选出较好的创业机会

一般而言，较好的创业机会大多有 5 个特点。

（1）在前景市场中，前 5 年中的市场需求会稳步快速增长。

（2）创业者能够获得利用该机会所需的关键资源。

（3）创业者不会被锁定在"刚性的创业路径"上，而是可以中途调整创业的"技术路径"，就是常说的退出壁垒。

（4）创业者有可能创造新的市场需求。

（5）特定机会的商业风险是明朗的，且至少有部分创业者能够承受相应风险。

2.要筛选出利己的创业机会

面对较好的创业机会，特定的创业者需要回答 4 个问题。

（1）创业者能否获得自己缺少但属他人控制的资源。

（2）遇到竞争时，自己是否有能力与之抗衡。

（3）是否存在该创业者可能创造的新增市场。

（4）该创业者是否有能力承受利用该机会的各种风险。

二、创业模式的确定

目前，高职学生的创业活动处于迅猛的发展阶段，但是高职学生创业的成功率并不高，大学生创业还面临着严峻的挑战，其中创业行业选择不佳以及创业模式的不合理是大多数大学生创业活动折戟沉沙的原因之一。高职学生在创业活动开始时可以通过自身的努力选择合理的行业并且采用合理的模式，从而在现有的创业环境下提高创业的成功率，创业的模式可以分为以下几种类型。

（一）知识型创业

知识型创业是指高职学生凭借自己的知识，把知识作为资本，从而获得一定经济收入的创业模式。这种模式在高职学生创业群体中的可行性比较高。一是由于大学生本身有较高的知识水平和文化素质；二是由于风险性比较小，基本不用投入太多的成本和资金。

对于有着较高文化素质的高职学生来说，利用自己的知识在智力服务领域内进行创业是高职学生创业的首选之道，比如家教、广告设计、翻译等等。

（二）创意型创业

高职学生年轻朝气、思维活跃，喜欢接受新鲜时尚的东西，小店的经营相对单一，对社会经验、管理、营销、财务要求不高。因此，高职学生可以发挥自己的特点开一些有创意的小店。比如创新的蔬果店、甜品店、幼儿绘画坊、成人老年人玩具吧、绣品工艺品 DIY 店、个性家饰、饰品店、美容美发吧等等。另外，这种模式成本比较低，对本身缺乏创业资源的高职学生来说是个很好的选择，创业者可以通过独特的创意获得各种资源，是典型的开创型、价值创造型创业，成功后利润比较高。

（三）兴趣型创业

兴趣型创业是指大学生将自己的兴趣爱好转化为商业行为，从而获得经济收入的一种创业模式。一些人的兴趣爱好恰有市场的需求（如擅长跳街舞），那么追求这些兴趣爱好的行为可能会带来经济上的效益。每个人都有自己的兴趣，无论兴趣广泛还是单一，都有可能帮助你创业，将兴趣融入创业路途中，可以激发你最大的潜能和激情。因此，凭借兴趣创业，带来的是物质上的利益，更重要的是精神上得到了最大的享受，满足了自我实现的需要。

（四）学习服务型创业

学习服务型创业是指大学生在创业的过程中，把自己非常熟悉的学习用品作为主要的经营商品，从中获取经济收入的一种创业模式，其主要特点是把学习用品作为主要的服务内容。在校园中，大学生通过销售学习用品而获得经济收入的还有很多，比如推销英语磁带和考研复习资料、开打印室等，也属于学习服务型创业模式。

（五）生活服务型创业

生活服务型创业是指大学生在创业过程中，把大学生生活所需作为主要的经营对象，从中获取经济收入的一种创业模式。类似于从事卖衣服这种生活服务型创业活动的案例很多，比如开饭馆，推销化妆品、电话卡等。

（六）季节型创业

季节型创业是指大学生利用某个特殊的季节，根据消费者的需求进行的创业活动。这种模式要求创业者必须善于发现商机、把握商机，并对市场动态有一定的了解。在大学生这个创业群体中，这种创业模式更多地体现在创业者利用新生入学、情人节、圣诞节、母亲节等一些特殊的日子进行的创业活动。

（七）电子商务

现在网络已变得日益普及，它已成了人们生活的另一个舞台。电子商务成本低，不受时间、空间限制，大学生从小就学习和使用计算机，他们可以用自己的知识技能进行网上创业，做电子商务。在这方面大学生不应停留在网上开店，买卖传统商品上，而应该结合自己的特点提供一些网上智力服务，或一些有创意的电子商务。比如学国际贸易的可以通过网络寻求国际订单，为传统行业提供网络销售，为要走出去的中小企业提供外部信息，建立虚拟办公服务，等等。

三、创业团队的培养与构建

创业者之所以多遭破产厄运，技术、资金与市场固然是一个重要的因素，最主要的原因在于他们缺少一支优秀的创业团队。可以说，缺少优秀创业团队的创业者从创业一开始，就注定了创业失败的命运。

搭建一支优秀的创业团队对任何创业者而言，都是一项至关重要的工作。那么，应该如何搭建一支优秀的创业团队呢？换句话说，优秀的创业团队具有怎样的特征呢？

（一）知己知彼的团队成员

绝大多数创业团队的核心成员都很少，一般是三四人，至多也不过十来人，如此少的团队成员从企业管理角度来看，实在是"小儿科"。因为人数太少，几乎每个从事管理工作的人都觉得能够轻易驾驭。但实际上，这个创业团队成员虽少，但是人人都有自己的想法，有自己的观点，更有一股藏于内心的不服管的信念。因此，我们对创业团队中的每个成员都不能报以轻视的态度。

优秀创业团队的所有成员相互之间都应该非常熟悉，知根知底。《孙子兵法》云："知己知彼，百战不殆。"在创业团队中，团队成员都应非常清醒地认识到自身的优劣势，同时对其他成员的长处和短处也一清二楚，这样可以很好地避免团队成员之间因相互不了解而造成的各种矛盾、纠纷，并迅速是高团队的向心力和凝聚力。

优秀的创业团队首先要确保自己的团队内所有核心成员都是相互非常熟悉的，创业团队不需要陌生人。

（二）才华各异、相得益彰的创业团队

创业团队虽小，但是"五脏俱全"。创业团队成员不能是清一色的技术类成员，也不能全部是搞终端销售的，优秀的创业团队成员应各有各的长处，大家结合在一起，正好是相互补充，相得益彰。

相对来说，一个优秀的创业团队必须包括以下几种人[①]。

第一，一个创新意识非常强的人，这个人可以决定公司未来发展方向，相当于公司战略决策者。

第二，一个策划能力极其强的人，这个人能够全面周到地分析整个公司面临的机遇与风险，能考虑成本、投资、收益的来源及预期收益，甚至还包括公司管理规范章程、长远规划设计等工作。

第三，一个执行能力较强的成员，这个人具体负责下面的执行过程，包括联系客户、接触终端消费者、拓展市场等。此外，如果是一个技术类的创业公司，那么还应该有一个研究高手（甚至是研究领导者型人物），当然，这个创业团队还需要有人掌握必要的财务、法律、审计等方面的专业知识。唯有这样，团队成员才能算是比较合格的。

需要补充一点的是，在一个创业团队中，不能出现两个核心成员位置重复的可能性，也就是说，不能有两个人的主要能力完全一样，比如两个都是出点子的人、两个都是做市场的等等，出现这种情况是绝对不允许的。因为只要优势重复、职位重复，那么今后必然少不了有各种矛盾出现，最终甚至导致整个创业团队散伙。这样的例子举不胜举。

那些正打算创业以及已经开始创业的高职院校的大学生请仔细思考以上问

---

① 卢达兴，侯小俊，周澜. 高职学生创新创业基础 [M]. 成都：西南交通大学出版社 .2018：12-13.

题，看一看自己未来的创业团队是否能真正做到各个成员才能各异、相得益彰，如没有，那么，请早做其他打算。

（三）创业团队必须有胜任能力的领头人

在企业管理和市场营销中，我们经常谈论领导者的核心竞争力，事实上，在创业团队中，领头人作用更加重要。

创业团队中必须有可以胜任的领导者，而这种领导者，并不是单单靠资金、技术、专利来决定的，也不是谁出好的点子谁当头的。这种领头人是团队成员在多年同窗、共事过程中发自内心的认可。

许多创业团队在很短的时间内就消亡了，很重要的原因在于创业团队的带头人其实根本不是一个合格的领导者。而领导者的作用，说得直白点，就是"决定一切"。优秀的创业团队，独独不可缺少胜任的带头人。

许多年轻人雄心勃勃，期冀能一日升天，他们敢于第一个吃"螃蟹"，但是他们不一定能胜任创业团队带头人，他们最多只是起到了一种"先锋"示范作用。

另外，优秀的创业团队还必须具备以下一些条件，比如，所有核心成员分工明确，股权分配明确；核心成员要有相应的工作（实践）经验，甚至要对整个行业有相当的了解；等等。

总之，创业非易事，但并非无可作为。创业要想成功，有一个优秀的创业团队是非常关键的。

四、创业项目的选择

创业项目选择的正确与否直接关系到创业的成败。如何选择创业项目，是所有高职学生创业者面临的一个难题。没有最好的创业项目，只有最适合的创业项目。对于创业者而言，不仅要寻找好的创业项目，还要判定创业项目的好坏和是否适合自己。

（一）要选择国家政策鼓励和支持，并有发展前景的行业

想开创自己的事业，就要知道哪些行业是国家政策鼓励和支持的，哪些是允许的，哪些是限制的，等等。我们要选择国家政策鼓励和支持，并有发展前景的行业。根据社会学家和经济学家的预测，随着中国市场经济的发展和经济结构的调整，各行业在社会发展中的地位和发展潜力也在发生变化。某些行业社会需求加大促进了这些行业的蓬勃发展，并成为未来社会发展的主导产业。

据有关专家指出，21世纪巨大发展潜力的行业主要有：

（1）网络信息咨询与服务业。

（2）房地产开发业。

（3）社会保险业。

（4）家用汽车制造业。

（5）邮政与电信业。

（6）老年医疗保健品业。

（7）妇女儿童用品业。

（8）旅游休闲及相关产业。

（9）建筑与装潢业。

（10）餐饮、娱乐与服务业。

（二）要认真进行市场调研，适应社会需求

有的创业者认为，办企业是为了赚钱，什么行当赚钱、热门，就搞什么行当，这种想法是不正确的。创业者必须树立这样一个观点，即"企业是为解决顾客的问题而存在的"。没有满意的顾客就没有公司的存在。项目的选择必须以市场为导向。[①]就是说搞什么项目不能凭自己的想象和愿望，而要从社会需要出发。要想知道社会需求，就要做调查，特别是第一次创业，创业者更是要做详细的了解，要了解市场需要什么，需要多少，顾客是哪些群体，谁会来购买你的产品或服务，竞争对手有哪些，等等。市场调研是正确决策的重要前提。海尔的张瑞敏说过："制造满足顾客需要的产品和服务，是永远成功的秘诀。"

顾客的需求有现实需求和潜在需求之分。作为一个成功创业者，不仅要了解、满足顾客的现实需求，适应市场，更要创造需求，创造市场。

为了创办能盈利的新企业，识别的最好办法就是倾听你周围人们的不满、抱怨和困难。人们所抱怨的每一个问题都可能意味着一个潜在的生意机会，越是难以解决的问题，它可能带来的机会就越大。我们创办的企业如果能解决一般人抱怨的问题，关注社会特殊群体的困难，或者着力为其他企业解决问题，那么成功的可能性就越大。

（三）要充分利用优势和长处，干自己有兴趣的、熟悉的事

市场是一个海洋，创业有人就叫下海。我们每个人是沧海一粟，是独具自

---

① 柳森，杨冬吉，于永海.大学生职业发展与就业创业指导[M].北京：北京理工大学出版社.2018：37-38.

己特点的一粟。每一个人都有自己的长处、优势。比如，有的对某一行业、某一领域、某种产品比较熟悉，有的在技术上有专长，有的有某种兴趣爱好，有的善于公关和沟通，等等。这就是自己的长处，能充分利用自己的长处和优势，选择自己有兴趣、熟悉的事，创业就成功了一半。

（四）要量力而行，从干小事、求小利做起

创业是一种有风险的投资，必须遵循量力而行的原则，对于高职学生来说，资金筹措非常不容易，有的是父母的血汗钱，应该尽量避免风险大的事情，而应该将为数不多的资金投到风险较小、规模也较小的事业中去，先赚小钱，再赚大钱，聚沙成塔，滚动发展。

古今中外，许许多多企业家开始搞的都是不起眼的小本买卖，然后不断扩大发展的。

创业者要扬长避短，善于利用资源，做自己条件适合的行业。不以善小而不为，创业也要从干小事、求小利做起。

五、创业资金的筹措途径

创业，遇到的最大问题恐怕就是资金问题了。随着经济的持续发展和国家政策的支持，个人投资创业热也在不断升温。众所周知，创业必须要有足够的资金，没有足够的资金是无法创业的。如何寻找更有效的融资渠道呢？下面介绍几种融资渠道，希望能给正准备创业的高职大学毕业生提供一定的借鉴作用。

（一）合伙入股

创业社会化是一种趋势，由于一个人势单力薄，所以几个人集资有利于创业投资，合伙创业不但可以有效筹集到资金，还可以充分发挥人才的作用，并且有利于对各种资源的利用与整合。

合伙投资可以解决资金不足，但也应当注意一些问题。

1. 要明晰投资份额

个人在确定投资合伙经营时应确定好每个人的投资份额，平分股权不一定就好。平分股权往往会为以后的矛盾埋下祸根，因为没有合适的股份额度，将导致权利和义务的相等，结果所有的事情大家都有同样多的权利和义务，经营意图难以实现。

2.要加强信息沟通

很多人合作总是因为感情好，你办事我放心，所以就相互信任。但长此以往，容易产生误解和分歧，不利于合伙基础的稳定。

3.要事先确立章程

合伙企业不能因为大家感情好或者有血缘关系就不要企业的章程，没有章程是合作的大忌，往往会导致合作的失败。

（二）特许经营

特许经营是指特许者将自己所拥有的商标、商号、产品、专利和专有技术、经营模式等以合同的形式授予被特许者使用，被特许者按合同规定，在特许者统一的业务模式下从事经营活动，并向特许经营者支付相应的费用。现阶段特许经营已成为一种引领市场潮流的营销模式。目前，很多银行也积极参与特许经营，为创业者提供贷款，这种助业贷款可以达到一举三得的效果：银行的信贷资金可以获得比较安全的投放渠道，借款人通过银行贷款可以实现成功创业，企业可以达到销售自己产品的目的。

（三）扶持性贷款担保

高职学生虽然创业意识渐强、创业热情高，但融资难是他们处于起步阶段所共同面临的一个问题，特别是开办小企业，贷款担保更加困难。为此，许多地方政府和部门针对普通劳动者创业给予了必要的政策引导和扶持。

（四）商业银行贷款

只要符合条件，商业银行都愿意向个体经商户和私营企业发放贷款。个人创业宜从小到大滚雪球式发展，所以可先通过有效的质押、抵押或第三方保证担保等方式向银行申请流动资金贷款，等有了一定实力再申请项目贷款也就方便了。大学生个人创业可充分利用自身条件到商业银行寻求贷款：一是要善于说服银行把钱借给自己。对于商业银行来说，个人创业贷款不一定完全都要求是质押，只要你的个人信用良好，有相关的企业和部门作担保，也可以贷到自己需要的贷款。二是要充分利用消费信贷，将自己的住房、耐用消费品等用银行消费信贷来购买，然后再把自己的积蓄全部用于创业投资，这就等于是变相地利用了银行贷款。[①]三是要充分利用存单、国债、保单等进行质押贷款。

---

① 胡慧远，吴健.大学生职业生涯与发展规划 [M]. 北京：中国言实出版社 .2018：79-80.

（五）风险投资

一套非常完整的商业计划是必不可缺的，此外还要有好的市场、有好的技术、有好的经营团队，同时，能在财务预估上面达到利润回收，而且确认所得利润有办法兑换成外币。如果具备这些条件，也就可以吸引海外的风险投资基金。现在除了风险投资公司，在中国也相继出现了风险投资人，另外像银行这样的金融机构也逐渐意识到了在这一领域的高回报，通过一种新渠道对它们的资金做更有效的运用。因此，目前创业者不应该仅仅盯住国外的投资商，也要对国内的一些风险投资人给予充分的重视。

第四节　高职学生创业文案写作

一、项目立项申请书

（一）项目立项申请书的概念

项目立项申请书，又称立项报告或者项目建议书，是项目建设筹建单位或项目法人根据国民经济的发展、国家和地方中长期规划、产业政策、生产力布局、国内外市场、所在地的内外部条件，提出的某一具体项目的建议文件，是对拟建项目提出的框架性的总体设想。

（二）项目立项申请书的目的

项目立项申请书是项目发展周期的初始阶段基本情况的汇总，是国家选择和审批项目的依据，也是制作可行性研究报告的依据。涉及利用外资的项目，只有在项目建议书批准后，才可以开展对外工作。项目建议书包括项目的战略、市场和销售、规模、选址、物料供应、工艺、组织和定员、投资、效益、风险等，将使创业者的投资机会研究或项目规划设想的效益前景更可信，使项目更具吸引力，更具可行性。

项目立项申请书批准后，可以着手成立相关项目法人。民营企业（私人投资）项目一般不再需要编写项目建议书，只有在土地一级开发等少数领域，由于行政审批机关习惯沿袭老的审批模式，有时还要求项目方编写项目建议书。外资项目，目前主要采用核准方式，项目方委托有资格的机构编写项目申请报告就可。

（三）立项报告基本框架

第一部分　总论

第二部分　项目背景和发展概况

第三部分　市场分析与建设规模

第四部分　建设条件与厂址选择

第五部分　工厂技术方案

第六部分　环境保护与劳动安全

第七部分　企业组织和劳动定员

第八部分　项目实施进度安排

第九部分　投资估算与资金筹措

第十部分　财务效益、经济和社会效益评价

第十一部分　可行性研究结论与建议

第十二部分　附件

二、项目可行性报告

（一）项目可行性报告的概念

项目可行性报告即项目可行性研究报告，是一种格式比较固定的、用于向国家项目审核部门（如发展和改革委员会）进行项目立项申报的商务文书。主要用来阐述项目在各个层面上的可行性与必要性，对于项目审核通过、获取资金支持、理清项目方向、规划抗风险策略都有着相当重要的作用。

（二）项目可行性报告的主要内容

各类项目可行性报告内容侧重点差异较大，但一般应包括以下内容。

1.投资必要性

主要根据市场调查及预测的结果，以及有关的产业政策等因素，论证项目投资建设的必要性。

2.技术的可行性

主要从项目实施的技术角度，合理设计技术方案，并进行比选和评价。

3. 财务可行性

主要从项目及投资者的角度，设计合理财务方案，从企业理财的角度进行资本预算，评价项目的财务盈利能力，进行投资决策，并从融资主体（企业）的角度评价股东投资收益、现金流量计划及债务清偿能力。

4. 组织可行性

制订合理的项目实施进度计划、设计合理组织机构、选择经验丰富的管理人员、建立良好的协作关系、制订合适的培训计划等，保证项目顺利执行。

5. 经济可行性

主要是从资源配置的角度衡量项目的价值，评价项目在实现区域经济发展目标、有效配置经济资源、增加供应、创造就业、改善环境、提高人民生活等方面的效益。

6. 社会可行性

主要分析项目对社会的影响，包括政治体制、方针政策、经济结构、法律道德、宗教民族、妇女儿童及社会稳定性等。

7. 风险因素及对策

主要是对项目的市场风险、技术风险、财务风险、组织风险、法律风险、经济及社会风险等因素进行评价，制定规避风险的对策，为项目全过程的风险管理提供依据。

三、项目合作合同书

（一）项目合作合同书的概念

两人或几人之间、两方或多方当事人之间在办理某事时，为了确定各自的权利和义务而订立的各自遵守的条文，并以书面方式呈现出的书面合同。也叫协议书。

（二）项目合作合同书的作用

1. 合同的成立旨在解决合同是否存在的问题

合同成立是合同订立过程的成功结果。如果合同不成立，合同订立失败，不产生具体合同，也就无所谓合同的履行、变更、解除或者终止等问题。

2.合同的成立是认定合同效力的前提条件

只有成立的合同才会发生合同是否有效的问题。如果合同没有成立，当然也就谈不上合同的效力。

3.合同的成立是区分合同责任和缔约过失责任的根本标志

合同订立过程中，因一方当事人的过失致使合同不成立即订约失败，造成他方损失的，过失方应当承担赔偿责任，但因合同关系尚不存在，这种赔偿责任只能属于缔约过失责任。[①] 只有在合同成立后，因当事人之间存在合同关系，一方违反合同的，才会发生合同的违约责任。

四、投资估算分析

（一）投资估算

投资估算是指在整个投资决策过程中，依据现有的资料和一定的方法，对建设项目的投资额（包括工程造价和流动资金）进行的估计。投资估算总额是指从筹建、施工直至建成投产的全部建设费用，其包括的内容应视项目的性质和范围而定。

（二）投资估算的作用

第一，项目建议书阶段的投资估算，是多方案比选、优化设计、合理确定项目投资的基础。是项目主管部门审批项目建议书的依据之一，并对项目的规划、规模起参考作用，从经济上判断项目是否应列入投资计划。

第二，项目可行性研究阶段的投资估算，是项目投资决策的重要依据。是正确评价建设项目投资合理性，分析投资效益，为项目决策提供依据的基础。当可行性研究报告被批准之后，其投资估算额就作为建设项目投资的最高限额，不得随意突破。

第三，项目投资估算对工程设计概算起控制作用，它为设计提供了经济依据和投资限额，设计概算不得突破批准的投资估算额。投资估算一经确定，即成为限额设计的依据，用以对各设计专业实行投资切块分配，作为控制和指导设计的尺度或标准。

第四，项目投资估算是进行工程设计招标、优选设计方案的依据。

---

① 王林，王天英，杨新惠.大学生职业生涯与就业指导 [M].北京：中国铁道出版社.2018：52-53.

第五，项目投资估算可作为项目资金筹措及制订建设贷款计划的依据，建设单位可根据批准的投资估算额进行资金筹措向银行申请贷款。

（三）投资估算原则

投资估算是拟建项目前期可行性研究的重要内容，是经济效益评价的基础，是项目决策的重要依据。估算质量如何，决定着项目能否纳入投资建设计划。因此，在编制投资估算时应符合下列原则。

（1）实事求是的原则。

（2）从实际出发，深入开展调查研究，掌握第一手资料，不能弄虚作假。

（3）合理利用资源，效益最高的原则。市场经济环境中，利用有限经费，有限的资源，尽可能满足需要。

（4）尽量做到快、准的原则。一般投资估算误差都比较大。通过艰苦细致的工作，加强研究，积累的资料，尽量做到又快又准拿出项目的投资估算。

（5）适应高科技发展的原则。从编制投资估算角度出发，在资料收集，信息储存、处理、使用以及编制方法选择和编制过程应逐步实现计算机化、网络化。

（四）估算依据

第一，项目建议书（或建设规划），可行性研究报告（或设计任务书），方案设计（包括设计招标或城市建筑方案设计竞选中的方案设计，其中包括文字说明和图纸）。

第二，投资估算指标，概算指标，技术经济指标；

第三，造价指标（包括单项工程和单位工程造价指标）。

第四，类似工程造价。

第五，设计参数，包括各种建筑面积指标、能源消耗指标等。

第六，相关定额及其定额单价。

第七，当地材料、设备预算价格及市场价格（包括设备、材料价格，专业分包报价等）。

第八，当地建筑工程取费标准，如措施费、企业管理费、规费、利润、税金以及与建设有关的其他费用标准等。

第九，当地历年、历季调价系数及材料差价计算办法等。

第十，现场情况，如地理位置、地质条件、交通、供水、供电条件等。

第十一，其他经验参考数据，如材料、设备运杂费率，设备安装费率，零星工程及辅材的比率等。

（五）估算程序

不同类型的工程项目可选用不同的投资估算方法，不同的投资估算方法有不同的投资估算编制程序。现从工程项目费用组成考虑，介绍一般较为常月的投资估算编制程序如下。

（1）熟悉工程项目的特点、组成、内容和规模等。

（2）收集有关资料、数据和估算指标等。

（3）选择相应的投资估算方法。

（4）估算工程项目各单位工程的建筑面积及工程量。

（5）进行单项工程的投资估算。

（6）进行附属工程的投资估算。

（7）进行工程建设其他费用的估算。

（8）进行预备费用的估算。

（9）计算固定资产投资方向调节税。

（10）计算贷款利息。

（11）汇总工程项目投资估算总额。

（12）检查、调整不适当的费用，确定工程项目的投资估算总额。

（13）估算工程项目主要材料、设备及需用量。

第九章 高职学生创新创业指导

第一节 创新创业的社会环境

一、大学生创业概述

（一）大学生创业

1. 创业的定义

创业是创业者对自己拥有的资源或通过努力对能够拥有的资源进行优化整合，从而创造出更大经济或社会价值的过程。创业是一种劳动方式，是一种需要创业者组织、运用服务、技术、器物作业的思考、推理和判断的行为。

创业作为一个商业领域，以点滴成就点滴喜悦，致力于理解创造新事物（新产品、新市场、新生产过程或原材料、组织现有技术的新方法）的机会如何出现并被特定个体发现或创造，这些人如何运用各种方法去利用和开发它们，然后产生各种结果。

创业是一个人发现了一个商机并采取实际行动将其转化为具体的社会形态，从而获得利益，实现价值。

2. 大学生创业的定义

大学生创业是一种以在校大学生和已毕业大学生的特殊群体为创业主体的创业过程。随着近期我国不断走向转型化进程以及社会就业压力的不断加剧，创业逐渐成为在校大学生和已毕业大学生的一种职业选择方式。

3.创业的类型

随着经济的发展，投身创业的人越来越多，《科学投资》调查研究表明，国内创业者基本可以分成以下几种类型。

（1）生存型创业者。生存型创业者大多为下岗工人、失去土地或因种种原因不愿困守乡村的农民，以及刚刚毕业找不到工作的大学生。

（2）主动型创业者。主动型创业者可以分为两类，一类是盲动型创业者，另一类是冷静型创业者。[①]前一类创业者大多极为自信，做事冲动。这类创业者与博彩爱好者很相似，喜欢买彩票、博弈，却不太喜欢检讨成功概率。这样的创业者很容易失败，但一旦成功，往往就是一番大事业。冷静型创业者是创业者中的精英，其特点是谋定而后动，不打无准备之仗，或是掌握资源，或是拥有技术，一旦行动，成功概率通常很高。

（3）赚钱型创业者。赚钱型创业者除了赚钱，没有什么明确的目标。他们就是喜欢创业，喜欢做老板的感觉。他们不计较自己能做什么，会做什么。可能今天在做着这样一件事，明天又在做着那样一件事，他们做的事情之间可以完全不相干。甚至其中有一些人，连对赚钱都没有明显的兴趣，也从来不考虑自己创业的成败得失。奇怪的是，这一类创业者中赚钱的并不少，创业失败的概率也并不比那些兢兢业业、勤勤恳恳的创业者高。而且，这一类创业者大多过得很快乐。

（4）创意创新创业型创业者。此类创业模式对创业者的个人素质要求很高，创业成功往往形成独角兽企业，有时形成新的业态。

创业者首先要处理好创意、创新、创业三者的关系：常规思维及创新思维产生创意，创意是创新的基础，创意是创业的动力源之一，创新与创业的结合形成新的生产方式，良好的创新创业氛围更易激发人们的创意，创意创新创业完美组合的链条是推动各业发展、社会繁荣的重要源泉；其次是配置资源。

（5）迭代创业。互联网时代认知迭代、产品迭代、组织迭代、营销迭代，处于不断迭代的创业模式。

认知迭代。互联网迭代创业的认知标准是打造超级 IP，企业要在细分市场建立一个高维度且富有想象力的认知。让大市场明白你到底是什么，让用户知道你是先进的还是落后的，你的认知能力是否提升到可以能布局未来。认知迭代就是企业 IP 面向未来的旗帜。

---

① 徐友辉，何雪梅，罗惠文.高职院校学生教育管理创新研究 [M].成都：西南交通大学出版社.2018：11—13.

（二）大学生创业失败的原因

刚走出校门的大学生满腔热情地进行创业，有的成功，有的失败，但以失败居多。其原因却具有普遍性，这里做一个深度分析，即将创业的大学生可引以为鉴。

1.盲目崇拜

在很多青年心目中，创业英雄已然成为他们最崇拜的人，无形中就使得大学生创业者"唯其马首是瞻"，凡是李开复、史玉柱、马云、俞敏洪说的，就是对的。殊不知，这些成功的企业家自有他们令人望尘莫及的能力或品质，但成功永远是小概率事件，那些商业奇迹多少都有幸运的成分，而幸运却是不可复制的。创业者一定要因事因地独立自主思考和判断，对那些成功案例中的方式、方法也要有辩证的批评的眼光，不可简单照搬。

2.容易轻信

要么被合作方表面的热情和口头承诺所蒙蔽，既不做逻辑上证伪的反思，又不做独立深入的调研，轻易上当受骗；要么是在没有考证对方商业信用的情况下把大批货物发过去，最终收不回货款；要么是轻信对方吹得天花乱坠的新技术，最终浮出水面的却是粗制滥造的东西。

3.迷信理论

高学历的创业者往往有纸上谈兵的倾向，他们把各种营销曲线模型和时髦的商业模式理论背得滚瓜烂熟，可到了本土商业实战上，却寸步难行。任何理论都有其边界和适用范围，特别是在中国这个转型期的市场经济初级阶段，商业生态极端复杂的现实面前，亦步亦趋地套用西方经济学模型显然是不行的。最终还是相信人脉就是钱脉，所以要建好团队。

造成这样的结局原因有二：一是中国学生从小到大，一心读书考试，两耳不闻窗外事，严重缺乏社会实践经验；二是暴露出高校教育模式的缺点，这与中国高校缺乏批判性思维能力知识教育有关。

二、大学生创业基本能力

（一）大学生创业具备的基本能力

1.自我认知及科学规划

自我认知及科学规划对年轻人来说，是不容易实现的。尤其是大学生刚出校门，对社会和自己的认识还非常有限。要想清楚地知道自己以后的发展方向，仅靠自身的苦思冥想是找不到答案的。最好的办法就是通过观察别人，征求过来人的意见，再结合自己的实际情况制定一些小的目标，通过确定和实现这些小目标，再慢慢地开始规划自己的人生。

在创业过程当中，要经常性地提前计划或规划一些事情。在制订计划的时候一定要综合各种因素，形成切实可行的动作分解，要将任何可能的细节都考虑在内。而在实施的过程当中要针对当下的具体情况进行，适时做调整。运营需要强有力的计划管理能力，只有具备这一能力才能让自己更靠近成功创业之门。

2.胆识和魄力

作为创业者，你就是团队的灵魂。团队运营后，甚至在筹备之初就会面临各种各样的决策，你的一举一动都左右着创业的发展走向和兴衰。前期创业者可能会广泛地征求亲朋好友的建议，一旦自己能够独立自主后，就必须要通过自己的智慧和胆识去决定各种大小事务。当在自主地做出决策时，谨慎是必不可少的，一旦优柔寡断可能就会失去一个绝佳的商机。同时，决策的胆识和魄力一定要建立在深思熟虑的基础之上，既要选择小风险又要兼顾利益最大化。

3.团队管理、信息管理、目标管理

任何创业如同经营一家企业一样，需要制订各种制度。制度不在于多，而在于是否能让所有相关人都能够明白其道理，并且严格执行。创业者需要针对自己团队实际情况建立各种有效的管理制度，包括员工管理、培训、绩效考核等。同时，针对市场的不断发展变化而改进相应制度，只有这样才能够让创业者及其团队立于不败之地，拥有发展的主动权。在此想提醒大学生创业者，在制订和改进管理制度的时候，一定要基于客观事实出发，而不要想当然，要极力保证制度的可实施性。

创业者每天都会通过不同渠道接触各种信息，如竞争对手又开始降价了，明天要下雨，厂家又有新政策等。如何从大量的信息里筛选与自己相关的，再从与自己相关的信息里找到有效的，这需要长时间的锻炼。只有正确有效的信息才能指导自己团队各项工作有序开展。对于大学生创业者而言，由于缺乏大量的社会实践经验，所以在接触各种信息的时候，难免会失之偏颇地做一些决定。当大家对信息无所适从的情况下，可以向过来人进行请教，加以甄别。要在观察和请教别人的过程当中，不断提高自身管理信息的能力。

4.谈判

在创业者人际交往过程当中，与人谈判的情况必不可少。谈判对创业者的要求是综合多面的，需要创业者有一定的语言能力、心理分析能力、人文素养等。要想在谈判当中占得主动地位，必须要有很强的谈判能力。杰出的谈判能力能够让创业者在谈判过程当中直接获得更多的利益。

5.处理突发事件

创业过程当中，会不可避免地发生一些突发事件，而其中很大部分都是我们想避免的。然而当事情发生的时候，需要我们更为积极地应对。如果这些事情发生在创业者顾客身上，处理得当的话，还能起到广告效果。通过用心的服务会向顾客传递一种负责任的形象。"好事不出门，坏事传千里"，任何一件突发的事件，稍不注意，就会使自己的形象一落千丈，甚至砸掉自己的招牌。应处理好每次的突发事件，甚至通过这些事件的妥善解决，让顾客更加认同你或者你的团队，再借由顾客之口，为你不断传播好口碑。

6.学习

在现代社会要想取得不断的成功，必须具备持续的学习能力。市场和行业的竞争日益激烈，大到一个企业、小到个人要想力争上游，那就必须比竞争对手更快地掌握更多的知识，通过不断的学习使自己立于不败之地。对于大学生创业者而言，除了书本的理论知识，更要重视学习其他方面的综合能力。

7.社会交往能力

良好的人际关系，不仅能给人带来快乐，而且还能助人走向成功。大学生创业者在开始创业后必将会接触到各种不同类型、身份的人，而接触的人大多都是跟自己的利益有关的。所以从创业最开始就要学会跟各种人打交道。要尽可能地去结交人脉，认识朋友，舍得给自己投资。在与前辈们的交流和学习当中不断认识到自己的不足，针对性地加以完善。

8.保持身心健康

创业者经常要与孤独和挫折为伴，绝大多数的创业过程都不是一帆风顺的。时下流行一个词——逆商，也就是说人适应逆境的能力。创业者如何保持乐观而稳定的心态，需要在长时间的历练当中找到方法。而大学生创业者一般都比较心高气傲，有着强烈的自尊。建议刚毕业的大学生放低姿态，平静地去接受一切可能的打击。同样，在得意时，也要克服骄傲的情绪，切不可沾沾自喜，妄自尊大。

身体是革命的本钱，创业者只有身体健康才能够支撑一切的打拼和奋斗。为事业拼搏而废寝忘食的精神非常值得肯定，但是终究不能视之为常态。大抵年轻的创业者都会精力旺盛，一旦投入工作中都很难自拔。在创业的过程当中一定要注意劳逸结合，切莫因为太拼而让自己的健康状况下滑。

（二）大学生创业具备的心理特质

大学生要想有创业能力，必须把握的核心能力如下。

1.价值优越性

核心能力应当有利于企业效率的提高，能够使企业在创造价值和降低成本方面比竞争对手更加有优势。

2.异质性

一个企业拥有的核心能力应是独一无二的，这是企业成功的关键因素。核心能力的异质性决定了企业之间的异质性和效率差异。

3.不可仿制性

核心能力是在企业长期的生产经营活动过程中积累形成的，深深地印上了该企业特殊组成、特殊经历的烙印，其他企业难以复制。

4.不可交易性

核心能力与企业相伴而生，虽然可为人们所感受到，但却无法像其他生产要素一样通过市场交易进行买卖。

5.难以替代性

和其他企业资源相比，核心能力受到替代品的威胁相对较小。没有核心能力的创业不过是昙花一现。

（三）大学生创业注意事项

1.创业是修行，不是做学问

创业是修行，不是做学问。修行重在实践与行动，在修行中体验、见证与感悟。做学问则往往是抽象出具有普遍意义的规律与方法来指导大家。诚然，万事皆有学问，但创业的学问重点不是在方法上。就如同宗教信仰，要去修行，而不是读宗教学的书。如果你总是在读一些宗教学的书，讲一些宗教的道理，而没有真的去"信"，实际是无法真正理解信仰的。创业也是一样，一些人总是想搞清楚什么是创业、该如何创业，期望把创业的学问研究透再去创业，最后却一直没有创业。①

听说不少高校都打算开设创业课程，还有的成立创业协会和创业训练营，有一些还推出了创业 MBA、创业研究生课程。这些创业学课程如果不是围绕行业特征、产品策划和团队建设来进行的话，则只是成功学的翻版。

2. 打消"第一桶金"思维

许多年轻人对创业成功者的"第一桶金"非常感兴趣。"第一桶金"，指的是早先开展的某项业务，在极短的时间内赚到了相当可观的一笔钱，再用这一笔钱发展出了一个更大的事业，才会称那笔钱为"第一桶金"。

这里并不推崇"第一桶金"文化，不建议同学们对"第一桶金"那么感兴趣。因为崇尚"第一桶金"就是在崇尚成功学，崇尚不择手段地快速爆发，并且在骨子里并不是喜欢当前创业的项目，只是想借这个项目谋得一笔钱，然后转型做心目中另一个感兴趣的事。要创业，就一定要选择自己愿意为之终生付出的事情来做，才有可能做好，定义为过渡性的事情，一般都是做不好的。何况大多数创业者都是从草根阶层开始，起点低、底子薄，如果能够找到一件事情，既能作为一项长期的事业来坚持，又能养活自己，就已经相当伟大了，对于赚得"第一桶金"，少些期待会更加务实。

3. 初创企业的早期股权结构无定式

初创企业的早期股权结构如何才合理？在这个问题上，没有标准的答案，创业者对于公司的股权不能不当回事，也不能太当回事。

说不能太当回事，就是创业者要正确地根据公司性质与估值来合理划分股份，不能想当然。从股权结构设计上来说，初创企业有两种类型，一种是技术创新型企业，往往创始人团队无形资产价值较高，应保持占有 60% ~ 70% 股份启动创业，财务投资人不宜占有超过 30% 的股份，并适当预留一部分股权作为员工激励。另一种是资金占用型企业，比如房地产开发、加工厂、实体店之类的，创始人团队的价值主要体现在运营管理上，技术含量有限，无形资产价值也有限，也很难形成技术壁垒，主要还是靠资本的力量来推动发展，这种情况下一般投资方会占有很大的股份额，管理团队可能拿 10% ~ 20% 的股权激励就不错了。也就是说，并不是每一个项目上创业者、管理团队就一定能占

---

① 崔显艳，魏勇军，李艳. 高职大学生综合素质养成攻略 [M]. 成都：西南交通大学出版社 .2018：88-89.

有大股份的，要视项目而设定。

4.创业不伟大，也不卑微

对于大学生来说，创业就是一种选择。不管对于创业的同学来说，还是对于没有创业的同学来说，都不必讲太多的大道理、必然性或者光环论。

创业，不是一件什么伟大的事。也许成功的创业在很多人看来是一种伟大。其实，谋好一份职业并能胜任，也是一件伟大的事。同样，创业也不是什么卑微的事，哪怕找不到工作被逼得走投无路只得自己创业，也很正常。创业是最有效的学习方式，就算是创业失败了，你的经历一定是很有含金量的。

很多大学生创业，真正挽起袖子来干时，实际上还是那股子傻劲，并不是一个从战略到规划、从理性到辨析的过程。也就是说，大学生创业，大多数还是从想当然开始的，许多人会经历很大的挫折。也有一些人会遇上好运气，然后兴奋地折腾上一段时间，伤痕累累地收场。与之不同的是，对于有了几年工作经验，或者有过创业经历的再创业者来说，往往创业是为了实现梦想，这时候管理意识和经营理念也大大增强，一般都会由目标驱动，通过计划来掌控，以成功的模式来引导发展。而那些有了大成就的人，他们的创业则更多的是使命感，是认为存在一件事比较适合自己去做，通过做这件事来保持生活的热情和成就感。

5.成功到底要多久

每一个创业者，无论是不是大学生创业者，都怀揣成功的梦想，都是在追求成功。然而，创业的红旗能够打多久，距离成功的路到底有多长，确实是一个无法预测的问题。

成功往往就在不经意的转角处。创业者中没有谁是一帆风顺的，都会面临一些难题，面临一些重大的困难。这个时候最考验创业者，这段经历往往也是成功的试金石。啃啃硬骨头，拿下这些难题，企业就上了一个新的台阶，又成长了一步，离成功就会更近一步。

也许，在创业的路上永远都没有成功的感觉，只会是一路相陪的挫折感和完成一个任务后的成就感，这可能就是创业，这可能就是生活。因此，创业并不仅仅考验一个人的成功观与事业心，更考验一个人的生活观。

6.给创业者的建议

在我们不断塑造自我的过程中，对我们影响最大的莫过于选择乐观的态度还是悲观的态度。我们思想上的这种抉择可能给我们带来激励，也有可能阻滞我们前进。

清晰地规划目标是人生走向成功的第一步，但塑造自我却不仅限于规划目标。要真正塑造自我和自己想要的生活，我们必须奋起行动。莎士比亚说得好：行动胜过雄辩。

一旦掌握自我激励，自我塑造的过程也就随即开始。以下方法可以帮你塑造自我，塑造那个你一直梦寐以求的自我。

（1）树立远景。迈向自我塑造的第一步，就是要有一个你每天早晨醒来为之奋斗的目标，它应是你人生的目标。远景必须即刻着手建立，而不要往后拖。你随时可以按自己的想法做些改变，但不能一刻没有远景。

（2）离开舒适区。不断寻求挑战激励自己。提防自己，不要躺倒在舒适区。舒适区只是避风港，不是安乐窝。它只是你心中准备迎接下次挑战之前刻意放松自己和恢复元气的地方。

（3）把握好情绪。人开心的时候，体内就会发生奇妙的变化，从而获得阵阵新的动力和力量。但是，不要总想在自身之外寻开心。令你开心的事不在别处，就在你身上。因此，找出自身的情绪高涨期用来不断激励自己。

（4）调高目标。许多人惊奇地发现，他们之所以达不到自己孜孜以求的目标，是因为他们的主要目标太小而且太模糊不清，使自己失去动力。如果你的主要目标不能激发你的想象力，目标的实现就会遥遥无期。因此，真正能激励你奋发向上的是确立一个既宏伟又具体的远大目标。

（5）加强紧迫感。自以为长命百岁无益于你享受人生。然而，大多数人对此视而不见，假装自己的生命会绵延无绝。唯有心血来潮的那天，我们才会筹划大事业，将我们的目标和梦想寄托在丹尼斯·威特利称之为"虚幻岛"的汪洋大海之中。其实，直面死亡未必要等到生命耗尽时的临终一刻。事实上，如果能真切地想象我们的弥留之际，势必会感慨颇多，从而产生一种再生的感觉，这是塑造自我的第一步。

（6）与乐观的人为伴。对于那些不支持你目标的"朋友"，要敬而远之。你所交往的人会改变你的生活。与愤世嫉俗的人为伍，他们就会拉你沉沦。结交那些希望你快乐和成功的人，你就在追求快乐和成功的路上迈出了最重要的一步。对生活的热情具有感染力，因此同乐观的人为伴能让我们看到更多的人生希望。

（7）迎接恐惧。世上最秘而不宣的秘密是，战胜恐惧后迎来的是某种安全有益的东西。哪怕克服的是小小的恐惧，也会增强你对创造自己生活能力的信心。如果一味想避开恐惧，它们会像疯狗一样对我们穷追不舍。此时，最可怕的莫过于双眼一闭假装它们不存在。

（8）做好调整计划。实现目标的道路绝不是坦途，它总是坎坷崎岖，有起也有落。但你可以安排自己的休整点。事先看看你的时间表，框出你放松、调整、恢复元气的时间。即使你现在感觉不错，也要做好调整计划，这才是明智之举。在自己的事业波峰时，要给自己安排休整点。安排出一大段时间让自己隐退一下，即使是离开自己挚爱的工作也要如此。只有这样，在你重新投入工作时才能更富有激情。

（9）直面困难。每一个解决方案都是针对一个问题的，两者缺一不可。困难对于脑力劳动者来说，不过是一场场艰辛的比赛。真正的运动者总是盼望比赛。如果把困难看作对自己的诅咒，就很难在生活中找到动力。如果学会了把握困难带来的机遇，你自然会动力陡生。

第二节　大学生创新创业准备

一、大学生创业的准备

（一）思想准备

1.创业意识

在马克思主义物质与意识的辩证关系中，意识对物质具有能动作用。意识活动具有目的性和计划性，人能够能动地认识世界和改造世界。创业意识的培养是大学生今后取得创业成功的前提，想创业，才会选择创业，进而取得创业成功。[①] 创业意识是激发人们进行创业活动的诉求，是创业者从事创业活动的内在动力。

要认识到自己为什么会选择自主创业，这是启发创业意识的根本所在。从大学生的就业途径来分析，主要分为直接应聘企业、考取公务员或进入事业单位、继续深造（专升本、考研、留学）、参加国家就业项目（西部志愿者计划、

---

① 　周勇，付岩，王若金 . 前程无忧——大学生职业发展与就业创业指导 [M]. 北京：北京理工大学出版社 .2018：33—35.

"三支一扶"、村官计划等）、自主创业等。而在以上众多就业途径中，选择直接就业较为普遍。由于高校的不断扩招，企业与应届毕业生的供需比例不对称，人多岗少的矛盾现象突出，导致就业竞争压力增大，收入也显得不是很理想。考取公务员及事业单位的就业途径虽然是当前竞争最为激烈的一种就业方式，很大一部分的毕业生选择公招，但是随着公招面向基层经历的人员的倾斜，作为社会经验匮乏的应届大学毕业生将逐步被拒之门外。选择继续深造学习，虽然在近期减轻了自己的就业压力，但是缓冲并不能解决今后仍然需要面对就业竞争压力的社会现状。随着国家就业项目政策的不断健全和完善，对大学生今后的安置与奖励政策的出台，这些项目由原来的被动参与，到现在的主动参与，甚至形成类似于公招的竞争出现后，这类项目也不是随便可以参加的。在以上的就业途径中，只有自主创业这条路显得很灵活，虽然创业带有一定的条件性和风险性，但是创业成功与否都体现了跨入社会、自食其力的成功表现，选择自主创业或许能为自己今后的就业铺就一条成功的道路。创业不是每个人生来具有的能力和素质，更多地需要后天的培养和积累。俗话说："凡事欲动，必先谋其思。"进入大学校园后，如果有创业的想法，首先应树立自我创业意识，无论在学习还是生活上都应向着创业这方面努力和准备，一旦毕业，就可以把自己的创业想法付诸行动。

2.创业动机

大学生是主动创业好还是被动创业好，是间接创业好还是直接就业好，要看大学生是否具有创业所需要的各项条件，需要我们认真分析才能得出结论。

创业的动力来自创业者对自我价值的实现要求。根据美国心理学家马斯洛的"需要层次论"，自我实现的需要是最高层次的需要，满足这种需要就要求完成与自己能力相称的工作，最充分地发挥自己的潜在能力，成为自己所期待的人。这是一种创造的需要。有自我实现需要的人，似乎在竭尽所能使自己趋于完美。自我实现意味着充分地、活跃地、忘我地、集中全力地、全神贯注地体验生活。因此，创业者通过创业来实现自己的人生价值是一种最高境界。

当前，大学生创业动机具有显著特点。调查显示，文理科、独生子女与非独生子女创业动机没有显著差异，然而男大学生创业动机远高于女大学生，农村大学生远高于城镇大学生，财经类专业大学生远高于其他专业大学生，前者创业意识较强，他们不想再依赖家长、学校，而是主动出击，寻找机遇，伺机创业。

（二）心理准备

市场经济竞争的加剧，对于刚刚步入社会就选择创业这条道路的大学生而言莫不是更大的挑战，创业投资不比校园生活，社会商海的残酷要比校园的磕磕绊绊更为棘手。一个勇于创业的人，必定也是一个有着较强心理素质的人。大学生生活在校园环境中，每天不用面对复杂的问题、承受过大的心理压力，要适时地将宽松的氛围当成增强心理素质的最好平台。"不积跬步，无以至千里。"只要我们细心对待大学生活中的每一件事和每一个人，勇于面对问题和挑战，我们的心理素质就会不断提高，为今后的创业做好铺垫。成功的创业者一般需要具备以下心理素质：自信稳重、决策果断、勇于冒险和责任意识。

1. 自信稳重

细心是成功的基石。做任何事情，只要自己下定了决心就一定要持之以恒，坚持到底，要有一种"知其不可为而为之"的自信和态度。大学生在低年级时段可能不会接触过多的创业行为，但是在平时校园学习和生活中，做任何事都应具有较强的自信心和稳重得体的处事风格，这将直接影响到其创业基本素质的形成。

如何能够让自己每天充满自信呢？建议大学生们从以下几点进行锻炼。一是关注自己的优点和取得的成绩，不要总认为自己不如他人，要正确客观地评价自己和他人，要明白"金无足赤，人无完人"，每个人都有自己的长处和短处。二是在平时的学习和生活中，多与成功的人和自信的人接触，特别是经常和自己的辅导员、专业老师或学校一些学生会干部接触和学习，你会发现和他们接触时间长了，自己也朝着他们的方向去努力地模仿。三是要经常做自我心理暗示，对自己进行正面心理强化。敢于在学校公开场合演讲，比如多参加班上的讨论，多参加学校举办的演讲活动等。四是重视平时穿着打扮和自我形象。虽然说人不可貌相，但是形象的塑造会在一定程度上影响一个人的自信心。五是要学会微笑和感恩。一个经常对任何人都保持微笑的人，表明他心胸宽广，为人处世大方，这是一种自信的表现。六是借助大学的图书馆，借阅一些名人传记，特别是一些成功企业家的创业故事，你会发现其实别人做过的事即将成为你未来要做的。

2. 决策果断

大学期间，在处理一些同学之间的事情上不要斤斤计较，处理学习和生活上的问题时应从容果断。特别是在选择今后的职业时，自己要果断地决策，如果选择了继续深造学习的道路，那就应该放下一切，努力学习备考；如果今后直接应聘就业，就应积极准备应聘材料；如果选择创业之路，就更应该尽早做好创业前的准备工作。学习期间，看似一些琐事的决策，或许会成为以后创业中的决策基础。因此，日常要敢于承诺，一旦承诺了的事情应该尽最大努力办到。大学期间是否养成良好的决策能力，一定层面来讲，可以作为创业者在以后的创业中能否具有领导力的重要衡量标准。

3. 敢于冒险

我们没做一件事情，就不能完全准确地预测我们是成功还是失败。成功与失败都不是单纯由某一个因素导致的，它是多种因素共同影响而发生的。创业本身具有很大的风险性，我们经常说创业也是一种风险投资行为。

大学生选择创业，由于缺乏一定的社会经验和阅历，缺乏雄厚的经济基础，难免在创业的道路上出现一些磕磕绊绊。有的企业可能因为一次风险的发生，就导致全盘皆输。因此，大学生创业要有承担风险的勇气，做好应对各种困难的思想准备。市场有风险，但是市场不会主动告诉我们风险在哪里。在校学习期间，可以利用业余时间多参加户外的拓展训练活动，增强自己的冒险精神和勇于面对困难和挑战的意志。积极参与班级的日常管理，特别是一些不好处理的事情，自己可以主动请求给老师和班委做参谋，出谋划策，使自己成为一个敢于主动承担、解决问题的人。

作为一名创业者，没有坚强的心理品质和风险意识，创业的路不会走得太远，我们只有时刻记住提醒自己，如果失败了，只不过是"从头再来"。

4. 责任意识

很多知名企业都会把"责任"二字作为自己的企业文化核心价值，因此一个没有责任感的企业就无法做到为社会服务，就会形成牺牲社会利益来实现企业效益最大化的问题。一个企业的责任感来自企业的领导者、创业者。一个有使命感和责任感的创业者，一定可以使自己的企业越办越大，并受到社会和人们的欢迎和支持。

在大学期间，通常的理解，责任就是认真学好自己的专业知识，毕业后报答父母和社会。但是要真正做到承担责任却很难。随着现代家庭独生子女的增多，一些大学生已经把高校当成自己的"疗养所""约会的公园""消费商场"。如果对自己的父母辛苦供自己读书都没有一种报答的责任感，那么很难对今后的创业有责任感。因此，从进入大学起，就应该从以下方面培养自己的责任意识：学习的责任意识、报答父母的责任意识、爱学校的责任意识、尊重师长的责任意识、团结同学的责任意识。有责任感是当代大学生应该树立的一面旗帜，也是使有创业想法的大学生今后成为一名具有社会责任感的企业家的行为准则。

（三）知识准备

随着高校就业建立以"市场为导向"的机制后，高校在开设专业和人才培养计划方面陆续开始进行改革。如今，高校就业难除了与扩招有一定关系外，更重要的是我们的人才培养模式和就业指导水平存在一定的欠缺。有的岗位应聘的人员稀少，有的岗位却人满为患，出现一种学校的人才培养与企业和社会对人才的需求脱钩的现象。为应对这种"不对称"的人才培养模式，各高校已开始着手推进就业教学改革，提倡将学生往各专业复合型人才方向培养，突出专业办学特色。大学生如果打算今后自主创业，那么专业知识的复合就显得尤为重要。

创业不是自己去给别人打工，而是自己要领导一些人为自己打工。这就要求创业者自己要懂得企业方方面面的管理知识。从创业企业的前期市场调研和原材料采购，到中期的生产管理，到后期的产品销售和售后服务等环节，都要求创业者把握和了解企业经营循环过程中的各环节管理知识。这就对有创业想法的高校大学生在日常校园的学习过程中，提出了更高的专业知识要求。即便不能做到学习得面面俱到，也要做到"博览群书"。在平时的学习过程中，既要学好自己的专业知识，同时还要利用业余时间多了解一些企业管理方面的知识，多参加一些有关创业方面的培训班学习，多阅读一些成功企业的管理模式，多利用假期参加一些企业的社会实践活动。大学期间要提前储备的创业知识有管理知识、营销知识和财务知识。

1. 管理知识

企业要想建立现代企业制度，必须形成一种管理机制，要使其在一个管理系统中进行运转。企业管理体系的建立，可以让企业高效率运转，从而更好地为顾客服务。管理知识的学习可以从战略、领导力、市场营销、人力资源、创新等方面去学习，并要把学习的知识不断运用到企业的实践中去。一个管理有序的企业应该先保证企业"做正确的事"，然后才是努力地"把事做正确"。创业阶段可能需要靠创业者的眼光和勇气来排除万难，积极投身于创业，而一旦企业进入了正式的营业状态和成长期后，就需要管理者具有一定的管理能力，而这种管理能力来源于创业者的知识储备。很多企业昙花一现，究其原因，基本都是在管理方面出了问题。

作为在校大学生，除了学习本专业知识以外，应该多学习一下"管理学"这门课程知识，即使以后不创业，管理也是和我们日常生活密切相关的。学生群体，小到班级的集体管理，大到学生会或一个系科的管理，都需要一和管理方式和方法。我们不妨在进入大学后，积极竞选班委会，参加各类学生会和社团组织，有机会可以到辅导员办公室从事学生助理工作，这些活动都可以让自己得到锻炼，明白各个组织、不同层面上的管理知识。

2. 营销知识

市场营销的最终目的是向顾客销售产品、提供服务，创造购买需求。不能满足顾客需求的企业就不能促成交换，企业将无法循环经营和运转。营销知识是今后创业过程中经常要用到的知识之一，这需要大学生在创业前认真去学习和运用。

在校大学生可能在日常的学习过程中不会过多地接触营销知识，但是可以通过以下方式进行学习。一是多去图书馆阅读有关营销案例知识的书籍，这些成功企业的营销案例具有很强的实际应用性；二是可以选择性地去听一些管理专业的营销课程，大学的教室是开放式的，不存在班级与班级的壁垒，有心的学生可能会发现，只要你精力充沛，除了学好自己的专业知识以外，还可以利用业余时间到其他专业班级进行听课；三是多参加校内外的促销活动，虽然促销不过是营销的一个方面，但是促销活动可以让自己明白谁是自己的顾客，顾客需要什么，怎样满足顾客的要求，这些其实就是在培养自己以顾客为中心的营销意识；四是利用寒暑假到一些企业从事兼职营销工作，参与企业市场调研、产品渠道开发、公关促销、售后服务等一系列活动。通过这些，让自己在创业前不断积累营销知识。[①]

3. 财务知识

创业需要创业者具备一定的财务管理知识，如启动资金需求的预算、成本与利润计划、现金流量计划等。作为一个正规的企业必须要让财务报表"说话"。不少准备创业的在校大学生比较缺乏财务管理知识，导致的结果是启动资金预算不准确，成本核算不全面，企业账目混乱。如果一个企业的账务不清晰，现金流出现短缺，企业一夜之间就可能关门停业。

因此，我们必须要预先了解和学习一些基本的财务知识，建议大学生多参加相关财务管理知识培训，如财政部组织的会计从业职业资格培训、人力资源和社会保障局组织的理财规划师培训。这些都是现在高校学生培训中比较热门的财务知识培训，同时也是获得今后从事财务管理岗位的职业资格准入证书的途径。当然，现在一些社会培训机构也有手工做账方面的培训，建议在校大学

① 杨晋平，楼琴. 大学生职业规划与就业创业 [M]. 北京：台海出版社 .2018：66-67.

生也学习一下。除了了解专业的财务知识以外，应该给自己的几年大学生活算上一笔账，给自己准备一个财务账单，先从自己日常的学习、生活开支花费着手进行财务预算和财务记账。

（四）能力准备

能力是指人们顺利完成某件事所具有的资源整合体。企业经营管理能力属于专业能力，需要日常进行不断地学习和积累，大学生如果想在创业方面取得一定的成功，至少需要具备以下五大专业能力：开拓能力、学习能力、领导能力、协作能力和创新能力。

1. 开拓能力

美国著名心理学家马斯洛提出需要层次理论，他认为人的动机是由不同性质的需要组成的，各种需要有层次和顺序之分，每个层次决定人的价值取向。如有一个金字塔形状，由上到下分别是：生理需要、安全需要、归属和爱的需要、尊重的需要和自我实现的需要。当低层次的需要得到满足时，就会往更高一层的需要倾斜和发展，如果这种更高层次的需要得不到满足的话，追求者就容易产生消极影响和不安心理，当然，越高层次的需要追求起来也就越难。

创业就需要有这种永不满足的需求精神，有这种积极开拓进取的精神和能力。强烈的进取心既是创业能力、经营能力形成的基础，也是现代企业家综合素质构成的基本要素。大学生在学校期间应该不断培养自我开拓能力，在学习上要有勇于拼搏的精神，可以通过自己的努力学习争取学校设置的各项奖学金，积极参加各种竞赛活动，要为自己树立远大的目标和理想，这些看似基本的开拓工作都会对将来事业的拓展有着重要影响。

2. 学习能力

"学习型"人才是当今社会的主流群体，随着社会的进步，知识更新速度不断加快。在这样一个日新月异的时代，创业中要想把工作做好，就必须有好学与善学的精神。学习不是死读书，而是要跟得上时代的潮流，跟得上经济发展变化。既要见贤思齐，又要注重吸取经验教训。

在学校学习期间，要勤于思考问题，勤于动手操作，要时刻关注国家有关创业的扶持政策，特别是关注学校就业指导部门对大学生创业给予的政策解读，及早为今后的创业积累政策参考依据。

3. 领导能力

创业者作为事业起步的"领头羊"，要具备一定的领导才能和人格魅力。

一个出色的企业创业团队的产生少不了一位出色的领导者。创业者本身就具有一种感召力、组织力和吸引力，通过这几种力量的融合，能够使自己的团队努力为企业奋斗与付出。

行业知识、人际关系、信誉、技能、价值观和进取精神都是一位创业者所必需的。在校大学生应该注重对大学学习生活的认识，大学不等同于中学，界定一个学生是否优秀不是单一地看学习成绩或分数，而是更加强调学生的综合素质能力，一个优秀的大学毕业生是学习和社会实践两个方面的优秀组合体。那么，除了平时认真学好专业知识以外，还应该参加学校组织的社会实践活动，如学生会组织、社团组织、大型比赛活动、班委会组织等，这些都可以锻炼自己的领导能力。

4. 协作能力

"一个篱笆三个桩，一个好汉三个帮。"创业是件富有挑战性和压力性的工作，仅靠一个人单枪匹马很难，需要有一个出色的团队来支撑。因此，大学生创业可以联络几个有着共同理想和追求的同学，形成合力，共同面对挑战。让团队的每个人优势互补，形成创业的最大合力。作为创业者要使团队协调合作，主要是看自己的人脉关系。如果说成功等于知识加人脉，那么知识可能只占20%，人脉可能会占到80%。人脉关系的好与坏关系到团队能否顺利组建和团结一致。这就需要我们在日常的"情感账户"存入"感恩"，只有这样，当自己真正需要帮助的时候，我们才会收到最大的效益。"团结出战斗力""团结就是力量"，协作能力是每个创业者应该具备的能力之一。

5. 创新能力

"人无我有，人有我优。"创新是保持企业可持续发展的源泉之一。创业者只有时刻保持创新的创业理念才能使自己的企业在市场竞争中占有一席之地。一个具有创新性的企业也是有着旺盛生命力的企业，如果一个企业在日益复杂、变幻莫测的市场经济条件下，不思进取，不求同存异，不努力创新，迟早会被市场淘汰。大学生创业，应该选择一些符合市场潮流、标新立异的创业项目，在创业管理模式和产品品牌策划方面也应该有较强的"差异化"竞争策略，既不能脱离现实，过于空洞，也不能照搬俗套，步人后尘。要走出一条具有当代大学生自主创业特色的发展之路。

（五）资金准备

1.自筹资金

创业之初需要做好企业的启动资金预测和准备工作，启动资金主要由固定资产和流动资金组成。如果自有资金足够的话，那就好办。一般情况下，大学生在创业之初，没有多余的资金，这时可以选择寻求家长、亲戚、朋友和同学的帮助，把自己的创业想法告诉你周围的人，试图得到他们的理解和支持。刚走出校门的应届大学毕业生没有资金，也可以先找份工作进行创业前的原始资本积累，学习企业经营管理经验，缓冲一定时期，待资金充足后，再选择自主创业。

2.政策扶持

关注国家或地方政府对当代大学生自主创业的一些帮扶政策，能有效解决大学生创办微型企业的注册资本金和经营资金。其中，重点扶持文化创意类和信息技术类人员，向项目发展前景好、知识水平高的企业倾斜。国家和地方每年都会针对大学生创业或创业问题出台一系列政策文件，只要我们密切关注、正确把握和利用，就可以使我们更加明确创业方向，在创业的道路上走得更稳。

3.金融借贷

创业过程中，遇到资金紧张问题时难免会和金融机构打交道，这是企业发展过程中常有的事。金融机构其实十分乐意将自己的钱贷给有良好信誉和有能力偿还贷款的企业。想要获得金融机构的贷款，需要我们准备完备的《投资创业计划书》，要让金融机构看到企业的项目发展前景和赢利点，对于一个有发展潜力和利润丰厚的企业，金融机构也是很乐意与之合作的。作为大学生，要想从金融机构进行借贷，要做好以下几方面准备：一是要有项目可行性方案和投资创业计划书；二是要有贷款担保人或抵押物；三是要有良好的信誉记录和偿还能力。当前，国家针对应届大中专毕业生有一系列的配套小额贷款政策，创业者应准确理解并加以利用。

二、大学生创业的风险

大学生创业者要认真分析自己创业过程中可能会遇到哪些风险，这些风险中哪些是可以控制的，哪些是不可控制的，哪些是需要极力避免的，哪些是致命的或不可管理的。明确一旦这些风险出现，应该如何应对和化解。特别需要注意的是，一定要明白最大的风险是什么，最大的损失可能有多少，自己是否有能力承担并渡过难关。

大学生创业的风险及其应对措施主要有以下几个方面。

（一）项目选择的风险

大学生创业时如果缺乏前期市场调研和论证，只是凭自己的兴趣和想象来决定投资方向，甚至仅凭一时心血来潮做决定，一定会碰得头破血流。

大学生创业者在创业初期一定要做好市场调研，在了解市场的基础上创业。一般来说，大学生创业者资金实力较弱，选择启动资金不多、人手配备要求不高的项目，从小本经营做起比较适宜。

（二）缺乏创业技能的风险

很多大学生创业者眼高手低，当创业计划转变为实际操作时，才发现自己根本不具备解决问题的能力，这样的创业无异于纸上谈兵。针对于此，一方面，大学生应去企业打工或实习，积累相关的管理和营销经验；另一方面，积极参加创业培训，积累创业知识，接受专业指导，提高创业成功率。

（三）资金风险

资金风险在创业初期会一直伴随在创业者的左右。是否有足够的资金创办企业是创业者遇到的第一个问题。企业创办起来后，就必须考虑是否有足够的资金支持企业的日常运作。对于初创企业来说，如果连续几个月入不敷出或者因为其他原因导致企业的现金流中断，都会给企业带来极大的威胁。相当多的企业会在创办初期因资金紧缺而严重影响业务的拓展，甚至错失商机而不得不关门大吉。

另外，如果没有广阔的融资渠道，创业计划只能是一纸空谈。除了银行贷款、自筹资金、民间借贷等传统方式外，还可以充分利用风险投资、创业基金等融资渠道。

（四）社会资源贫乏的风险

企业创建、市场开拓、产品推介等工作都需要调动社会资源，大学生在这方面会感到非常吃力。平时应多参加各种社会实践活动，扩大自己人际交往的范围。创业前，可以先到相关行业领域工作一段时间，通过这个平台，为自己日后的创业积累人脉。

（五）管理风险

一些大学生创业者虽然技术出类拔萃，但理财、营销、沟通、管理方面的能力普遍不足。要想创业成功，大学生创业者必须技术、经营两手抓，可从合伙创业、家庭创业或从虚拟店铺开始，锻炼创业能力，也可以聘用职业经理人负责企业的日常运作。

创业失败者，基本上都是管理方面出了问题，其中包括决策随意、信息不通、理念不清、患得患失、用人不当、忽视创新、急功近利、盲目跟风、意志薄弱等。特别是大学生知识单一、经验不足、资金实力和心理素质明显不足，更会增加在管理上的风险。

（六）竞争风险

寻找蓝海是创业的良好开端，但并非所有的新创企业都能找到蓝海。更何况，蓝海也只是暂时的，所以，竞争是必然的。如何面对竞争是每个企业都要考虑的事，而对新创企业更是如此。如果创业者选择的行业是一个竞争非常激烈的领域，那么在创业之初极有可能受到同行的强烈排挤。一些大企业为了把小企业吞并或挤垮，常会采用低价销售的手段。对于大企业来说，由于规模效益大或实力雄厚，短时间的降价并不会对它造成致命的伤害，而对初创企业则可能意味着彻底毁灭的危险。因此，考虑好如何应对来自同行的残酷竞争是创业企业生存的必要准备。

（七）团队分歧的风险

现代企业越来越重视团队的力量。创业企业在诞生或成长过程中最主要的力量来源一般都是创业团队，一个优秀的创业团队能使创业企业迅速地发展起来。但与此同时，风险也蕴含其中，团队的力量越大，产生的风险也就越大。一旦创业团队的核心成员在某些问题上产生分歧不能达到统一时，极有可能会对企业造成强烈的冲击。

事实上，做好团队的协作并非易事。特别是与股权、利益相关联时，很多初创时很好的伙伴都会闹得不欢而散。

（八）核心竞争力缺乏的风险

对于具有长远发展目标的创业者来说，他们的目标是不断地发展壮大企业，因此，企业是否具有自己的核心竞争力就是最主要的风险。一个依赖别人的产品或市场来打天下的企业是永远不会成长为优秀企业的。核心竞争力在创业之初可能不是最重要的问题，但要谋求长远的发展，它就是最不可忽视的问题。没有核心竞争力的企业终究会被淘汰出局。

（九）人力资源流失风险

一些研发、生产或经营性企业需要面向市场，大量的高素质专业人才或业务队伍是这类企业成长的重要基础。防止专业人才及业务骨干流失应当是创业者需时刻注意的问题，在那些依靠某种技术或专利创业的企业中，拥有或掌握这一关键技术的业务骨干的流失是创业失败的最主要风险源。

（十）意识上的风险

意识上的风险是创业团队最内在的风险。这种风险来自无形，却有强大的毁灭力。风险性较大的意识有投机的心态、侥幸心理、试试看的心态、过分依赖他人、回本的心理等。

第三节　创新创业指导与政策

一、大学生创业政策

为支持大学生创业，国家和各级政府出台了许多优惠政策，涉及融资、开业、税收、创业培训、创业指导等诸多方面。对打算创业的大学生来说，了解这些政策，才能走好创业的第一步。

财政部、国家税务总局发布《关于支持和促进就业有关税收政策的通知》，明确自主创业的毕业生从毕业年度起可享受三年税收减免的优惠政策。其中，高校毕业生在校期间创业的，可向所在高校申领《高校毕业生自主创业证》；离校后创业的，可凭毕业证书直接向创业地县级以上人社部门申请核发《就业失业登记证》，作为享受政策的凭证。

（一）税收、贷款优惠政策

创业担保贷款和贴息——对符合条件的大学生自主创业的，可在创业地按规定申请创业担保贷款，贷款额度为 10 万元。鼓励金融机构参照贷款基础利率，结合风险分担情况，合理确定贷款利率水平，对个人发放的创业担保贷款，在贷款基础利率基础上上浮 3 个百分点以内的，由财政给予贴息。

免收有关行政事业性收费——毕业 2 年以内的普通高校学生从事个体经营（除国家限制的行业外）的，自其在工商部门首次注册登记之日起 3 年内，免收管理类、登记类和证照类等有关行政事业性收费。

（二）可享受的补贴

对大学生创办的小微企业新招用毕业年度高校毕业生，签订 1 年以上劳动合同并交纳社会保险费的，给予 1 年社会保险补贴。对大学生在毕业学年（即从毕业前一年 7 月 1 日起的 12 个月）内参加创业培训的，根据其获得创业培训合格证书或就业、创业情况，按规定给予培训补贴。有创业意愿的大学生，可免费获得公共就业和人才服务机构提供的创业指导服务，包括政策咨询、信息服务、项目开发、风险评估、开业指导、融资服务、跟踪扶持等"一条龙"创业服务。

（三）开设教育课程，强化创业实践

自主创业大学生可享受各高校挖掘和充实的各类专业课程和创新创业教育资源，以及面向全体学生开设的研究方法、学科前沿、创业基础、就业创业指导等方面的必修课和选修课，享受各地区、各高校资源共享的慕课、视频公开课等在线开放课程及在线开放课程学习认证和学分认定制度。自主创业大学生可共享学校面向全体学生开放的大学科技园、创业园、创业孵化基地、教育部工程研究中心、各类实验室、教学仪器设备等科技创新资源和实验教学平台。参加全国大学生创新创业大赛、全国高职院校技能大赛，各类科技创新、创意设计、创业计划等专题竞赛，以及高校学生成立的创新创业协会、创业俱乐部等社团，提升创新创业实践能力。

（四）政府人事行政部门服务

政府人事行政部门所属的人才中介服务机构，免费为自主创业毕业生保管人事档案（包括代办社保、职称、档案工资等有关手续）2 年；提供免费查询人才、劳动力供求信息，免费发布招聘广告等服务；适当减免参加人才集市或人才劳务交流活动收费；优惠为创办企业的员工提供一次培训、测评服务。

二、大学生创业计划书

（一）创业计划书

创业计划书是创业者所写的商业文件中最基础的一个。那么，如何编写出一份好的创业计划书呢？创业者应做到以下几点。

1.市场

创业计划书要给投资者提供企业对目标市场的深入分析和理解。要细致分析经济、地理、职业以及心理等因素对消费者选择购买本企业产品这一行为的影响，以及各个因素所起的作用。创业计划书中还应包括一个主要的营销计划，计划中应列出本企业打算开展广告、促销以及公共关系活动的地区，明确每一项活动的预算和收益。创业计划书中还应简述企业的销售战略。

2.产品

在创业计划书中，应提供所有与企业的产品或服务有关的细节，包括企业所实施的所有调查。这些问题包括：产品的市场前景如何，它的独特性怎样，企业分销产品的方法是什么，产品的生产成本是多少，售价是多少，企业发展新的现代化产品的计划是什么等。把出资者拉到企业的产品或服务中来，这样出资者就会和创业者一样对产品感兴趣。[①] 在创业计划书中，创业者应尽量用简单的词语来描述每件事——商品及其属性的定义对创业者来说是非常明确的，但其他人却不一定清楚它们的含义。

3.行动

企业的行动计划应该是无懈可击的。创业计划书中应该明确下列问题：企业如何把产品推向市场，如何设计生产线，如何组织产品结构，企业生产需要哪些原料，企业拥有哪些生产资源，还需要什么生产资源，生产和设备的成本是多少，企业是买设备还是租设备等。解释与产品组装、储存以及发送有关的固定成本和变动成本的情况。

4.竞争

在创业计划书中，创业者应细致分析竞争对手的情况。要明确每个竞争者的销售额、毛利润、收入以及市场份额，然后再讨论本企业相对于每个竞争者所具有的竞争优势，而且要向投资者展示自身的优势。创业计划书要使它的读

---

① 牛翠.大学生职业规划与就业指导 [M]. 北京：台海出版社 .2018：45-46.

者相信，本企业不仅是行业中的有力竞争者，而且将来还会是确定行业标准的领先者。在创业计划书中，创业者还应阐明竞争者给本企业带来的风险以及本企业所采取的对策。

（二）创业投资计划书

创业之前需要编写自己的创业投资计划书，创业投资计划书主要包括以下纲要。

1.创业内容

创业内容包括创办事业的名称、事业规模大小、营业项目或主要产品名称等，即所创事业是什么。先定出所营事业的规模及营业内容，这是创业评估的基础。

2.信息分析

信息分析是指对于所创事业相关环境进行分析，除了了解相关法令规定之外，对于潜在客户在哪里、竞争对手是谁、切入的角度或竞争手法是什么，以及行业服务或产品的市场价格多少、一般的毛利率是多少也要有所了解。

3.资金规划

创业的资金可能包括个人与他人出资金额比例、银行贷款等，这会影响整个事业的股份与红利分配多寡。资金规划就是对先前所设定事业规模下需要多少开办费用（硬件与软件）、未来一年要准备多少营运资金等做出估算。

4.经营目标

社会环境变迁快速，在设立经营目标大多不超过一年。新创事业应参考相同规模同业之月营业额，定出自己的经营目标。

5.财务预估

财务预估即预估第一年的大概营业收入与支出费用，这些预估数字的主要目的，是让创业者估算出所营事业的每月支出与未来可能利润，明了何时能达到收支平衡，并算出未来经营企业的利润。

6.营销策略

营销策略包括了解服务市场或产品市场在哪里，同业一般使用的销售方式是什么，自己的竞争优势在哪里等。营销手法相当多，包括DM、电话拜访、现场拜访、商展、造势活动、网络营销等，创业者应收集这些营销手法的相关资料。

7. 风险评估

企业在创业的过程中可能遭受挫折，如景气变动、竞争对手的消长、股东意见不合、执行业务的危险性等，这些风险甚至会导致创业失败，因此风险评估即要列出事业可能碰到的风险以及应对的办法。

8. 其他

其他包括事业愿景、股东名册、事业组织等以及创业者所特别要向投资者说明之事项。

三、大学生创业注意事项

（一）积极利用现有资源

不少在职人员都选择了与工作密切相关的领域创业，工作中积累的经验和资源是最大的创业财富，要善于利用这些资源，以便近水楼台先得月。对能帮助自己生存的项目，要优先进行考虑。大学生要积极利用身边的资源，为社会创造更大的价值。

切不可误用资源，在职创业者不能将个人生意与单位生意混淆，更不能吃里扒外，唯利是图，否则不仅要冒道德上的风险，而且很可能会受到法律的制裁。在你的地盘，时间、金钱和才能任由你使用。但是，如果乱搞一气，你的生意就会逆转而下。

（二）合伙创业的处理

有些上班族有投资资金或有一定的业务渠道，但苦于分身乏术，因此会选择合作经营的创业方式。如果你需要合伙人的钱来开办或维持企业，或者这个合伙人帮助你设计了这个企业的构思，或者他有你需要的技巧，或者你需要他为你擂鼓吹号，那么就请他加入你的公司。这虽能让兼职老板轻松上阵，但要慎重选择合作伙伴，在请帮手和自己亲自处理上，要有一个平衡点。首先要志同道合，其次要互相信任。不要聘用那些适合工作却与你合不来的人员，也不要聘用那些没有心理准备面对新办企业压力的人。

此外，和合作伙伴之间的责、权、利一定要分清楚，最好形成书面文档，有合作双方和见证人的签字，以免起纠纷时空口无凭。

（三）细致准备必不可少

创业是一项庞大的工程，涉及融资、选项、选址、营销等诸多方面，因此在职人员创业前，一定要进行细致的准备。

通过各种渠道增强这方面的基础知识；根据自己的实际情况选择合适的创业项目，为创业开一个好头；撰写一份详细的商业计划书，包括市场机会评估、赢利模式分析、开业危机应对等，并摸清市场情况，知己知彼，打有准备之仗。

不要把未经试验的创意随手扔在一边。如果用这种创意来做生意，也得留心其中可能的陷阱。自问一下，你是否得花大力气来宣传你的产品或者服务？你具有足够的财经资源、技能、人手和业务关系吗？不要找错潜在销售客户——你没有必要在那些没有决策能力的人身上浪费你的时间。

（四）尽量用足相关政策

政府部门有很多鼓励创业的政策，是对大学生创业的鼓励和支持，创业时一定要注意"用足"这些政策，如免税优惠、在某地注册企业可享受比其他地区更优惠的税率等。这些政策可大大减少创业初期的成本，使创业风险大为降低。

（五）经商之道，以计为首

所有商业经营活动，如果从表面上来看，好像是一种仅仅同物质打交道的经营活动，但是，透过现象看本质，在今天的"食脑时代"里，商业经营活动实质上已经变成了一种人与人之间的智力角逐，是一场"斗智斗勇"的"智力游戏"，是人与人之间的谋略大比试。因此，正如古代军事家所说的"用兵之道，以计为首"一样，经商之道也应该以计为首。面对空前激烈的市场竞争，你想要找准自己的立足点和切入点，站稳脚跟生存下来，并且谋取利益、发展壮大，那么就必须首先考虑运用自己的商业智慧制订全面系统的、可执行的、可操作的和切实有效的经营策略和实施方案，以确保每战必捷，战无不胜。

（六）谨慎决策问题

决策失误时，你的失误会带来直接后果，如发错货可能致使一个客户立刻与你断绝关系。如果出现失误，不要过于敏感，接受事实并从中吸取教训即可。作为企业家，冒风险时，要谨而慎之。

（七）不要被胜利冲昏头脑

你第一步的成功全靠你的创意好、时机合适、运气不错和业务关系良好。不过，这一切随时都可能离你而去。因此，不要太过自信，投入过量的资金，使自己陷入泥沼之中。

大学生创业是自己的事，又不仅仅是自己的事。父母对创业观念如何直接影响到大学生的选择。大部分学生生长在普通家庭，为上大学家里已经拿出一笔为数不少的学费，如果要创业，需要再投入一笔启动资金，这对刚毕业的大学生而言存在着一定的风险。大部分父母希望孩子毕业后能找到一个稳定的工作，他们要么强烈反对孩子的选择，要么用担忧的眼神"拷问"孩子的选择。在这种情况下，即使不需要家人投资的大学生也会犹豫反思，那些希望家里资金支持的学生更会一筹莫展。

参考文献

[1] 周勤.高职学生职业生涯与发展规划 [M].长春：吉林文史出版社，2020.

[2] 菅浩然，商坤，魏蔚.高职院校大学生职业生涯规划与就业指导 [M].成都：电子科技大学出版社，2020.

[3] 施佩刁，宋新辉.大学生职业生涯规划与就业指导 [M].北京：北京邮电大学出版社，2020.

[4] 石洪发.大学生职业生涯规划 [M].北京：北京理工大学出版社，2020.

[5] 杨乐克.大学生生涯规划与自我管理 [M].北京：北京理工大学出版社，2020.

[6] 张艳杰.高职生的自我发展与社会适应 [M].北京：中国经济出版社，2020.

[7] 杨京艳.点亮你的职业发展与就业梦想 [M].上海：上海交通大学出版社，2020.

[8] 沈长生.职业生涯规划与就业指导 [M].北京：中国人民大学出版社，2020.

[9] 王和金，田军.高职生职业生涯规划 [M].北京：科学出版社，2020.

[10] 刘剑飞，戴联华.高职学生职业生涯规划与就业创业指导 [M].广州：暨南大学出版社，2019.

[11] 王凤斌.高职大学生职业生涯规划与就业训练教程 [M].上海：上海交通大学出版社，2019.

[12] 朱玉华.高职院校大学生职业生涯与发展规划 [M].北京：现代教育出版社，2019.

[13] 何文波.大学生职业生涯规划与就业指导 [M].湘潭：湘潭大学出版社，2019.

[14] 范东亚，谭荣.大学生职业生涯规划与创新创业教育 [M].重庆：重庆大学出版社，2019.

[15] 高阳.大学生职业生涯规划与就业指导 [M].成都：电子科技大学出版社，2019.

[16] 祝文燕 . 高职大学生职业生涯与发展规划 [M]. 北京：现代教育出版社，2018.

[17] 丁长峰 . 高职学生创新创业与职业生涯规划 [M]. 北京：国家行政学院出版社，2018.

[18] 陈雄 . 大学生职业生涯规划（高职高专版）[M]. 北京：国家行政学院出版社，2018.

[19] 姜力源，张镝 . 职业生涯规划与就业创业 [M]. 北京：中国医药科技出版社，2018.

[20] 胡慧远，吴健 . 大学生职业生涯与发展规划 [M]. 北京：中国言实出版社，2018.

[21] 刘玉升 . 大学生职业生涯规划与就业指导 [M]. 苏州：苏州大学出版社，2018.

[22] 王林，王天英，杨新惠 . 大学生职业生涯与就业指导 [M]. 北京：中国铁道出版社，2018.

[23] 王为民 . 大学生职业发展与生涯规划教程 [M]. 长春：东北师范大学出版社，2018.

[24] 王凤斌 . 高职大学生职业生涯规划与就业训练教程 [M]. 上海：上海交通大学出版社，2017.

[25] 张文瑛，张云萍，范婵娟 . 职业生涯规划 [M]. 北京：中国铁道出版社，2017.

[26] 周相有 . 职业生涯规划 [M]. 成都：电子科技大学出版社，2017.

[27] 龚芸，辜桃 . 大学生职业取向与职业规划 [M]. 北京：中国社会出版社，2017.

[28] 周薇，王秋芳，尹华副 . 高职学生职业发展与就业指导 [M]. 天津：南开大学出版社，2017.

[29] 程瑞峰，吴苏芳，古典 . 大学生职业规划与就业指导 [M]. 成都：电子科技大学出版社，2017.

[30] 万秋红，赵丹 . 高职学生职业心理素养 [M]. 北京：北京理工大学出版社，2017.

[31] 韩富军 . 现代职业素养 [M]. 北京：北京理工大学出版社，2017.